中青年经济学家文库

ZHONGQINGNIAN JINGJIXUEJIA WENKU

上市公司信息披露、企业创新与投资效率研究

李慧云／著

SHANGSHI GONGSI XINXI PILU,
QIYE CHUANGXIN YU TOUZI XIAOLV YANJIU

中国财经出版传媒集团

经济科学出版社
Economic Science Press

图书在版编目（CIP）数据

上市公司信息披露、企业创新与投资效率研究/
李慧云著． ——北京：经济科学出版社，2023.3
ISBN 978 - 7 - 5218 - 4598 - 3

Ⅰ. ①上… Ⅱ. ①李… Ⅲ. ①上市公司 - 会计分析 -
研究 - 中国 Ⅳ. ①F279. 246

中国国家版本馆 CIP 数据核字（2023）第 041030 号

责任编辑：宋艳波
责任校对：王肖楠
责任印制：邱　天

上市公司信息披露、企业创新与投资效率研究
李慧云/著
经济科学出版社出版、发行　新华书店经销
社址：北京市海淀区阜成路甲 28 号　邮编：100142
编辑部电话：010 - 88191469　发行部电话：010 - 88191522
网址：www. esp. com. cn
电子邮箱：esp@ esp. com. cn
天猫网店：经济科学出版社旗舰店
网址：http：//jjkxcbs. tmall. com
固安华明印业有限公司印装
710 × 1000　16 开　19 印张　300000 字
2023 年 5 月第 1 版　2023 年 5 月第 1 次印刷
ISBN 978 - 7 - 5218 - 4598 - 3　定价：76.00 元
（图书出现印装问题，本社负责调换。电话：010 - 88191545）
（版权所有　侵权必究　打击盗版　举报热线：010 - 88191661
QQ：2242791300　营销中心电话：010 - 88191537
电子邮箱：dbts@ esp. com. cn）

前言

　　"十四五"规划和 2035 年远景目标纲要指出，新发展阶段要"优化投资结构，提高投资效率"。2020 年国务院发布的《国务院关于进一步提高上市公司质量的意见》中提出要"培育科技型、创新型企业"。上市公司是资本市场的基石，在促进国民经济发展中的作用日益凸显。面对新发展阶段中的深刻复杂变化，上市公司要推动发展仍面临着投资效率有待改善、技术创新水平有待提高等诸多挑战。如何改善投资效率和创新的相关问题是上市公司培养核心竞争力的关键，而高质量信息披露是解决这些问题的重要手段。

　　信息披露是降低资本市场信息不对称程度、实现资源配置优化和维护广大投资者利益的重要方式，具有信息效应、监督效应与治理效应。较少的信息披露可能会导致投资者的投资风险加大，企业的融资渠道将更加单一化，受到融资约束加剧，不利于企业投资效率提升；同时，低水平的信息披露也可能使得政府相关部门无法制定更具针对性的政策，导致企业的技术创新水平提升受到阻碍。

　　军工上市公司背负着强国强军的使命，是我国国防科技工业领域的骨干力量，是国防建设和高端制造的重要支撑，同时也是我国应对外部环境变化的重要保障。但军工上市公司信息披露面临着国防安全与外部投资者利益的潜在冲突，从国防安全的角度考虑，过多的信息披露可能会被不当利用；从外部投资者利益的角度考虑，高质量的信息披露可以维护广大投资者的权益。所以在国防安全的要求和广大投资者的需求可能存在矛盾的情况下，军工上市公司的信息披露情况、特征与经济后果有别于普通的上市公司。为此，我国政府相关部门高度重视，针对军工上市公司的信息披露也制定了相关政策，军工上市公司信息披露的相关问题应当被提高到战略性的高度进行考虑。

我国学者对普通上市公司的信息披露、创新行为与投资效率进行了系列研究，但是对军工上市公司的信息披露、创新行为与投资效率的探讨在统计学术界仍相对缺乏。军工上市公司因其特殊的业务背景使得信息披露、技术创新等相关问题存在一定的敏感性，其信息披露、创新行为与投资效率之间的相互作用有别于普通上市公司。因此，适时开展该领域的学术研究具有十分重大和紧迫的理论与现实意义。

本书在国内外已有研究的基础上，依据信息不对称理论、委托—代理理论、优序融资理论、预期理论与技术创新溢出理论等，对我国上市公司信息披露、企业创新与投资效率间的关系进行理论阐释，揭示上市公司通过信息披露推动创新水平和投资效率提升的机理，为综合提升我国上市公司信息披露质量、创新水平、投资效率进而加强核心竞争力提供理论和数据支持。

本书共包含4个专题、14个章节：第一章为绪论，第二章为文献综述，第三章对军工上市公司信息披露质量特征进行分析；第四章和第五章为专题一，对上市公司信息披露与企业创新关系进行研究；第六章、第七章、第八章与第九章为专题二，对上市公司信息披露与投资效率关系进行研究；第十章和第十一章为专题三，对上市公司创新与投资效率关系进行研究；第十二章、第十三章和第十四章为专题四，对上市公司信息披露、创新行为与投资效率的关系进行分析。

本书主要结论如下。

1. 对军工上市公司信息披露的质量特征与规律研究发现：（1）军工上市公司信息披露质量总体较好，但普遍存在强制性披露质量高于自愿性披露质量的现象；（2）虽然在投资者决策相关信息以及盈利预测信息方面披露水平较高，但是对社会责任信息、行业信息等方面的内容披露水平有待进一步提升；（3）军工上市公司信息披露质量得分呈现逐年提升的趋势；

（4）军工上市公司的信息披露质量在各集团之间存在差异，具体而言，下属上市公司越少的集团公司信息披露总体水平越高，下属上市公司成立时间较晚的公司信息披露质量较好；（5）同行业的军工上市公司与非军工上市公司在信息披露质量方面存在显著差异，军工上市公司信息披露水平整体来看明显优于非军工上市公司。

2. 专题一对上市公司信息披露与企业创新关系的系列研究发现：（1）上市公司信息披露与企业创新之间呈现正相关关系；（2）从信息披露影响企业创新的路径来看，较高的信息披露质量能够通过降低融资约束水平来促进企业创新，而代理冲突在信息披露质量对企业创新的影响中存在遮掩效应，即代理冲突对企业创新所产生的作用削弱了信息披露质量对企业创新的影响，对代理冲突的控制会增加信息披露质量对企业创新的积极影响；（3）政府研发资助与企业创新正相关；（4）信息披露质量的提高会加强政府研发资助对企业创新的促进作用；（5）上市公司会计信息可比性和创新投入正相关；（6）上市公司会计信息可比性和创新产出正相关。

3. 专题二对上市公司信息披露与投资效率的关系开展系列研究发现：（1）信息披露与创新投资效率正相关，信息披露可以抑制创新投资过度，缓解创新投资不足；（2）从信息披露影响创新投资效率的路径来看，信息披露可通过降低代理成本和融资约束来提高创新投资效率；（3）环境不确定性越强，信息披露对创新投资效率的促进作用越强，越能抑制创新投资过度，缓解创新投资不足；（4）政府研发资助与非效率创新投资正相关，政府资助水平高会导致创新投资过度，从而降低创新投资效率，但对创新投资不足影响不显著；（5）信息披露质量在政府研发资助与非效率创新投资的关系中起负向调节作用，即相对信息披露质量较低的企业来说，拥有较高信息披露质量的企业，政府研发资助导致非效率创新投资的倾向降低；（6）高质量的创新行为信息披露可以改善投资不足并抑制投资过度；（7）政府补助与企业外部融资正相关；（8）信息披露质量与企业外部融资正相关；（9）信息披露质量对政府补助与企业外部融资的正相关关系具有正向调节作用。

4. 专题三对上市公司创新与投资效率关系开展系列研究发现：（1）政府研发资助与上市公司的投资效率负相关，与过度投资正相关，与投资不足负相关但不显著；（2）政府研发资助能够激励创新投入；（3）创新投入对投资效率有正向影响，可以同时改善过度投资和投资不足；（4）政府研发资助通过激励创新投入来提高投资效率；（5）盈余质量与企业创新投入之间呈现正相关关系；（6）盈余质量与融资约束之间呈现负相关关系；（7）盈余质量通过缓解融资约束进而促进企业创新投入，融资约束具有中介效应。

5. 专题四对上市公司信息披露、企业创新与投资效率三者关系的研究发现：（1）上市公司信息披露质量与企业创新正相关，信息披露水平越高，越能促进企业创新；（2）上市公司信息披露与投资效率正相关，企业创新在二者关系中发挥中介作用，上市公司信息披露质量可通过改善企业创新来抑制投资过度与缓解投资不足。

针对实证分析的结果，从政府相关部门、外部投资者与上市公司自身等角度对如何提升上市公司信息披露水平、创新水平与投资效率提出了相关建议。政府相关部门层面的建议包括：（1）监管机构应当规范、完善上市公司信息披露制度，促进形成多维度、有效的信息披露质量的评估体系；（2）监管机构加强对创新行为信息披露的相关制度和准则的完善，引导和鼓励企业积极进行创新行为信息的披露；（3）政府部门应完善、加强政府研发资助发放的审核流程及标准，包括企业技术水平和经营水平，同时应落实加强对企业政府研发资助使用情况的监督考核，提高政府研发资助的使用效率，提高企业投资效率。外部投资者层面的建议包括：（1）企业外部投资者应积极关注上市公司信息披露情况，强化对上市公司治理的监督作用；（2）企业外部投资者在进行投资决策时应将上市公司创新行为相关信息作为重要参考依据，客观全面地考察上市公司的创新活动。上市公司自身层面的建议包括：（1）上市企业应提升对信息披露的重视程度，充分发挥信息披露对企业创新与投资效率的积极效应；（2）上市公司应重视自身创新水平的提升，积极通过提高信息披露质量等途径缓解创新面临的融资约束，增加创新投入；（3）通过科学的方法对创新项目及投资项目进行评估和选择，以保证创新活动获得良好收益。

目录

专题三　上市公司创新与投资效率关系研究

专题四　上市公司信息披露、创新行为与投资效率

第一章

绪　论

第一节　研究背景与研究意义

一、研究背景

随着 2005 年《国务院批转证监会关于提高上市公司质量意见的通知》的印发，我国上市公司的发展质量持续提升；2020 年国务院发布《国务院关于进一步提高上市公司质量的意见》，提出要进一步提高上市公司质量。特别是在"十四五"规划时期，我国发展环境发生深刻复杂变化，上市公司高质量发展面临着新的考验，投资效率有待改善、技术创新水平有待提升等仍是制约上市公司高质量发展的突出问题。

上市公司投资效率高低不仅直接影响自身的发展进程，同时会对产业发展产生重要影响。近几十年来，上市公司整体呈现加快发展的良好态势，通过股权融资和债券融资等多种融资方式更进一步推进了市场资源整合，使资源配置得到了一定优化。然而，在其高速发展的背后，仍存在着体制机制有待完善、投资效率有待提升等问题。在完美市场假设中，企业理性管理者期望效用最大化，选择净现值为正的项目进行投资，但在现实中，由于委托代理问题和信息不对称问题的存在，企业管理者的投资往往偏离最优水平，导致投资过度或投资不足等非效率投资现象出现。

1912 年，熊彼特（Schumpeter）提出创新的概念，随着经济发展和技术进步，创新已经成为经济增长的核心驱动力，是企业提升发展质量的关键所在。2016 年 8 月《"十三五"国家科技创新规划》发布；2017 年 5 月《"十三五"国际科技创新合作专项规划》发布；2018 年 3 月国务院印发《积极牵头组织国际大科学计划和大科学工程方案》；2018 年 9 月国务院发布《国务院关于推动创新创业高质量发展打造"双创"升级版的意见》；2018 年 10 月，科技创新 2030 重大项目正式启动；2020 年 7 月国务院印发《国务院办公厅关于提升大众创业万众创新示范基地带动作用进一步促改革稳就业强动能的实施意见》；2021 年"十四五"规划和 2035 年远景目标纲要中提及"创新"一词 165 次，并设立专篇对坚持创新驱动进行部署。这一系列政府文件及项目均十分关注全球高科技产业发展前沿动态，强调加强与国际高水平研究组织的合作，构建研发合作、创新共享新平台，营造良好的创新环境，进而提升创新驱动力。随着创新的核心地位日益深化，我国持续加大科技研发投入，研发投入情况具体如表 1 - 1 所示。

表 1 - 1　　　　　　　　2012 ~ 2019 年国内科技研发投入情况

指标	2012 年	2013 年	2014 年	2015 年	2016 年	2017 年	2018 年	2019 年
国内研发经费支出（亿元）	10298. 4	11846. 6	13015. 6	14169. 9	15676. 7	17606. 1	19677. 9	22143. 6
其中：政府资金（亿元）	2221. 4	2500. 6	2636. 1	3013. 2	3140. 8	3487. 4	3978. 6	4537. 3
企业资金（亿元）	7625	8837. 7	9816. 5	10588. 6	11923. 5	13464. 9	15079. 3	16887. 2
研发经费支出/国内生产总值（%）	1. 98	2. 08	2. 03	2. 06	2. 1	2. 12	2. 14	2. 23

资料来源：历年《中国统计年鉴》。

创新研发项目往往需要长时间的资金投入，但是否能取得预期的成果却不确定，是否能实现客观的回报也充满了未知，使企业内部经营风险上升。企业想要持续地开展研发项目需要充裕的资金支持。当企业存在外部融资困难或内部资金不充足等问题时，管理层不得不放弃一些优质的有可观回报的投资项目，而已投资项目也可能带不来理想的回报，进而造成企业创新的投资不足；另外，因为企业管理权和所有权分离，当企业内部的资金充足时，管理层可能出于个人目的，做出有利于个人利益而不利于企业发展的投资决策，对回报为负的项目进行投资，造成企业的投资过度，不利于创新水平的提升。

信息披露是指上市公司以公告书、公司年报等形式，公开披露公司重大信息的行为。企业的各方利益相关者能够根据披露的信息做出各种决策的程度，这对企业的发展至关重要。上市公司信息披露是上市公司向投资者和社会公众传播信息的桥梁。对于经营者来说，会计信息可以帮助经营者更好地管理业务并识别经营过程中的缺陷；对于投资者和公众来说，判断企业的盈利能力、股权结构、支付能力以及营运状况，从而做出投资决策；对于监管者而言，对企业的会计信息进行分析有利于监控国家各项经济政策、法规、制度实施的情况。而近年来中国证监会发布了一系列有关提高信息披露质量的法规条例，在上市公司履行社会责任、实施精准扶贫、环境信息公开等领域提出了明确要求。加强信息披露和风险监控，防范化解风险，提高信息披露的透明度，加强对上市公司信息披露的监管是其工作重点。由此可见监管机构对信息披露的重视程度。

因信息不对称和代理问题，投资者获取的信息质量与企业披露的信息质量存在差异，这可能影响其投资决策，进而影响企业的创新行为。信息不对称问题和代理问题从资金和动机两方面阻碍了企业创新研发的投入，顾群和翟淑萍（2013）认为在信息披露问题上，经营成果较好的公司倾向于披露公司信息，而信息披露作为资本市场中重要的信息来源，可以有效地缓解企业存在的信息不对称的问题，抑制代理成本，帮助解决公司的融资约束，促进企业创新。信息披露可通过缓解融资约束、降低代理成本来促进企业创新行为，表现为信息披露的融资和监督作用。

根据委托代理理论及先动优势理论（Robinson and Fornell，1985），上市公司对自身信息披露水平的高低具有较大的自主选择权；投资者根据心理预期理论（Keynes，1936），借助所获取的信息披露内容，对企业创新行为进行评估预测来进行投资选择。上市公司的信息披露水平高低的选择与投资者的投资选择使得上市公司和投资者的预期效益（效用值）存在差异。投资者对上市公司的投资资金与上市公司自身累积资本共同构成上市公司创新行为的资金来源，上市公司将资金运用于创新研发项目，创新研发项目存在不确定性，当上市公司创新研发项目的结果使得上市公司与投资者的效用最大化时达到效率投资，否则为非效率投资（投资不足或投资过度）；但投资者并非完全理性，其投资交易行为有时会同向运动，即部分非理性的投资者盲目跟从其他非理性投资者的行为，造成对上市公司的投资过度或投资不足的非效率投资结果。因此，信息披露、企业创新行为与投资效率之间的作用路径与影响机理仍需进一步展开研究。

根据信号传递理论、先动优势理论、声誉机制与心理预期理论等，信息披露对企业的创新行为与投资效率具有一定影响。然而，对上市公司的信息披露、创新行为与投资效率的探讨在统计学术界仍然是一个空白，因此，适时开展相关领域的学术研究具有十分重大和紧迫的理论和现实意义。

二、研究意义

（一）学术价值

1. 揭示上市公司信息披露的质量特征及其规律

在推动上市公司高质量发展背景下，通过构建信息披露质量评价指数对上市公司信息披露的质量特征及其规律进行研究，为提高上市公司信息披露质量提供理论与数据支持。

2. 从信息披露角度研究上市公司创新的影响因素，拓展企业创新影响因素研究的边界

信息披露可带来信息效应、治理效应与监督效应等一系列积极作用，使上市公司在获取外部融资、分配内部资源与投资决策等行为发生变化，进而影响上市公司创新。本书考察了上市公司信息披露能否影响创新以及这种影响的内在机制。同时探析了政府研发资助与企业创新的关系以及不同信息披露质量下二者关系是否变化，并进一步分析了上市公司会计信息可比性影响创新投入与产出的内在机制，为上市公司信息披露与创新关系

之间的研究做出了增量贡献。

3. 将信息披露、创新行为和投资效率融于一个研究框架，弥补三者关系研究的空白

已有文献中较多关注信息披露与投资效率、信息披露与创新行为间的作用机理，未见对上市公司信息披露、创新行为和投资效率三者关系进行分析的研究。本书将三者纳入同一研究框架，丰富了三者之间关系的研究内容，具有重要学术意义。

（二）应用价值

1. 为相关部门制定与上市公司相匹配的信息披露政策提供数据支持

新发展阶段中，企业面临的外部环境发生剧烈变化，为了全面优化上市公司结构和发展环境，还需进一步改善上市公司信息披露质量。本书对上市公司信息披露的质量特征规律进行分析，有助于政府相关部门更有效地监管上市公司信息披露质量，同时也为制定与企业实际相匹配的信息披露准则提供了一定的借鉴意义。

2. 从信息披露角度，促进上市公司创新行为

企业可通过调节信息披露水平来缓解企业面临的融资约束，吸引投资者进行积极投资，从而推动企业创新行为。

3. 促进利益相关者对上市公司信息披露的有效利用，推动上市公司创新行为，优化投资者与上市公司的投资效率

上市公司通过信息披露降低信息不对称，使投资者进行恰当的价值评估和投资决策；同时投资者可以通过信息披露来监督上市公司的创新行为，防止因企业管理者自利行为出现投资过度或投资不足的非效率投资行为。

第二节　研究内容与研究方法

一、研究内容

本书围绕以下内容展开。

1. 评价上市公司信息披露质量，分析其质量特征与规律

本书从会计准则基本要求出发，结合相关学者和研究机构的研究，建立符合我国国情和政策要求的上市公司信息披露质量评价指标体系。基于所构建的信息披露质量评价指标体系，本书对上市公司信息披露质量特征进行分析，探寻其变化规律，为后续开展研究奠定基础。

2. 分析上市公司信息披露质量与创新的关系

上市公司已成为资本市场的重要组成部分，外部投资者对其信息披露质量的需求也随之提升。在此背景下，上市公司会调整自身的信息披露策略，而信息披露质量的提升可对其创新活动产生一定影响。本书对上市公司信息披露质量与创新之间关系进行研究，分析政府研发资助对其创新的影响，进而探讨不同信息披露质量下政府研发资助与创新的关系。此外，会计信息可比性是信息披露质量的重要特征之一，为了更深入地探析上市公司信息披露质量与创新的关系，本书进一步聚焦上市公司会计信息可比性对创新的影响，分析上市公司会计信息可比性对创新投入与创新产出的影响。

3. 明晰上市公司信息披露与投资效率的关系

上市公司投资效率对其发展具有重要影响，信息披露可为外部投资者传递上市公司资本分配效率的相关信号，其质量的高低会影响企业投资行为。本书从多角度切入对上市公司信息披露与投资效率的关系展开深入研究，首先，关注投资效率中创新投资效率，分析信息披露与政府研发资助对上市公司创新投资效率的影响；其次，关注上市公司信息披露与其外部融资的关系，同时探讨政府补助对二者关系所发挥的作用；最后，在前文研究的基础上，进一步将研究视角聚焦在创新行为信息这一特殊而重要的信息类型上，分析上市公司创新行为信息披露对投资效率的影响。

4. 分析上市公司创新与投资效率的关系

上市公司创新投入的多少不仅展现了其对创新活动的重视程度，同时也体现了其自身的经济实力。然而，创新投入对企业投资效率具有"双刃剑"效应，特别是在政府对上市公司的补助力度和政策支持日益加大的背景下，上市公司创新投入不断增加，亟须创新投入与企业投资效率的关系。本书对上市公司创新投入能否影响投资效率及内在影响机制展开研究，并探讨政府研发资助、创新投入与投资效率三者间的关系。在验证上市公司创新投入对投资效率所带来的积极效应的基础上，本书进一步对盈余质量、融资约束与创新投入的关系展开研究，为如何进一步促进上市公司创新投入提供思路。

二、研究方法

本书以信号传递理论、委托代理理论、创新理论、优序融资理论等为基础，以上市公司信息披露质量评价指标体系的构建，信息披露与创新的关系，信息披露与投资效率的关系，上市公司创新与投资效率的关系，上市公司信息披露、创新行为与投资效率三者间的关系等一系列问题为研究对象，借鉴相关领域国内外主流的研究方法，主要采用文献研究法、理论研究法、指数法、实证研究法等，对我国上市公司信息披露、企业创新与投资效率进行多层次、多角度的研究和剖析（见图 1-1）。本书采用的主要研究方法具体阐述如下。

1. 文献研究法

广泛收集和研究国内外相关文献，梳理和归纳有关成果。在研究过程中，参阅信息披露、企业创新与投资效率的相关文献，并对这些文献进行整理、分类、比较与总结，探寻该领域存在的研究空白，为本课题的研究提供文献支撑。

2. 理论研究法

在文献研究的基础上，系统考察国内外相关领域的研究成果，以信息披露、公司治理、企业创新与投资等相关理论为基础，分析上市公司信息披露影响企业创新、投资效率的内在机理，探讨上市公司创新对投资效率的作用机制，进而构建上市公司信息披露、创新行为与投资效率三者间关系的研究框架。

3. 指数法

从会计准则出发，基于已有关于信息披露质量评价的研究，结合我国上市公司信息披露的实际情况，构建指数对上市公司信息披露质量进行评

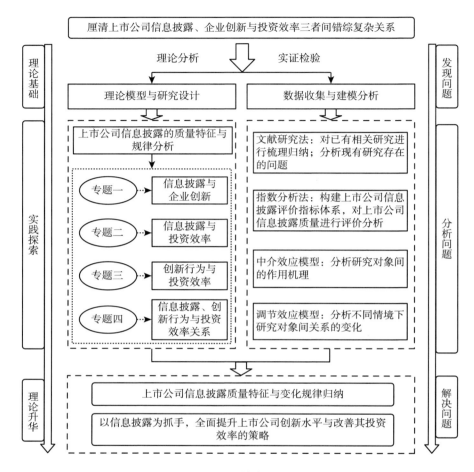

图 1 – 1　技术路线

价，并对上市公司信息披露的质量特征与规律进行分析。

4. 实证研究法

在文献整理和理论分析的基础上，开展实证分析，进一步完善所论述的内容。通过 CSMAR 数据库、WIND 数据库、国家统计局等公开数据库或相关网站，手工搜集相关数据资料，采用中介效应模型、调节效应模型等多种统计分析方法，对信息披露与创新的关系，信息披露与投资效率的关系，上市公司创新与投资效率的关系，上市公司信息披露、创新行为与投资效率三者间的关系等问题进行实证研究。

第三节　研究的创新点

1. 以军工上市公司为研究对象，探究信息披露影响创新的内在机理

军工上市公司由于其特殊的业务背景有别于其他企业，其信息披露既要兼顾国防安全的保密要求，又要满足外部投资者的需求，导致其信息披露与创新的关系可能存在一定的异质性。已有研究主要以普通上市公司为样本对信息披露与创新的关系进行分析，区别于已有研究，本书以军工上市公司为样本，深入探讨信息披露能否影响其创新及其影响机理，并引入政府研发资助、会计信息可比性等变量，从不同角度探析信息披露质量对创新的作用，为信息披露与企业创新关系方面的研究提供军工上市公司样本的经验证据。

2. 分别从信息披露与企业创新的角度明晰上市公司投资效率的影响因素

本书首先聚焦于创新投资效率的影响因素，对信息披露与创新投资效率的关系展开系列研究，进一步分析创新行为信息这一特殊类型信息的披露质量对投资效率的影响；从企业创新的角度，本书对创新投入与投资效率的关系进行系统分析，并验证了政府研发资助对创新投入与投资效率关系的影响，有助于深刻认识不同类型投资效率的影响因素和准确识别不同类型信息披露对投资效率的影响效果。

3. 开创性地将信息披露、创新行为与投资效率纳入同一研究框架，全面深入地探究三者之间的内在传导机制，填补三者关系研究的空白

已有文献中未见将信息披露、创新行为与投资效率置于一个框架内进行分析的研究，而基于信号传递理论、委托代理理论与预期理论等，三者间存在一定影响关系。本书依据信号传递理论、委托代理理论、先动优势理论与预期理论，对上市公司信息披露、创新行为与投资效率三者间的关系进行理论研究与统计分析，为上市公司提升信息披露水平，促进创新行为，进而为投资效率提供理论与数据支持。

第二章

文献综述

第一节　企业信息披露质量现状研究

一、信息披露相关概念

信息披露是指上市公司以公告书、公司年报等形式，将公司的重大信息公开披露的行为。企业信息披露可分为强制性信息披露和自愿性信息披露。强制性信息披露主要源于政策监管，主张以政府干预来规范管制企业信息披露；自愿性信息披露主要源于市场机制的促使，内部管理层自主提供企业相关信息（胡元木和谭有超，2013）。李慧云（2017）对上市公司自愿性信息披露进行研究，发现我国上市公司自愿性信息披露质量总体偏低，但逐年有所提升，且披露差异逐年减小。具体来说，上市公司自愿披露信息中背景信息披露状况较好，战略、目标、公司治理情况及行业政策等信息能够积极披露，预测性信息、管理层讨论与分析披露状况有待改善。

信息披露质量和普通商品质量的概念相似，它是投资者、债权人等利益相关者做出决策的参考依据，高质量的信息披露能够满足利益相关者的决策需要，从而正确引导资金流向（任政亮，2014）。但信息披露又和普通商品存在许多并不相似的地方，比如信息披露不完全是实物而是具有一定的抽象性，如面对不同的规范制度或利益相关者，信息披露表现出来的内容可能会产生不同。因此，在一些文献中，信息披露质量有许多不同的描述，如"透明度""信息披露程度""信息披露水平"说法。

二、信息披露质量的评价

（一）信息披露质量评价标准

在信息披露质量的评价标准方面，国外早已对此开展探究工作，诸多知名机构以及专家，持续针对此方面开展了探究工作，不论是在实践还是在理论方面，成果均较为丰富。1966 年，美国会计协会（American Accounting Association，AAA）发布《基本会计理论说明书》，该著作结合对会计定义的界定，通过将经济学资源配置引入其中，结合演绎推理，明确会计信息披露的相关指南以及标准，首次提出相关性、可验证性、超然性与可定量性等 4 个会计信息的评价标准，信息披露质量评价标准已具雏形。

1970 年，会计原则委员会（Accounting Principles Board，APB）在第 4 号公告中以环境作为切入点，对财务会计的特征、目标等进行分析，其中，对信息披露质量的评价标准具体涉及完整性、可验证性、及时性、相关性等，这也为此后对会计信息披露质量的评价明确了方向。

1973 年，美国注册会计师协会（American Institute of Certified Public Accountants，AICPA）发布《特鲁伯罗德报告》（*Trueblood report*），重点针对财务会计目标进行讨论，其中具体涉及 12 个指标，针对当前涉及的如一惯性、可靠性、实质重于形式等诸多问题开展了分析工作。对比而言，这一研究涉及的范围更为广阔且更为明确。

1980 年，财务会计准则委员会（Financial Accounting Standards Board，FASB）发布财务会计概念第 2 号公告，对会计信息质量特征进行阐述。在信息披露质量的评价方面，该公告以决策有用性作为标准的关键，质量目标方面则以相关性、可靠性作为基本支撑，除了这些特征外，其他特征包括可比性、一致性与重要性。该公告发布后对财务信息披露产生了深远影响，已成为衡量信息披露质量的重要标准。例如，英国、加拿大、国际会计准则委员会等，在对财会概念框架进行探究时，也提出了类似的观点（魏明海等，2001）。

从上述梳理中可看出，信息披露质量的评价标准往往是随着经济社会的发展而发生变化的，由于不同国家的国情各异，需构建与本国国情相符的特征体系，最终才能发挥积极效果。

虽然我国在会计信息质量特征方面的研究比国外起步稍晚，但不论是实务界还是学术界均十分重视对上市公司信息披露质量的提升，对信息披露质量评价的标准的认知也在持续深化。为使用者需求得到满足，我国政府相关部门对企业披露信息制定了系列制度规范。例如，《企业会计准则》明确了企业信息披露质量的相关具体要求；《上市公司信息披露管理办法》对上市公司的信息披露行为做出了明确规定；2019 年最新修订的《中华人民共和国证券法》设立专章对信息披露进行说明。对比此前仅以原则形式提出的标准而言，我国上市公司信息披露的相关制度得到了极大发展。

（二）信息披露质量评价方式

已有研究中对信息披露质量的评价方式主要可分为：采用相关组织的评价指标体系、自行构建指标体系与使用单一指标进行衡量 3 种方式。具体有以下几方面。

1. 相关组织的评价指标体系

较为权威的相关组织的信息披露评级指数包括：标准普尔公司（S&P）发布的"透明和披露评价体系"、国际财务分析和研究中心发布的（Center for International Financial Analysis and Research，CIFAR）指数、我国深圳证券交易所的上市公司信息披露工作考核评级、上海证券交易所的上市公司信息披露工作评价。

标准普尔公司（S&P）发布的"透明和披露评价体系"共计涵盖 98 项指标，包括财务透明度，董事会、管理层结构，以及程序的披露程度三个层面。在该项评价指标体系中，若指标所要求的信息被披露在年报内，则记录为 1 分，否则为 0 分，所有指标得分总和越高则表明信息披露质量越好。该方法涵盖面广且客观，但评价过程中只考虑年报，没有考虑其他信息报告的情况；同时只考虑信息是否披露，也忽略了检验信息本身是否真实可靠；再者，该评价指标体系所有指标权重相同，没有突出不同类型信息的重要性。

国际财务分析和研究中心发布的 CIFAR 指数以不同国家企业年报中所包含的强制性披露信息为主要依据，选取了 90 个财务与非财务的指标，以其披露数量为衡量标准。布尔卡等（Burca et al.，2020）、比尔德和希拉里（Biddle and Hilary，2006）、布什曼等（Bushman et al.，2004）在各自的研究中均使用 CIFAR 指数衡量信息披露质量。

深圳证券交易所的上市公司信息披露工作考核评级主要根据《深圳证券交易所上市公司信息披露工作考核办法》的相关规定，以上市公司信息披露质量为主要依据，同时结合上市公司规范运作水平、对投资者权益保护程度、履行社会责任等的披露情况，从高到低划分为 A、B、C、D 四个等级。扈文秀等（2021）、鲁清仿和杨雪晴（2020）、任宏达和王琨（2019）、曾颖和陆正飞（2006）等学者均使用该考评的评分对上市公司信息披露质量进行评价。

上海证券交易所的上市公司信息披露工作评价根据《上市公司信息披露工作评价办法（2017 年修订）》对上交所的上市公司信息披露质量进行评级，该考评以 80 为基准，根据评价办法中的相关要求予以加分或者减分，并将最终得分划分为 A、B、C、D 四个等级。

2. 自行构建指标体系

国外学者较早开展对信息披露指标体系构建的研究。罗宾斯和奥斯汀（Robbins and Austin，1986）根据政府财政报告构建了一个包含 27 个指标的指标体系来评价信息披露的质量。博托桑（Botosan，1997）将年报自愿披露的信息划分为管理层评论、关键非财务指标、企业背景信息等部分，选取 35 个对应的明细指标来构建评价指标体系对企业各方面信息披露进行评分。周和格雷（Chau and Gray，2002）则从战略管理、企业财务状况以及其他主要的非财务信息三个方面选取指标来构建信息披露质量评价指标体系。理查德（Richard，2004）则以评价信息披露的结构、内容和深度为主要目标，建立了评价财务报告质量的指标体系。金姆（Kim，2005）主要结合韩国的实际情况，选取了四个指标评价韩国本土企业的信息披露质量，其中包括公司治理结构、审计结果、披露行为以及企业财务信息等。

国内学者也对信息披露质量评价指标体系的构建开展了丰富的研究。沈红梅（2003）参照了米克等（Meek et al.，1995）的做法，完成评价自愿性信息披露体系的设计工作。崔学刚（2004）以信息使用者的信息需求为宗旨选取了41个自愿信息披露条目进而构建信息披露指数。谢志华和崔学刚（2005）从强制性信息披露与自愿性信息披露两个部分共计选取93个指标进而构建信息披露指数以衡量信息披露水平。杨玉凤等（2010）则依据财政部等于2008年联合发布的相关基本规范，结合内部评价指标体系的设计，构建内部控制信息披露评价指标体系。任政亮（2014）从披露行为直接影响与内外间接影响两个方面选取可靠性、及时性、完整性、合规性、内部财务与治理、外部环境等6个二级指标，同时选取13个三级指标构建测度信息披露质量的整合性指标体系，利用改进熵权模型计算各个指标所对应的熵权值，对上市公司信息披露质量进行评价。

3. 使用单一指标进行衡量

已有文献主要使用KV指数与盈余质量法两种方式对上市公司信息披露质量进行评价。

（1）KV指数。金姆和韦雷基亚（Kim and Verrecchia，2001）在研究交易量对收益率的影响时发现，两者之间的关系受到信息披露质量的影响。企业的信息披露质量越高时，投资者进行投资则主要依赖披露的信息而不是交易量，进而减弱了交易量对收益率的影响；反之，当企业的信息披露质量较低时，投资者则主要依据交易量进行投资，使得交易量对收益率的影响加强。所以，交易量和收益率之间的系数可以用来反映企业的信息披露程度，这个系数被称为KV指数。扈文秀等（2021）、李春涛等（2018）、周开国等（2011）、阿西奥卢等（Ascioglu et al.，2005）均使用KV指数衡量信息披露质量。

（2）盈余质量法。上市公司披露的盈余信息在总的信息披露中占有重要分量，因此盈余质量被部分学者用作信息披露的重要衡量指标。蔡吉甫（2013）、郭琦和罗斌元（2013）、何平林等（2019）等学者在开展有关信息披露的研究时均使用盈余质量相关指标衡量信息披露质量。

第二节　信息披露与投资效率相关研究

上市公司面临着投资效率低下、过度投资和投资不足并存的严峻局面（张功富和宋献中，2009；狄为和乔晓杰，2014）。企业信息不对称是导致企业存在非效率投资的重要原因之一（张超和刘星，2015；钟马和徐光华，2017）。信息披露可以增加利益相关者的信息流通，有效降低信息不对称和委托代理问题，达到有效配置资源（Bushman and Smith，2001）。信息披露水平的提高，可以减缓企业投资不足或投资过度问题的出现。

从投资不足角度看，由于信息不对称，外部投资者为保障自身权益会要求较高回报（肖珉，2010），导致外部资本成本远高于内部积累资本，企业在缺乏充足自由现金流时可能为降低融资成本而放弃外部融资，并放弃可以获得正净现值的投资机会，引起投资不足情况发生。财务报告通过提高外部监督水平和完善契约（Cardamone et al.，2012），可以修正投资效率的偏离（Biddle et al.，2009）。李青原（2009）研究发现，会计信息质量与投资不足存在负相关关系。信息披露可以有效降低企业内外部之间的信息不对称问题，有效缓解逆向选择问题，有利于公司降低外部融资的成本，减少投资不足的状况（韩金红和余珍，2017；Diamond and Verrecchia，1991）。

从投资过度角度看，良好的信息披露不仅能够缓解资金供需双方的信息不对称问题，还利于管理者在投资决策时更加全面考虑，避免出现盲目投资，抑制投资过度（潘何哲和孟枫平，2020）。希利和帕利普（Healy and Palepu，1999）认为，由于管理者比外部投资者掌握更多信息，管理层可能为自己利益损害投资者利益，造成道德风险。信息披露可帮助外部投资者有效激励和监督内部管理人行为（Healy and Palepu，2001），防止道德风险和机会主义行为发生，进而促进资本有效运作，防止企业出现非效率投资行为（Verdi，2006）。平努克和利利斯（Pinnuck and Lillis，2007）研究发现，信息披露可以减轻委托代理问题并提高投资效率。钟马和徐光华（2017）研究发现，信息披露可以提高企业投资效率。荆龙姣

（2017）研究发现，信息披露质量与投资效率具有正相关关系，产品市场竞争能够影响二者的正向关系。

第三节　企业创新行为与投资效率相关研究

陈凯华等（2013）认为创新行为对投资效率有着直接的促进作用。创新成果可以实现收益，使得企业可以获得良好的投资效果，但创新行为成果收益的不确定性也可能使得投资效率存在不确定性（温军和冯根福，2012）。刘园等（2018）研究发现创新行为将使先动者拥有更好的竞争优势，有助于提高企业的风险承担能力，进而提高企业的投资效率。研发新技术和由此产生的技术优势能够提高企业投资项目产出与投入的比值，提高投资效率（张玉兰等，2019）；创新行为也能够提高企业的盈利能力，其中产生的利润留成则能够促进企业内源融资，缓解融资约束，进而缓解投资不足（周宇亮和张彩江，2016）。王宇峰等（2012）发现加大研发投入能够吸引机构投资者持股，而提高机构投资者持股水平能够通过参与公司治理、发挥监督约束作用、减少公司内部代理成本、缓解信息不对称来提高投资效率（吴军，2015；唐运舒和张冰洁，2018；陈明利等，2018）。另外，杨亭亭和许伯桐（2019）发现分析师会关注企业创新行为，而分析师的关注也对企业管理者起到监督作用，提高其投资决策的水平，进而提高投资效率。

第四节　文献评述

从上述文献梳理中可以看出，信息披露、企业创新与投资效率间具有千丝万缕的联系，已有文献分别对信息披露、企业创新与投资效率两两之间的关系展开讨论，对本课题的研究具有很好的借鉴意义，然而仍存在以下几方面的不足。

1. 缺少对军工上市公司信息披露质量特征的全面考察

已有文献主要对一般上市公司信息披露的质量进行评价与分析，未见关于军工上市公司信息披露质量特征分析的相关研究。随着军工上市公司对资本市场的重要性逐渐凸显，投资者对军工上市公司信息披露的需求日益提升，及时开展军工上市公司信息披露质量特征与变化规律的研究具有重要意义。

2. 尚未有研究将信息披露、企业创新与投资效率三者纳入同一框架进行分析

已有文献多关注信息披露、创新行为与投资效率两两之间的关系，较少关注创新行为在信息披露与投资效率二者关系间的作用机制，这为本课题的研究留下了突破空间。本课题在对信息披露与企业创新的关系、信息披露与投资效率的关系及企业创新与投资效率的关系进行分析的基础上，更深层次地挖掘信息披露、企业创新与投资效率三者间的相互关系。

3. 因为军工企业特殊的业务背景，其在信息披露和创新方面存在特殊性，以军工上市公司作为主要研究对象的文献较少

信息披露可以通过缓解逆向选择问题、代理问题，进而缓解融资约束，对企业创新行为和投资效率产生积极影响。而创新行为作为军工企业持续发展的重要驱动力，在很大程度上影响着企业的核心实力和发展潜力，是投资者进行投资决策的关键依据，对于企业的外部融资有着重要影响；并且创新行为本身也能够产生投资成果，进而对企业的投资效率产生积极作用。本课题基于军工上市企业开展信息披露、创新行为与投资效率三者间关系的研究，深入探析三者间的影响机理，这对推动军工上市公司更快更好发展具有重要意义。

第三章

军工上市公司信息披露质量特征研究

第一节　引言

随着中国市场经济的发展，投资者等利益相关者将上市公司的信息作为投资决策的重要依据。上市公司的信息披露可分为自愿性信息披露和强制性信息披露两种类型。随着社会各界对上市公司信息披露水平的要求逐渐提高，强制性信息披露已不能满足投资者的信息需求。公司管理者越来越多地意识到，通过公司的自愿性信息披露，上市公司不仅可以提高企业会计信息披露质量，减少信息不对称，还能提高公司的声誉和形象、改善与投资者之间的关系、降低公司的诉讼成本、增加公司的价值及提高公司的核心竞争力。

近年来随着军工企业股份制改革的不断深入，军工上市公司已成为 A 股的重要力量。自 2011 年 1 月我国确定开始军工企业股份制改造开始，截至 2018 年 1 月，随着中国航空工业集团宣布完成公司制改制，我国军工集团已全部实现公司制改制，军工上市公司在 A 股所占比例日益增大。然而与大多数民用型上市公司不同的是，军工上市公司作为承担大量国家级军事性生产经营任务的大型企业，其对信息的保密程度要求一般较高，这也对其提升信息披露质量造成了一定阻碍。与此同时，军工上市公司具有经济属性，需要通过具备及时性、完整性与准确性的信息披露来吸引投资者，以求更好地保障利益相关者的权益。由此可见，军工上市公司的双重属性既要求其对投资者的利益负责，又要求其对国家军事信息的保密和负责，但是当这两项要求发生矛盾时，军工上市公司很难同时满足相关要求，其信息披露质量可能会受到影响。我国对军工上市公司信息披露特征的研究较少，但对军工上市公司信息披露质量的研究，不仅有理论意义，更具有深远的现实意义。

第二节　理论基础与信息披露质量指数构建方法

一、理论基础

（一）有效市场假说

1965 年美国知名经济学家萨缪尔森（Samuelson）提出有效市场理论。之后，法玛（Fama，1976）、杰森（Jesen，1976）等学者对该理论进行系统研究。该理论认为，信息作为资本市场组成的元素，在资本市场运行过程中担当着十分重要的角色。资本市场本质上也等同于一个信息市场，当资本市场有效运行时，才能使信息的生成、传递、披露和反应等环节互相协调并形成正向循环；同时，当信息披露质量过低时，则会对企业内外部的信息沟通造成阻碍，资本市场的有效性也会随之降低。由此能够看到，资本市场的有效性和企业信息披露行为始终相互影响，要对上市公司信息披露质量的问题进行深刻的研究，就需要对有效市场的基本概念以及其与信息披露的关系进行彻底的了解（李忠，2012）。

有效市场假说认为在参与市场的投资者具有足够理性时，能充分利用市场所有信息，并且及时对信息做出合理反应。在该假说中，高质量的信息披露发挥关键作用，然而现实中，企业披露的信息质量有待提升，企业内外部的信息不对称程度仍有待改善，要使资本市场更趋于有效状态呕须提升信息披露质量，保证信息的及时性、完整性与准确性。

（二）公司治理理论

公司治理理论是经济与管理领域的热点，该理论发展了近 30 年，理论体系已相对完善且独立，是信息披露研究的基础理论。英国经济学家鲍博·特里克（Bob Tricker）在 1984 年出版的《公司治理》一书中论述了现代公司治理的重要性。公司的诞生主要是因为"委托—代理"契约关系的发展，但此契约关系并不完备，导致信息不对称问题产生，进而衍生出公司治理相关的系列问题。根据公司治理理论，更加完善的公司治理结构能够显著提升信息披露质量。信息披露与信息透明度也属于公司治理的重要组成部分，也可被视为公司内、外治理机制的有机结合（李忠，2012），因为信息披露能够使企业内部人员与外部相关利益主体相互联系，并使企业内外部协同运作。因此，企业信息披露质量的提升能够使其治理机制更加完善，也能够更加有效地规范企业所有者与高管的行为；同时，治理结构的改善也可能对企业的信息披露决策以及进一步的披露行为产生重要影响。

二、信息披露质量指数构建相关方法

（一）信息披露质量评分常用方法

信息披露质量指标体系构建常用方法主要包括声誉评分法、内容分析法与指数法。

（1）声誉评分法是指通过问卷调查的形式对企业信息披露的情况进行评价，被调查对象需对问卷中所设置的指标进行评分，各项分数的总和即为该企业的信息披露质量的声誉分值（陈华等，2013）。然而该方法存在以下几方面的缺点：①对被调查者对企业信息披露的状况熟悉程度有较高的要求；②评分存在较强的主观性，被调查者受到自身工作经历、学历等多种因素的影响，对企业信息披露的评价差异较大；③不易获取大样本，由于发放问卷、回收问卷等系列流程耗时较长，且易受到被调查者的拒绝，往往难以获取大量的样本。

（2）内容分析法是指对企业已公布的各类型报告或文件的内容进行分析，确定企业信息披露每一项目的得分，进而对企业的信息披露质量进行评价。相较于声誉评分法而言，该方法可广泛应用于大样本的研究，然而该方法存在的主要缺点是确定信息披露的评价项目时具有一定的主观性。

（3）指数分析法是指通过构建指数对企业的信息披露质量进行评价。指数构建主要包括确定一级指标、选取对应的二级指标，以及对每一指标的定量与定性的描述进行说明和赋值等过程，最后使用所构建的评价指标体系进行评分，得分的总和则为被评价企业信息披露质量的得分。该方法适用于大样本的研究，同时所构建的评价指标体系更为客观，得到了学者们的充分肯定（王诗雨等，2019；綦好东和王金磊，2016；陈华等，2013）。

综上，本书采用指数分析法，通过选取合理的指标构建信息披露评价指标体系对军工上市公司信息披露质量进行评价。

（二）指标选取相关方法

本书主要对传统的指标选取方法、频度分析法与专家咨询法进行如下梳理。

（1）传统的指标选取方法主要运用综合法、分析法、交叉法、指标属性分组法等。不同方法存在相应的优势及欠缺之处，可在各种条件下适用。具体每种方法的优缺点如表 3 - 1 所示。

表 3 - 1 指标选取方法的比较

方法	综合法	分析法	交叉法	指标属性分组法
优点	指标相对完整	指标相对系统，依照层次完成分组	明确的逻辑关系	性质分明，构建简单
缺点	指标之间相互关系不易分清	选择的指标局限性比较大	选择的指标层次局限性大	易对同一指标的属性划分产生分歧
适用条件	研究较为完善	对评价对象要素有深刻认识	明确评价对象的因果关系	了解评价对象的所有属性

（2）频度分析法是指针对与之相关的论文、报告等，开展频度统计工作，对具有较高使用频率的指标进行选定。该方法通过统计已有文献中信息披露质量评价指标体系的具体指标，计算哪些指标出现频度较高，进而确定研究拟选取的指标。

（3）专家咨询法是询问专家对指标体系评价指标选取的看法。专家咨询依靠专家个人的相关理论积累和个人判断，带有一定的主观性，不适合单独使用该方法，适合在形成初步评价指标选取后，询问相关专家意见，对指标进行调整。

综合以上方法，本书选取上述综合法、频度分析法和专家咨询法相结合的方法进行指标初选，保证指标的完整性、科学性和客观性。

第三节　信息披露指标体系构建

一、构建的基本原则

为综合全面地对上市公司信息披露进行评价，本书借鉴前人成果，结合构建上市公司信息披露指数，采用指数分析法对军工上市公司信息披露进行评价。为确保构建的指标体系具有可靠性、评价结果的客观性，需要在指标体系建立过程中尽量最小化主观因素。参考韦云（2013）在指标体系构建中对指标选取的基本要求，本书遵循三个总的基本原则来确定信息披露评价指标。

（1）相关性原则。所选取的指标应是对信息使用者有价值的，为其有效决策提供合理的依据。

（2）重要性原则。所选取的指标应当是信息使用者重点关注的，为此，本书向信息使用者进行了关于信息披露报告中最关注内容的问卷调查。

（3）可操作性原则。所选取的评价指标体系需具备适用性、易理解性、数据可获取性与可比性等特点，避免因指标计算太过复杂、太过高深或无法获取数据而引起信息缺项等问题。

二、一级指标的确定

《企业会计准则——基本准则》（2017）对企业信息披露提出了具体要求，这是我国目前公认的对企业信息披露的根本要求，也是本书建立信息披露指数指标体系的根本依据。根据《企业会计准则——基本准则》（2017）中第二章对会计信息质量的要求，高质量的会计信息应具备真实可靠性、相关性、完整性、可比性、可理解性、谨慎性、及时性和实质重于形式等特征，本书认为指标建立的基本方向应当着重关注这八个方面。

中国证券监督管理委员会2021年发布的《上市公司信息披露管理办法》中强调，信息披露义务人应当及时依法履行信息披露义务，披露的信息应当真实、准确、完整、简明清晰、通俗易懂，不得有虚假记载、误导性陈述或者重大遗漏。2017年修订的《公开发行证券的公司信息披露内容与格式准则第2号——年度报告的内容与格式》中要求，公司董事会、监事会及董事、监事、高级管理人员应当保证年度报告内容的真实、准确、完整，不存在虚假记载、误导性陈述或重大遗漏，并承担个别和连带的法律责任。2017年修订的《深圳证券交易所上市公司信息披露考核办法》中也提出信息披露考核主要关注上市公司信息披露的真实性、准确性、完整性、及时性、合法合规性和公平性。这一系列办法与准则表明国家权威监管机构在监督企业信息披露质量时，对会计准则具体要求的关注也有所侧重，因此，在构建信息披露评价指标体系时，也应结合评价实际选取科学合理的维度。

为选取可体现信息披露质量特征的维度，并将其作为准则层评价指标，本书整理了37个对涉及信息披露的国内外研究机构、学者所提出的质量特征（见表3-2）。

表3-2　　国内外研究机构及学者针对信息披露所提出的质量特征

评估机构/学者	质量特征						
美国第61号审计准则公告	完整性	一致性	明晰性				
美国证券交易委员会（SEC）	充分性	透明度	可比性				

续表

评估机构/学者	质量特征						
安永国际会计公司（2007）	平衡性	可靠性	可比性	易读性			
挪威船级社（2007）	完整性	可靠性	可比性	响应性	中立性	准确性	
全球报告倡议组织（2006）	清晰性	可靠性	可比性	时效性	中肯性	准确性	
国际石油工业环境保护协会（2005）	完整性	准确性	一致性	相关性			
社科院企业社会责任研究中心	完整性	平衡性	可比性	实质性	易读性		
润灵环球责任评级（2010）	透明度	可信度	可比性	实质性	平衡性	有效性	
金蜜蜂企业发展研究中心（2009）	完整性	可信度	可比性	实质性	易读性		
中国工业企业及工业协会（2008）	完整性	可信度	可比性	实质性			
企业会计准则——基本准则（2017）	相关性	可靠性	完整性	及时性	可比性	可理解性	谨慎性	实质重于形式
南开大学公司治理研究中心（2004）	完整性	真实性	及时性				
深圳证券交易所（2017）	完整性	准确性	及时性	合规性	真实性	公平性	
公开发行证券的公司信息披露内容与格式准则第2号（2016）	可靠性	可理解性	真实性	相关性			
上市公司信息披露管理办法（2017）	真实性	完整性	及时性	准确性			
Dennis（2008）	客观性	可靠性	可比性				
陈华（2013）	客观性	可靠性	可比性	可理解性	相关性		
吉利等（2013）	完整性	可靠性	可比性	可理解性	平衡性	相关性	
彭娟和熊丹（2012）	完整性	真实性	及时性	相关性			
宋献中和龚明晓（2007）	充分披露	可靠性	可比性	可理解性	无偏性	相关性	

根据表 3 - 2 可以发现，完整性、可靠性、相关性、及时性、可比性是提及频率较高的质量特征，被提及的概率分别为 70.27%、81.08%、45.94%、56.76%、72.97%，说明这五个特征是相关研究机构和学者都普遍认同的、可充分展现信息披露质量的重要特征。

为遵循重要性原则，在力求更全面完整体现《企业会计准则》中的八大基本要求的基础上，结合上述研究机构和学者的观点，本书最终选取可靠性、完整性、可比性、相关性和及时性这五大基本原则作为准则层指标。

三、二级指标的确定

（一）可靠性下的二级指标

证监会采用处罚公告的形式，对上市企业存在的不良行为进行处罚，并将处罚资料提供给投资者，以便投资者对上市企业披露信息的状况进行考察。深圳证券交易所与上海证券交易所也均会对上市公司的诚信情况进行记录。本书根据各个交易所和证监会的信息披露管理办法的相关说明，从诚信情况方面选取上市公司信息披露可靠性的二级指标。

企业需遵从政策要求，披露投资者进行投资决策所需要的信息。财务信息的披露作为上市公司信息披露的核心，其内容可靠性的高低是信息使用者关注的焦点。根据 2017 年证监会对上市公司进行立案调查的名单和原因上看，共 30 家上市公司因信息披露违规收到调查通知书，其中有 10 家上市公司是因为财务问题受到调查，可见上市公司信息披露财务造假情况依然是影响信息披露质量的重要因素，财务信息的真实可靠性是信息披露质量衡量指标中不可缺少的一个方面。根据齐萱（2005）的研究，本书认为企业盈余管理情况可反映上市公司信息披露的真实性。

此外，注册会计师出具的审计意见代表了对所审计企业的披露信息的可靠性核查结果（白默，2005）。综上，本书主要从企业的诚信情况、盈余管理情况与审计情况三个方面分别选取可靠性下的二级指标。

诚信情况方面，选取企业是否受到证监会、交易所处罚作为二级指标。证监会、交易所肩负着证券市场监管、维护的使命，对上市公司进行监督管理；若上市公司遭受证监会或交易所处罚，则说明其在信息披露上涉嫌违例违规。

审计情况方面，选取会计师事务所是否属于前十二大、是否被出具标准无保留意见为二级指标。大型事务所的审计质量通常较高，若出具标准无保留意见则说明该上市公司信息披露质量较高，反之则较低。

盈余管理情况方面，上市公司盈余管理的程度对信息披露质量有较大影响，盈余管理程度越大，信息披露质量越差。参考钱苹和罗玫（2015）的中国上市公司财务造假预测模型，此处选取应收账款占比、其他应收账款占比及股权集中度来衡量上市公司盈余管理情况。其中，应收账款占比和其他应收账款占比越大，说明公司盈余管理可能性越大，信息披露质量越低；而股权集中度越高，越能有效地对管理层起到监督作用，有利于公司治理，盈余管理可能性降低，信息披露质量更高。

（二）相关性下的二级指标

上市公司披露信息的相关性体现在是否有助于投资者等信息使用者进行投资决策判断，其中最重要的就是盈利预测信息以及其他影响决策的相关信息的披露情况。参考罗近瑜（2011）的研究，本书选用如下指标衡量相关性：是否披露营业外收支和投资收益内容详细构成；是否披露投资收益的详细构成；是否披露固定资产累计折旧的计算方法和限定的折旧年限；是否详细披露公司的重大诉讼、仲裁事项；是否披露关联交易对象、金额以及该关联交易对公司利润产生的影响。

（三）可比性下的二级指标

根据会计准则对可比性的定义，从纵向的角度来看，不同阶段中相同企业发生的相似、相同的事项、交易等，需采用相同的会计政策，不可随意地对此进行变更。若需要变更时，需要在附注之中说明；从横向的角度来看，对于相同或是近似事项、经营活动，企业需采用规定的会计政策，对会计信息的一致口径予以保障，使不同企业间的信息互为可比。

会计政策一致性保证了上市公司会计信息在纵向上的可比性，因此，本书选取了上市公司是否披露会计政策、会计估计变更情况及原因作为下设二级指标，保证会计信息的纵向可比性。

披露与行业其他公司的对比情况可对其信息的横向可比性进行衡量。投资者在进行公司估值时，往往运用相对估值法，以可比公司在市场上的当前定价为基础来评估目标公司的相对市场价值的高低。因此，本书选取是否详细披露行业经营性信息、上市公司市盈率及市净率与行业平均值的偏离程度来衡量其信息的横向可比度，偏离程度越小，公司整体可比性越高。

（四）及时性下的二级指标

上市公司在会计年度结束后，应当对该年度的信息进行汇总整理，调整后向公众及时做出披露。若上市公司延迟披露时间，则有调整相关信息、隐瞒或造假的嫌疑，并且不利于信息使用者了解上市公司最新最近的具体信息和发展情况，因此降低了信息披露的质量。在披露信息的时间方面，国内运用不定期、定期相结合方式。必须披露的为定期信息披露，企业需依照季报、年报等要求对信息进行定期披露。

及时性的二级指标包括是否及时披露年度报告、是否及时披露中期报告、是否及时披露季度报告。及时披露报告信息往往说明企业的经营状况或质量较好，信息披露质量较高，而较晚发布报告甚至超过规定期限发布报告则一定程度上给了企业"润色"报告的时间，很可能企业经营状况不佳。

（五）完整性下的二级指标

依据深圳证券交易所 2016 年的研究报告，上市公司在利益的驱动之下可能会隐瞒重大财务信息。根据深圳证券交易所对信息披露的管理办法，若上市公司在不存在正当理由的情况下，拒绝披露重大财务信息，会对其信息披露考评的等级产生负面影响。此外，深交所重点考核企业社会责任、公司治理方面信息披露的内容。因此，在衡量上市公司信息披露的完整性时，结合已有文献，本书主要从重大信息披露、社会责任信息披露与公司治理信息披露三个方面选取具体指标。

从重大信息披露角度，本书选取以下二级指标：是否详细披露公司基本情况（包括主营业务、经营模式、行业情况和核心竞争力）；是否披露董事会、高级管理人员的名单及持股情况。

从社会责任信息披露角度，根据冷建飞（2019）的研究，企业将自身履行社会责任的情况披露于公众，可以提高自身的形象和声誉，对投资者产生一定的影响，因此选取是否披露社会责任信息或是否单独披露社会责任报告作为一项评估指标。

从公司治理披露角度，选取是否披露或单独披露内部审计报告。同时，依据李慧云（2015）、李琳（2011）等学者的研究，管理层讨论与分析信息、股票与债券情况可反映公司治理水平的高低，本书选取了如下指标衡量信息披露的完整性：是否在董事会报告中详细披露经营情况讨论与分析（其中包括经营情况总体分析、与上年情况对比分析、有无与经营目标对比分析、收入分行业分产品分地区分析、产销量分析、成本分析费用分析、供应商分析、研发投入分析与现金流分析等内容）；是否详细披露公司未来发展与讨论（包括行业竞争格局和发展趋势、公司发展战略、公司经营计划以及风险因素等内容）。

四、信息披露评分标准

本书采用多层评分法中的"0～2"打分法，基本标准是：如果对某项信息未予以披露，得分为0；披露但没有详细说明，得分为1；披露并且按照准则说明原因，得分为2。具体指标体系见表3－3。

表3－3　　　　　　　　信息披露质量指标体系构建

一级指标	二级指标	衡量指标
可靠性	是否受到证监会/交易所处罚	受处罚则取值为0；否则取值为2
	事务所是否属于前十二大	属于安永、毕马威、德勤、普华永道瑞华、立信、天健、信永中和、大华、大信、致同、天职国际、中瑞岳华之一，则取值为2；否则取值为0
	是否被出具标准无保留意见	标准无保留意见取值为2；否则取值为0
	应收账款占比 其他应收账款占比 股权集中度	与行业均值对比，用方差衡量偏离情况，偏离过大取值为0；接近行业均值取值为2

续表

一级指标	二级指标	衡量指标
相关性	是否披露营业外收支详细构成	若披露则取值为2；否则取值为0
	是否披露投资收益详细构成	若披露则取值为2；否则取值为0
	是否披露利润中各部分的来源及所占比例大小	若披露则取值为2；否则取值为0
	是否披露固定资产累计折旧的计算方法和限定的折旧年限	若披露则取值为2；否则取值为0
	是否披露公司的重大诉讼、仲裁事项	若披露则取值为2；否则取值为0
	是否披露关联交易对象、金额以及该关联交易产生对公司利润产生的影响	若披露则取值为2；否则取值为0
可比性	是否披露会计政策、会计估计变更情况及原因	若披露则取值为2；否则取值为0
	是否详细披露行业经营性信息	若披露则取值为2；否则取值为0
	市盈率差异	与行业均值对比，用方差衡量偏离情况，偏离过大取值为0；接近行业均值取值为2
	市净率差异	
及时性	按时披露年度报告	1~3月披露取值为2；之后取值为0
	按时披露中期报告	8月20日前公布取值为2；否则取为0
	按时披露季度报告	一季报在4月20日前披露取值为1，否则取为0；三季报在10月20日前披露，则取值为1，否则取值为0
完整性	是否详细披露公司基本情况（主要业务、经营模式、行业情况、核心竞争力）	披露一项得分0.5，满分2分
	披露董事会、高级管理人员的名单及持股情况	披露名单及持股比例得2分；只披露名单得1分；没有披露得0分
	是否披露社会责任信息、是否单独披露社会责任报告	若单独披露社会责任报告则取值为2；在年报中披露取值为1；无披露取值为0
	是否披露内部审计报告、是否单独披露内部审计报告	若单独披露则取值为2；在年报中披露取值为1；无披露取值为0

一级指标	二级指标	衡量指标
完整性	是否详细披露经营情况讨论与分析，具体包括以下方面： （1）经营情况讨论与分析 ① 经营情况总体分析 ② 与上年情况对比分析 ③ 有无与经营目标对比分析 （2）报告期内经营情况讨论与分析 ① 收入分行业分产品分地区分析 ② 产销量分析 ③ 成本分析 ④ 费用分析 ⑤ 供应商客户分析 ⑥ 研发投入分析 ⑦ 现金流分析	按照披露详细程度，一项0.2分，满分2分
	是否详细披露公司未来发展与讨论，具体包括：（1）行业竞争格局和发展趋势；（2）公司发展战略；（3）公司经营计划；（4）风险因素	按照披露详细程度，一项0.5分，满分2分

第四节　军工上市公司信息披露质量特征分析

本书选取截至2018年12月31日在上海证券交易所和深圳证券交易所上市交易的A股全部军工集团下属共84家上市公司，以其自2008~2018年披露的年报作为评价样本。所有年报数据中的定性信息均来自巨潮资讯网（详见上文指标体系评分标准），部分指标体系中的定量信息来自国泰安数据库。采用所构建的信息披露评价指标体系对军工上市公司的信息披露质量进行评价，并对其披露质量特征与变化规律进行分析。

一、军工上市公司信息披露质量整体状况分析

（一）军工上市公司信息披露质量分析

表 3-4 列出了 84 家样本公司 2008～2018 年各指标信息披露的打分情况。由于各个公司建立时间不同，个别公司在 2008 年后建立，有效年报总数量为 874 份，各指标分数出现总频次为 874 次。根据各个信息指标的分数及样本公司数量，可以看出，我国军工上市公司信息披露在可靠性、相关性方面表现较好；而在可比性、及时性和完整性方面，军工上市公司披露得分情况较分散。公司普遍在强制性信息披露指标方面得分较高，且披露形式标准；而在一些自愿性信息披露指标方面披露情况得分较为分散，如盈余管理、社会责任披露、行业经营性信息等指标得分为 1 分或 0 分的企业较多。一般而言，新上市的公司信息披露得分普遍比上市时间较早的公司信息披露得分高。

表 3-4　　　　　　　　　信息披露指标得分情况

信息披露指标			得分			
一级指标	二级指标		2 分/次	1.5 分/次	1 分/次	0 分/次
可靠性	诚信情况	是否受到证监会/交易所公开谴责或处罚	805	—	—	69
	审计情况	会计师事务所是否属于前十二大	528	—	—	346
		是否被出具标准无保留意见	850	—		24
	盈余管理情况	应收账款占比	212	—	423	239
		其他应收账款占比	218	—	424	232
		股权集中度	213	—	424	237
相关性	盈利预测信息	是否披露营业外收入与支出详细构成	873	—	0	1
		是否披露投资收益的详细构成	811	—	1	62
		是否披露固定资产累计折旧的计算方法和限定的折旧年限	873	—	—	1

续表

信息披露指标			得分			
一级指标	二级指标		2分/次	1.5分/次	1分/次	0分/次
相关性	决策相关信息	是否详细披露公司的重大诉讼、仲裁事项	859	—	—	15
		是否披露关联交易对象、金额以及该关联交易产生对公司利润的影响	834	—	22	18
可比性	会计政策一致性	是否详细披露会计政策、会计估计变更情况及原因	559	—	2	313
	行业对比情况	是否详细披露行业经营性信息	360	—	5	509
		市盈率差异	189	—	358	327
		市净率差异	213	—	408	253
及时性	定期披露	按时披露年度报告	516	—	—	358
		按时披露中期报告	351	—	—	523
		按时披露季度报告	18	—	91	765
完整性	重大信息披露	是否详细披露公司基本情况	411	282	155	26
		披露董事会、高级管理人员的名单及持股情况	858	—	14	2
	社会责任披露	是否披露社会责任信息、是否单独披露社会责任报告	366	—	238	270
	公司治理披露	是否披露内部审计报告、是否单独披露内部审计报告	576	—	—	297
	管理层讨论与分析	是否详细披露经营情况讨论与分析	≥1.4分	<1.4分	—	—
			751	123	—	—
		是否详细披露公司未来发展与讨论	625	136	72	41

资料来源：依据所构建的信息披露质量评价指标体系打分。

使用 SPSS 描绘我国军工上市公司信息披露质量分布直方图（见图 3-1），军工上市公司的信息披露质量指数基本符合正态分布。我国军工上市公司信息披露质量较好，且在各年份、各公司之间信息披露质量指数总体差异不大。各上市公司的信息披露指数主要集中在 0.600~0.900，两端分布相对较少。指数最小值约为 0.250，最大值约为 0.910，均值约为 0.688，标准差约为 0.094，数值较小。

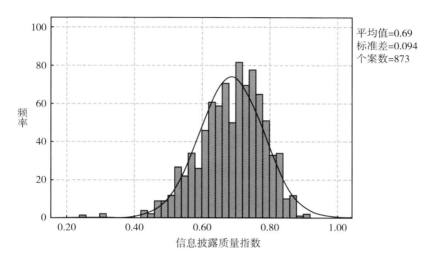

图 3 - 1 信息披露质量指数分布直方分布

资料来源：依据所构建的信息披露质量评价指标体系打分。

如表 3 - 5 所示，我国军工上市公司中信息披露指数在 0.600 以上的企业数量占样本总数的 80% 以上，41.240% 的样本企业信息披露指数在 0.700 ~ 0.800。信息披露质量指数大于均值（0.688）的公司所占比例超过 67%，说明绝大多数军工上市公司的信息披露水平已经超过了信息披露指数的平均值，从这一数据来看，军工上市公司的信息披露质量普遍较好。但仍然有近 30% 的企业信息披露指数水平低于均值，其中低于 0.600 的军工上市公司仍占 8.82%，这说明近年来各军工上市公司的信息披露质量仍有待进一步提高。

表 3 - 5 信息披露指数分布

信息披露指数	样本公司占总样本百分比（%）
<0.300	0.000
0.300 ~ 0.400	0.340
0.400 ~ 0.500	0.460
0.500 ~ 0.600	8.020

信息披露指数	样本公司占总样本百分比（％）
0.600 ~ 0.700	23.370
0.700 ~ 0.800	41.240
0.800 ~ 0.900	24.400
> 0.900	2.180
均值	0.688
最小值	0.250
最大值	0.910
标准差	0.094

资料来源：依据所构建的信息披露质量评价指标体系打分。

通过以上描述性统计，可以发现军工上市公司在整体披露情况上存在以下特征：

（1）军工上市公司信息披露总体质量平均，两极化现象不明显。2008 ~ 2018 年超过 82% 的样本公司信息披露指数分布在 0.600 ~ 0.900 这个区间，两端分布较少，标准差也较小。总体来看，我国军工上市公司自愿性信息披露指数基本处于正态分布。

（2）军工上市公司信息披露质量普遍水平较高，但在涉及自愿性信息披露的部分普遍披露较少。我国上市军工企业的信息披露指数均值为 0.688，信息披露指数在 0.600 以上的公司占样本总量的 80% 以上，说明这些公司信息披露质量普遍较好。但军工上市公司普遍在盈余管理、社会责任披露、行业经营性信息以及披露内部审计报告等自愿披露方面得分较低，说明其自愿性信息披露水平仍然有待提升。

（二）军工集团信息披露质量分析

将以上 84 家上市军工企业按照集团进行划分后，分别计算各集团 2008 ~ 2018 年的信息披露质量指数的平均值，以集团为单位对信息披露指数状况进行分析。如表 3 - 6 所示，各大军工集团 2008 ~ 2018 年信息披露质量总体差异不大，信息披露指数全部在 0.6 以上，说明总体上信息披露水平较高，但在个体间仍然存在一些差异。

表 3 - 6　　　　　各军工集团信息披露指数平均值（2008～2018 年）

集团	信息披露指数平均值
中国兵器工业集团	0.700
中国兵器装备集团	0.692
中国航空工业集团	0.684
中国航天科工集团公司	0.658
中国航天科技集团	0.701
中国船舶工业集团	0.719
中国电子科技集团	0.676
中国船舶重工集团	0.708
中国核工业集团公司	0.731
中国电子信息产业集团	0.668
中国航空发动机集团有限公司	0.701
中国核工业建设集团公司	0.776

资料来源：依据所构建的信息披露质量评价指标体系打分，各集团均值为 0.701。

　　信息披露水平最高的是中国核工业建设集团公司，其次是中国核工业集团公司。这两个集团公司的共同特点就是下属上市公司少，且公司成立时间相对较晚。中国核工业建设集团公司下属只有两个上市公司，创立时间都是在 2016 年。中国核工业集团公司下属也只有两个上市公司分别成立于 1997 年和 2015 年。而相对信息披露水平较低的两大集团分别为中国航天科工集团和中国电子信息产业集团。这两个集团下属上市公司相对较多，且成立时间早。

　　可见，下属上市公司的多少和成立时间的早晚与集团整体信息披露质量的高低相关。但由于中国航空工业集团作为下属上市公司最多的集团公司，其信息披露质量处于中等水平。上述例证说明集团下属上市公司少，信息披露质量较高，而下属公司较多的集团并不一定信息披露水平低。而各军工集团的下属公司成立时间较晚的，普遍信息披露水平较高。

二、军工上市公司信息披露内容特征分析

（一）信息披露内容的总体特征

　　针对五大项信息披露一级指标进行统计。在衡量每一类信息披露的水

平时，采用披露项目平均得分率进行衡量。计算方法为：某类披露项目平均得分率＝所有样本公司在该项实际披露得分/所有样本公司在该项的标准披露得分。各一级指标平均得分率如表3－7所示。

表3－7　　　　　　　　　　信息披露项目得分率

项目	可靠性	相关性	可比性	及时性	完整性
项目实际披露得分	6923	8522	3415	1861	8152.1
项目标准披露总分	10488	8740	6992	5244	10488
项目披露得分率	66%	97%	49%	35%	78%

注：项目实际得分＝（二级指标数）×得分×874；项目标准披露总分＝（二级指标数）×2×874。
资料来源：依据所构建的信息披露质量评价指标体系打分。

　　我国军工上市公司在相关性和完整性方面的信息披露水平较高，得分率均在70%以上，其中相关性方面的得分率将近100%。相关性方面信息包括盈利预测信息和决策相关信息，属于自愿性信息披露范畴。由此可见，样本公司都比较重视自愿性信息披露水平，更倾向于提供充足的盈利预测性信息和决策相关信息，可在一定程度体现企业经营状况良好。

　　但样本公司在及时性和可比性方面得分率较低，分别为35%和49%。通过观察发现，各企业在年报披露方面普遍比较及时，但对于中报和季报则普遍有拖沓迹象。正常中报和季报都应在该季度结束后的一个月内披露，但大多数企业往往在截止日期前1~2天，甚至截止日当日才披露相关报告，表明样本公司信息披露及时性方面仍有待提升。

　　在可比性方面，主要包括会计政策一致性和行业对比情况。各样本公司在会计政策一致性方面得分较高，但在行业对比情况上披露情况较差。样本公司在行业经营性信息方面仍有待改善，而在市盈率差异和市净率差异方面，往往与行业均值有较大差异，因而得分普遍较低。由于可比性主要为了衡量公司和行业其他公司间的横向对比情况，如果差异较大，则说明样本公司的行业可比性有待提升，不利于投资者进行投资决策。

（二）信息披露各项具体内容的特征分析及解释

1. 可靠性的相关指标分析

在本书所构建的信息披露评价指标体系中，可靠性这一维度包含六项二级指标，图 3 - 2 展现了这六项指标的得分率情况。通过各指标的得分率统计可以发现，各样本公司在是否被出具标准无保留意见方面得分率最高，为 97%，说明样本公司的会计报表内容完整且符合公司实际情况，会计处理方法遵循会计准则和相关规定，财务报表质量较好。在指标是否受到证监会/交易所公开谴责或处罚方面得分率也较高，说明绝大多数企业在近年来未受处罚，企业在市场的经营活动合理合法。在股权集中度、其他应收款占比和应收账款占比这三项指标上得分率较低，一定程度上可以表明和行业其他公司相比，这些样本企业的盈余管理可能性较高，信息披露未能反映全部真实情况。

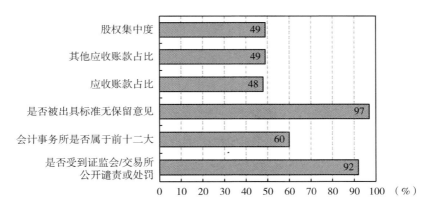

图 3 - 2　可靠性下二级指标得分率
资料来源：依据所构建的信息披露质量评价指标体系打分。

2. 相关性的相关指标分析

相关性包含五项二级指标，图 3 - 3 为这五项指标的得分率情况。通过各指标的得分率统计可以发现，样本公司在相关性的信息披露质量普遍较高。良好的相关性信息披露有助于投资者等信息使用者进行投资决策判断，该项指标得分率较高则在一定程度上能说明样本公司对经营状况和盈利水平较为自信，因而在这一方面的自愿性信息披露水平较高。

3. 可比性的相关指标分析

可比性下包含四项二级指标，图 3 - 4 为这四项指标的得分率情况。通过各指标的得分率统计可以发现，样本公司在可比性指标上的得分率普遍较低，得分率相对最高的"是否详细披露会计政策、会计估计变更情况及

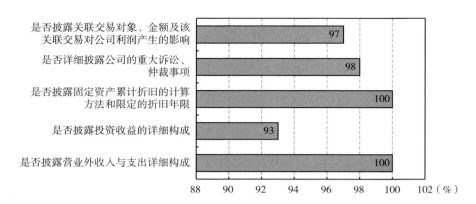

图 3 - 3　相关性下二级指标得分率

资料来源：依据所构建的信息披露质量评价指标体系打分。

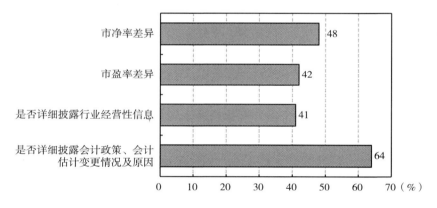

图 3 - 4　可比性下二级指标得分率

资料来源：依据所构建的信息披露质量评价指标体系打分。

原因"得分率仅 64%。在行业经营性信息披露情况方面得分率最低，仅为 41%。在这 874 份财报中，很少有公司单独设立章节或段落，对行业经营性信息的项目进行披露。许多相关信息往往以较为分散的形式出现在董事会报告或管理层讨论与分析部分。而且即使如此，各样本公司也较少披露对公司所处行业的发展情况分析，样本公司对所处行业认知不足，缺少横、纵向对比的可能性。

在市盈率差异和市净率差异方面，样本公司得分率也较低。这两个指标主要衡量样本公司的市盈率和市净率与同行业上市公司的均值之间的差异。在这两项指标内得分较低，说明样本公司指标与同行业上市公司指标间有较大差异。一方面可能是因为我国上市军工企业确实由于有较稳定的产销链以及一定量的经费支持，因而在盈利能力方面较为突出；另一方面市盈率差异和市净率差异较大，也说明该信息在同行业间的横向可比性较低，不利于投资者进行决策。

4. 及时性的相关指标分析

及时性下包含三项二级指标，图 3 – 5 为这三项指标的得分率情况。通过各指标的得分率统计可以发现，样本公司在年度报告的披露上较为及时，半数以上在 1 ~ 3 月披露年报，但军工上市公司在中报和季报方面普遍存在披露拖沓的现象。进一步分析发现，大多数样本公司集中在 8 月 20 日至 8 月 31 日披露中期报告，而季报则在四月最后十天和十月最后十天内披露。一般来说，年报发布较早的企业盈利能力较好，这也侧面印证了样本公司的盈利状况较好的观点。但在中报和季报方面，虽说样本公司普遍都集中在截止日期前十天发布报告，也一定程度说明样本公司对中报和季报的重视程度较低。

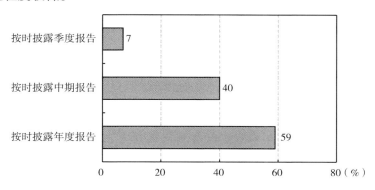

图 3 – 5　及时性下二级指标得分率

资料来源：依据所构建的信息披露质量评价指标体系打分。

5. 完整性的相关指标分析

完整性下包含六项二级指标，图 3 – 6 为这六项指标的得分率情况。依据各指标的得分率统计可以发现，样本公司在披露企业人员持股情况、公司未来发展规划和公司基本情况这三个指标中得分率较高。根据《公开发行证券的公司信息披露内容与格式准则第 2 号——年度报告的内容与格式》（2016 年修订）规定中的第四十五条、第二十八条和第二十三条分别对这三部分提出了明确披露要求。样本公司在上述指标中得分率较高，但并未获得满分，说明其信息披露质量仍有待提高，信息披露格式尚有待进一步规范化。

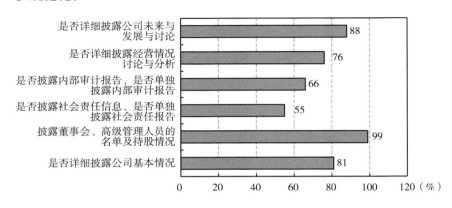

图 3－6　完整性下二级指标得分率

资料来源：依据所构建的信息披露质量评价指标体系打分。

样本公司在社会责任披露和内部审计披露方面得分率较低。较大比例的企业在 2008～2018 年没有单独披露这两项报告。究其原因，样本公司对社会责任的重视程度不高，对社会责任的披露有些流于形式。但随着时间推进，样本公司的社会责任信息披露正在一步步增强，这一特征在诸多上市时间较短的企业里表现得更为明显。

（三）军工上市公司信息披露质量的年度变化特征分析

在对 84 家军工上市公司的信息披露分数进行统计后发现样本公司信息披露质量得分在不同年度中呈现异质性。但样本公司的信息披露得分与年度变化是否具有相关性仍有待进一步检验。在此为检验样本公司在这一年度区间的信息披露质量间关系，将通过散点图和独立 t 检验的方法来观察二者的相关性。如图 3－7 所示，可见随着时间的推移，样本公司的信息披露质量得分也在逐渐提高。

为检验样本公司的信息披露分数在不同年度是否有显著差异，选取了 2008 年与 2018 年两个年度，对样本公司信息披露质量得分进行独立样本 t 检验。检验结果如表 3－8 所示，结果显示 2018 年的样本公司的信息披露

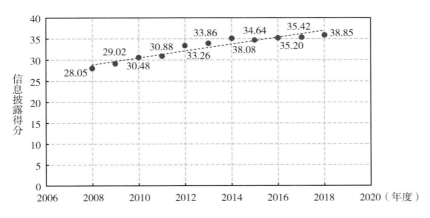

图 3 - 7　信息披露分数年度变化散点示意
资料来源：依据所构建的信息披露质量评价指标体系打分。

分数与 2008 年样本公司的信息披露分数在 5% 的水平上呈现显著差异。

表 3 - 8　　　　　　　　　　　　独立样本 t 检验

指标		莱文方差等同性检验		平均值等同性 t 检验		
		F	显著性	t	自由度	显著性（双尾）
信息披露分数	假定等方差	11.190	0.001	- 12.560	153	0.000
	非假定等方差			- 12.165	119.015	0.000

资料来源：依据所构建的信息披露质量评价指标体系打分，经过计算。

根据表 3 - 9 进一步比较其均值和标准差发现，2018 年样本公司信息披露分数总体均值显著高于 2008 年，且同年度内企业的分数差异小于 2008 年的值，由此可以看出，随着时间推移，我国军工上市公司信息披露得分不断提高，企业间差距也明显缩小。

表 3 - 9　　　　　　　　　　　　独立样本统计量

指标	年度	样本量	均值	标准差
信息披露分数	2008	71	28.049	4.5972
	2018	84	35.851	3.0894

资料来源：依据所构建的信息披露质量评价指标体系打分，经过计算。

年度变化与信息披露得分之间显著正相关，究其原因可能有以下三点：

（1）随着时间推移和市场发展，军工上市公司越来越重视信息披露的质量。良好的信息披露水平，能有效降低投资者的信息获取成本，提高投资效率，利于双方利益最大化，因而军工上市公司会不断提高信息披露水平。

（2）随着军工行业股份制改革逐步深入，投入军工上市公司的资本也逐年上升，再加上军工上市公司自身产销链的稳定性及政策引导的独特性，其盈利能力稳步提升，提升信息披露质量的意愿也逐渐加强。

（3）随着时间推移，证监会不断修订年度报告披露要求。企业受强制性披露要求，逐年增加披露内容，并且改善披露格式。

（四）军工上市公司与非军工上市公司信息披露质量对比分析

为进一步了解样本公司信息披露特征，本书选取同行业且规模相近的84家非军工企业，与2018年度的样本公司信息披露得分情况进行配对 t 检验，通过对比分析来判断我国军工上市公司是否与非军工上市公司在信息披露质量上存在显著差异。

根据表3－10，军工上市公司信息披露得分平均值35.851显著高于非军工上市公司得分27.815，表明总体来看军工上市公司的信息披露质量高于非军工上市公司。但由于标准差相对较大，表明军工上市公司信息披露质量在不同公司间的差异较大。结合对各公司各指标的打分情况来看，军工上市公司在强制性信息披露指标方面披露格式较规范。在选定审计报告的事务所方面，绝大多数军工上市公司都选定前十二大，而非军工上市公司则更倾向于一些中小型事务所；在受到证监会处罚方面，非军工上市公司也明显比军工企业更多，因而信息披露得分较差；在信息披露的及时性方面，非军工上市公司也普遍得分较差；但在其他诸如行业经营性信息、盈利预测信息等方面，军工上市公司与非军工上市公司的披露情况大致相同。

表3－10　　　　　　　　配对样本统计量

类型	均值	样本量	标准差	标准误差平均值
军工上市公司总分	35.851	84	3.089	0.337
非军工上市公司总分	27.815	84	2.783	0.304

资料来源：依据所构建的信息披露质量评价指标体系打分，经过计算。

根据表3-11，在军工与非军工上市公司信息披露得分的配对检验中，t检验的双尾显著性概率显著性为0.000，小于0.050，说明军工与非军工企业在信息披露总分的水平上存在显著差异。

表3-11　　　　　　　　　配对样本总分检验

类型	配对差值					t	自由度	显著性（双尾）
	均值	标准偏差	标准误差平均值	差值95%置信区间				
				下限	上限			
上市军工企业总分与非上市军工企业总分	8.036	4.150	0.453	7.135	8.936	17.748	83	0.000

资料来源：依据所构建的信息披露质量评价指标体系打分，经过计算。

结合以上分析可以发现，军工与非军工上市公司在信息披露质量方面存在显著差异，军工上市公司优于非军工上市公司。可能是由于二者的企业性质具有差异性，军工上市公司在会计信息披露形式与内容上都明显规范于非军工上市公司。

第五节　本章小结

本书通过构建包含五项一级指标、二十六项二级指标的信息披露质量评价指标体系，从军工上市公司信息披露的总体特征、军工集团间差异、披露内容特征、披露质量年度变化趋势以及与同行业上市非军工企业间差异等五个方面，对2008~2018年84家军工上市公司信息披露质量特征与变化规律进行分析，具体结论如下。

（1）军工上市公司信息披露总体质量较好，在强制性披露信息方面普遍得分较高。但在涉及自愿性信息披露的部分，披露内容较有选择性，在信息完整性方面仍有待提高。这一点可能是因为，随着我国信息披露内容与格式的不断规范化，军工上市公司在信息披露格式和内容上愈加规范。但由于企业产品工艺的保密性，以及行业性质的特殊性，导致企业信息披露难以确保完善，自愿性信息选择性披露。军工上市公司信息披露质量较为平均，两极化现象不明显。

（2）在信息披露内容上，军工上市公司信息披露在投资者决策相关信息以及盈利预测信息方面披露水平始终较高。基于信号传递理论，由于军工上市公司盈利能力较稳定，更倾向于披露更充足的相关信息，进而提高投资者的投资兴趣。然而，军工上市公司信息披露普遍缺乏横、纵向可比性，行业信息分析不足。由于很多军工企业在行业内几乎处于垄断状态，诸如航天航空领域，很少有非军工企业能在这一领域与军工企业的经营状况有可比性，因而行业对比性不足。军工上市公司信息披露在社会责任方面仍然不足，但有逐年完善的趋势。随着军工混改，军工与非军工企业在社会责任承担的方面差异也越来越小。

（3）军工上市公司的信息披露质量在各集团之间存在差异。一般情况下下属上市公司越少的集团公司信息披露总体水平越高。下属上市公司成立时间较晚的公司信息披露质量较好。

（4）军工上市公司信息披露质量与年度变化呈显著正相关，军工上市公司信息披露质量得分呈现逐年提升的趋势。

（5）同行业的军工上市公司与非军工上市公司在信息披露质量方面存在显著差异。军工企业信息披露水平整体来看明显优于非军工上市公司，且军工上市公司的信息披露内容和形式都更规范。

上市公司信息披露
与企业创新关系研究

　　本专题主要对上市公司信息披露与企业创新之间的关系进行分析。政府研发资助是企业创新投入的重要来源，本书将政府研发资助纳入上市公司信息披露与企业创新关系的分析框架中，根据信息不对称理论、优序融资理论，分析上市公司信息披露能否影响创新及其影响路径，同时，在探讨政府研发资助对上市公司创新影响的基础上，分析不同信息披露水平下政府研发资助与上市公司创新的关系是否发生变化。

　　更进一步地，若上市公司整体信息披露质量可对创新产生一定的作用，那么上市公司信息披露具体的某一质量特征是否也能对创新产生影响？本专题选取了会计信息可比性这一重要的信息披露质量特征，分析上市公司会计信息可比性对其创新投入与创新产出的影响。

第四章

政府研发资助、上市公司
信息披露与企业创新

"十四五"规划期间，企业要实现高质量发展离不开创新能力的提升。然而企业创新往往具有周期长、风险高等特点，更易受到融资约束的影响。企业信息披露质量较低时，外部投资者由于无法获取企业创新相关的充分信息，对企业的投资变得更为谨慎，导致企业获取外部融资难度增加，对创新水平的提升造成阻碍。而政府相关部门从政策和资金等方面可为上市公司提供支撑保障。那么，政府对企业的研发资助是否促进了企业创新？信息披露质量是否与企业创新呈正相关？更高的信息披露质量是否加强了研发资助对企业创新的正向作用？本章将对这些问题展开研究。

第一节　上市公司信息披露对企业
创新的影响路径分析

上市公司作为国民经济的重要主体，如何有效提升其创新水平对我国经济建设具有重要意义。创新投入对于任何企业而言都是一项高风险的持续性投资，尤其在信息不对称和两权分离状态下，企业创新活动更加容易陷入资金紧缺的境地。而缓解这类问题的一个最经济有效的办法就是提高企业信息披露质量，使资金动向和企业经营现状更加透明，向投资者传递正确的信号。以往研究多从融资约束或代理冲突角度分析信息披露质量对企业创新的影响，鲜有提及军工上市公司，本节基于军工上市公司的数据探究信息披露质量对企业创新的影响机理。

一、研究假设

（一）信息披露质量与企业创新

信息披露质量对企业创新的影响，主要在于缓解管理者和投资者间的信息不对称。根据信息不对称理论，高质量的信息披露能够降低信息不对称程度，加强企业与各利益相关者之间的联系，外界可以通过上市公司披露的会计信息了解企业的经济实际情况，对商业价值做出更加合理的判断，进而提高资源配置效率，避免投资者因信息劣势而无法将资本提供给创新成功率高的企业。此外，高质量的信息披露能够让投资者观察到企业管理者将多少资本配置到企业创新项目中，从而降低管理者凭借信息优势而放弃企业技术创新机会的可能性。张文菲和金翔义（2018）在探究信息披露质量如何影响企业创新的研究中发现，信息披露的评级越高，对企业创新的促进作用越大。信息披露质量提高将有助于企业开展研发工作。江轩宇等（2017）对会计信息可比性与企业创新之间的关系进行研究发现，会计可比性与企业创新呈显著正相关。由此，本节提出以下假设：

H4.1：信息披露质量将对军工上市公司创新产生促进作用，二者呈正相关关系。

（二）信息披露质量影响企业创新的路径

根据优序融资理论，管理者往往追求融资成本低的融资方式，当企业内外部信息不对称且管理者与投资者利益存在分歧时，管理者会利用信息不对称优势侵占投资者的利益，而投资者为了补偿损失、规避风险，会提高资本成本，甚至不进行投资。特别是对于创新投资这种周期长、风险大、收益未知的项目，投资者作出投资决策时会更加谨慎，使得企业创新更易受到融资约束问题的影响。当企业无法自由地从外部获得资本，企业就会将资金投资到周期短、收益高的项目中，技术创新会陷入资金短缺的困境。企业技术创新在研究、开发、产品化、市场推广等各个阶段均需要持续稳定的资本支持，任何一个阶段资本的匮乏，均有可能导致企业技术创新的失败。正是创新投资的高风险性使得当企业存在资金短缺时，企业管理者往往会对企业创新持有规避态度，降低企业技术创新的积极性。以往研究表明，信息不对称使得资本在配置过程中存在摩擦，较高的信息披露质量能够降低信息不对称程度，提高资本配置效率，进而促进企业将资本投入创新活动中，降低融资约束对企业创新的不利影响。首先，高质量的信息披露有助于投资者将资本有效投资到企业的创新活动中，高质量的信息披露能使投资者精准掌握企业内部信息，对企业研发能力、未来发展、经营状况、市场地位进行准确评估，投资者对上市公司预测的不确定性就会越小，风险也就越小，这时投资者就更容易接受较低的风险回报率，进而降低融资成本，减弱融资约束对企业创新的负面影响。其次，高质量的信息披露降低了内外部信息不对称，使投资者能够监督管理者不会为了自身利益配置企业资金，提高管理者将资本合理配置到促进企业发展的创新活动中。已有研究中，朱晓雯（2017）和程雨琪（2020）检验了企业创新、信息披露质量和融资约束三者之间的关系，发现融资约束程度对企业创新投入具有抑制作用，高质量的信息披露能够缓解企业融资约束对研发投入的抑制作用，可见信息披露质量、融资约束和企业创新之间存在一定关系。在此背景下，提出以下假设：

H4.2：信息披露质量可以通过降低企业融资约束水平对军工上市公司创新发挥正向影响。

根据委托—代理理论，两权分离使得企业管理者与所有者存在信息不对等和利益冲突，两者会在财务管理和公司治理上产生矛盾，进而引发代理问题。管理者有较大的业绩压力，会更加看重短期收益，进而将资本分配到有利于自己的投资项目或过度在职消费，从而挤占了本应投资于技术创新的资本。由于创新投资的高投入、周期长、风险大、收益未知，往往会对企业的财务状况产生一定的影响，使得费用增高，财务指标不突出。如若企业所有者不了解企业内部的资金流动情况，可能会认为企业管理层的决策失误，经营不善，此时，管理层可能会面临解雇风险。而企业的信息披露质量越是不佳，外界对企业的了解就越模糊，企业管理层就越容易因担忧被解雇而减少风险高的研发投资活动，而管理者的这些行为将会导致企业的技术创新水平低于最有利于投资者的水平。

较高的信息披露可通过提高企业所有者对管理者约束的有效性、对管理者的激励作用，进而降低代理问题对企业创新的限制。一方面，较高的信息披露能够加强所有者对管理者的监督力度，使企业所有者清晰地看到企业资金流向，了解企业的战略目标和研发决策，从而可以限制管理者的机会主义行为，使管理者的投资更符合企业未来发展战略，从而提高管理者对企业创新的投资。另一方面，高质量的信息披露能够让企业所有者知晓管理者的日常决策和经营计划，了解管理者的治理水平和布局方针，让管理者更大程度地分享盈利成果，进而提高管理者追求企业创新等高收益高价值项目的积极性。

已有研究中，刘芸（2019）和杨玉凤等（2010）验证了代理冲突与信息披露质量呈显著负相关，韩美妮（2016）则验证了代理冲突能够抑制企业的技术创新。在此背景下，本节提出以下假设：

H4.3：信息披露质量可通过缓解代理冲突对军工上市公司创新发挥正向影响。

二、研究设计

（一）样本选择与数据收集

截至 2019 年，军工集团下属的 A 股上市公司数量已达 89 家，本节剔除了年报信息过少、ST 及 * ST 的企业数据，共获得样本企业 86 家，通过删除缺值项，最后获得 805 个样本。数据来源于 CSMAR 数据库，数据库中缺失部分通过军工上市公司年报、新浪财经搜集。数据处理采用 Stata 和 Excel 完成。

（二）变量定义

1. 企业创新

企业创新的衡量指标通常有三类：研发投入、发明专利申请数量和授权数。由于军工上市公司的发明专利数量空值较多，且不同数据库之间数值差异较大，故不用其衡量。本节参考倪骁然和朱玉杰（2016）的方法，采用研发投入的自然对数来衡量企业创新。

2. 信息披露质量

本书采用自行构建指标体系的方法对信息披露质量进行评价。借鉴前人的研究成果，结合各评估机构对上市公司信息披露指数的衡量，构建适合样本公司的信息披露质量评价指标体系，具体构建过程与指标体系参见第三章。

3. 融资约束

本节借鉴程雨琪（2020）的研究，采用 SA 指数来衡量企业融资约束水平。

$$SA = -0.737 \times Size + 0.043 \times Size^2 - 0.04 \times Age \qquad (4-1)$$

其中，$Size$ 等于企业资产总额的自然对数，Age 为军工上市公司的上市年限，由式（4-1）计算出来的 SA 指数绝对值越大表示面临的融资约束越严重。

4. 代理冲突

代理冲突一般有两种衡量方法：营业费用率和总资产周转率。营业费用率为显性代理冲突，营业费用是管理费用和销售费用之和，其中管理费用包含公司管理层工资、业务招待费、办公费等费用，反映了公司运转过程中管理层对成本的把握，营业费用率越高，代理冲突越高；总资产周转率是逆向指标，总资产周转率越高，表明公司资产被充分利用，即公司治理效果较高，损失较小，代理冲突越低。因为总资产周转率能够衡量公司的整体生产经营效率和总代理效率，所以本节选用总资产周转率对代理冲突进行衡量。

5. 控制变量

参考现有文献，本节选取企业规模、盈利能力、企业成长性、上市年限、固定资产占比、无形资产占比、第一大股东持股比例、高管持股比例、总资产现金回收率作为控制变量。具体的变量定义见表 4-1。

表 4-1 变量定义

变量类型	变量名称	变量符号	变量描述
因变量	企业创新	*Ininn*	研发投入取自然对数
解释变量	信息披露质量	*IDQ*	根据选取指标自行构建
中介变量	融资约束	*SA*	采用构建的 SA 指数
	代理冲突	*AC*	总资产周转率
控制变量	企业规模	*Size*	年末企业总资产取自然对数
	企业上市年限	*Age*	上市年限
	盈利能力	*Roe*	年末公司的净资产收益率
	企业成长性	*Growth*	年末公司的营业总收入增长率
	固定资产占比	*Fix*	年末公司的固定资产净值/资产总计
	无形资产占比	*Intan*	年末公司的无形资产净值/资产总计
	高管持股比例	*Exe*	年末公司的高管持股比例
	第一大股东持股比例	*First*	第一大股东持股比例
	总资产现金回收率	*Cash*	经营性现金流量/总资产
	年度	*Year*	观测年度
	行业	*Ind*	样本行业

（三）模型设计

投资人对公司的考察涉及公司往年的评级情况，因此采用滞后一期的信息披露质量与当期的融资约束。基于本节的理论分析与研究假设，为验证信息披露质量对企业创新的影响，构建模型（4-2）：

$$Ininn_{i,t} = \beta_0 + \beta_1 IDQ_{i,t-1} + \beta_2 Control_{i,t-1} + \varepsilon \qquad (4-2)$$

其中，*Ininn* 代表企业创新，*IDQ* 代表信息披露质量。*Control* 表示控制变量，包括企业规模、上市年限、盈利能力、企业成长性、固定资产占比、无形资产占比、高管持股比例、第一大股东持股比例和总资产现金回收率。同时，控制年份与行业的效应。

为验证假设 4.2，本节采用四步法检验融资约束的中介效应。

第一步，检验信息披露质量对企业创新的影响是否显著，见式（4-2）。

第二步，检验信息披露质量对企业融资约束度的影响是否显著，见式（4-3）。

$$SA_{i,t} = \beta_0 + \beta_1 IDQ_{i,t-1} + \beta_2 Control_{i,t-1+\varepsilon} \qquad (4-3)$$

其中，SA 代表融资约束，IDQ、$Control$ 的定义与上文同。

第三步，检验企业融资约束度对企业创新的影响是否显著，见式（4-4）。

$$Ininn_{i,t} = \beta_0 + \beta_1 SA_{i,t} + \beta_2 Control_{i,t} + \varepsilon \qquad (4-4)$$

第四步，检验企业融资约束度在信息披露质量与企业创新的关系中是否发挥了中介效应，见公式（4-5）。

$$Ininn_{i,t} = \beta_0 + \beta_1 IDQ_{i,t-1} + \beta_2 SA_{i,t} + \beta_3 Control_{i,t} + \varepsilon \qquad (4-5)$$

为验证假设 4.3，本书采用四步法检验代理冲突的中介效应。

第一步，检验信息披露质量对企业创新的影响是否显著，见式（4-2）。

第二步，检验信息披露质量对代理冲突的影响是否显著，见式（4-6）。

$$AC_{i,t} = \beta_0 + \beta_1 IDQ_{i,t-1} + \beta_2 Control_{i,t} + \varepsilon \qquad (4-6)$$

其中，AC 代表代理冲突，IDQ、$Control$ 的定义与上文同。

第三步，检验代理冲突对企业创新的影响是否显著，见式（4-7）。

$$Ininn_{i,t} = \beta_0 + \beta_1 AC_{i,t} + \beta_2 Control_{i,t} + \varepsilon \qquad (4-7)$$

第四步，检验代理冲突在信息披露质量与企业创新的关系中是否发挥了中介效应，见式（4-8）。

$$Ininn_{i,t} = \beta_0 + \beta_1 IDQ_{i,t-1} + \beta_2 AC_{i,t} + \beta_3 Control_{i,t+\varepsilon} \qquad (4-8)$$

三、实证结果分析

（一）描述性统计

对变量进行描述性统计，结果如表 4-2 所示。企业创新的标准差为 1.515，平均数为 18.480，最小值为 11.180，最大值为 22.430，说明军工上市公司的创新投入力度存在较大差异。军工上市公司信息披露质量均值为 0.625，最大值为 0.823，最小值为 0.349，可见我国部分军工上市公司的信息披露水平还有待提高，进一步计算可知，信息披露质量与企业创新各项数据之比相差不大，可推断出信息披露质量与企业创新正相关。

表 4 - 2　　　　　　　　　　　　　变量描述性统计

变量	均值	标准差	最小值	最大值
Ininn	18.480	1.515	11.180	22.430
SA	4.528	1.620	1.473	10.520
AC	0.760	1.259	0.012	13.910
IDQ	0.625	0.076	0.349	0.823
Size	22.560	1.310	19.970	26.560
Age	19.970	5.972	4.000	28.000
Roe	0.059	0.090	-0.669	0.363
Growth	0.348	2.850	-0.862	15.856
Fix	0.180	0.121	0.001	0.789
Intan	0.037	0.030	0.000	0.204
Exe	0.010	0.052	0.000	0.666
First	0.375	0.128	0.629	0.723
Cash	0.024	0.072	-0.488	0.873

资料来源：CSMAR 数据库，缺失部分通过上市公司年报、新浪财经搜集，经过计算。

（二）回归结果分析

1. 信息披露质量与企业创新的关系

表 4 - 3 展示了假设 4.1 的回归结果。根据表 4 - 3，信息披露质量与企业创新系数为 1.426，在 1% 水平上显著，表明军工上市公司的信息披露质量与企业创新正相关，信息披露质量越高，创新投入越多，创新能力越强，与假设 4.1 结果相一致。

表 4 – 3 假设 4.1 回归结果

变量	系数	t 值
IDQ	1.426 ***	2.74
Size	0.669 ***	13.10
Age	− 0.034 ***	− 4.94
Roe	0.012 **	2.19
Growth	− 0.111 ***	− 13.34
Fix	− 0.513	− 1.31
Intan	3.313 **	2.51
Exe	− 1.883 **	− 2.54
First	− 0.003	− 0.79
Cash	0.049	0.10
Year	控制	控制
Ind	控制	控制
Constant	3.333 ***	3.10
N	719	—
R-squared	0.405	—

注： *** 、 ** 分别表示在 1%、5% 统计水平上显著。

2. 融资约束的中介效应

表 4 – 4 第（1）列的回归结果与假设 4.1 相同，两者呈显著正相关，说明信息披露质量对企业创新有正向激励作用；第（2）列显示，信息披露系数为 − 2.229，在 1% 水平上显著，证明企业提高信息披露质量，能够降低融资约束水平；从第（3）列可以看出，融资约束系数为 − 2.417，在 1% 水平上显著，企业融资约束水平与企业创新在 1% 的水平上呈负相关；从第（4）列可以看出，信息披露质量与企业创新在 5% 的水平上显著为正，信息披露质量和融资约束的回归系数都有所降低，说明融资约束在企业创新与信息披露质量关系中发挥了中介效应，验证了假设 4.2。进一步分析，由第（4）列可知，信息披露质量系数显著，表明融资约束在信息披露质量对企业研发投入中起到了部分中介作用。综上所述，信息披露质量可以通过降低企业融资约束水平促进企业创新。

表 4 − 4 假设 4.2 回归结果

变量名称	(1) lninn	(2) SA	(3) lninn	(4) lninn
IDQ	1.426 *** (2.74)	− 0.229 *** (3.02)	—	1.264 ** (2.49)
SA	—	—	− 2.417 *** (− 2.89)	− 2.358 *** (− 2.82)
Size	0.669 *** (13.10)	—	—	1.264 ** (2.49)
Age	− 0.034 *** (− 4.94)	− 0.013 (− 1.07)	3.663 *** (3.66)	3.583 *** (3.58)
Roe	0.012 ** (2.19)	0.020 *** (2.69)	− 0.138 *** (− 3.71)	− 0.133 *** (− 3.60)
Growth	− 0.111 *** (− 13.34)	0.049 *** (5.01)	0.013 ** (2.45)	0.013 ** (2.29)
Fix	− 0.513 (− 1.31)	0.867 (1.35)	− 0.110 *** (− 14.95)	− 0.108 *** (− 13.92)
Intan	3.313 ** (2.51)	− 2.282 (− 1.32)	− 0.206 (− 0.48)	− 0.234 (− 0.54)
Exe	− 1.883 ** (− 2.54)	− 1.923 ** (− 2.40)	2.401 ** (2.05)	2.199 * (1.88)
First	− 0.003 (− 0.79)	0.014 *** (2.86)	− 1.678 ** (− 2.30)	− 1.806 ** (− 2.48)
Cash	0.049 (0.10)	0.080 (0.10)	− 0.001 (− 0.28)	− 0.000 (− 0.12)
Year	控制	控制	控制	控制
Ind	控制	控制	控制	控制
Constant	3.333 *** (3.10)	2.805 *** (4.96)	− 50.427 *** (− 2.78)	− 49.749 *** (− 2.74)
N	719	719	719	719
R-Squared	0.405	0.158	0.421	0.425

注：***、**、* 分别表示在 1%、5% 和 10% 统计水平上显著。

资料来源：CSMAR 数据库、新浪财经与上市公司年报，经过回归分析。

3. 代理成本的中介效应

假设4.3检验了代理冲突在信息披露质量与军工上市公司创新投入关系中发挥的中介效应，回归结果如表4-5所示。

表4-5 假设4.3回归结果

变量	(1) lninn	(2) AC	(3) lninn	(4) lninn
IDQ	1.426 *** (2.74)	-2.274 *** (-3.16)	—	1.681 *** (3.15)
AC	—	—	0.099 *** (3.19)	0.112 *** (3.51)
Size	0.669 *** (13.10)	-0.048 *** (-3.41)	0.684 *** (13.80)	0.674 *** (13.43)
Age	-0.034 *** (-4.94)	0.006 (1.57)	-0.037 *** (-5.29)	-0.035 *** (-5.06)
Roe	0.012 ** (2.19)	0.006 (1.38)	0.012 ** (2.27)	0.011 ** (2.05)
Growth	-0.111 *** (-13.34)	-0.013 *** (-4.93)	-0.112 *** (-14.18)	-0.109 *** (-12.92)
Fix	-0.513 (-1.31)	0.080 (0.39)	-0.494 (-1.24)	-0.522 (-1.33)
Intan	3.313 ** (2.51)	-0.663 (-0.92)	3.679 *** (2.75)	3.388 ** (2.57)
Exe	-1.883 ** (-2.54)	-0.711 *** (-2.76)	-1.648 ** (-2.23)	-1.803 ** (-2.45)
First	-0.003 (-0.79)	-0.006 (-1.58)	-0.003 (-0.84)	-0.002 (-0.57)
Cash	0.049 (0.10)	-0.431 (-1.18)	0.111 (0.22)	0.097 (0.19)
Year	控制	控制	控制	控制
Ind	控制	控制	控制	控制
Constant	3.333 *** (3.10)	3.348 *** (4.16)	3.835 *** (3.50)	2.958 *** (2.82)
N	719	719	719	719
R-Squared	0.405	0.143	0.407	0.414

注： *** 、 ** 分别表示在1%、5%统计水平上显著。

资料来源：CSMAR 数据库、新浪财经与上市公司年报，经过回归分析。

　　本书通过四步法对代理冲突在信息披露质量与军工上市公司创新关系中发挥的中介效应进行检验。第一步，检验信息披露质量与企业创新的关系，见表4－5第（1）列，同假设4.1结论相同；第二步，从信息披露质量对代理冲突的影响进行检验，见表4－5第（2）列，从结果可以看出，信息披露质量的系数为－2.274，在1%水平上显著，说明总资产周转率越小，即代理冲突越高时，信息披露质量越好；第三步，对代理冲突与企业创新的直接关系进行检验，见表4－5第（3）列，结果显示，代理冲突系数为0.099，在1%的水平显著，总资产周转率越高，代理冲突越小，表明企业创新投入越多，代理冲突对企业创新的抑制作用越显著；第四步，检验代理冲突在信息披露质量与企业创新的关系中是否发挥了中介效应，见表4－5第（4）列，结果显示，代理冲突与企业创新在1%的水平显著为正，信息披露质量与企业创新在1%的水平上显著为正。结合前三步结果和路径机制检验可知，代理冲突与信息披露质量的系数（以下简称a）和代理冲突与企业创新的系数（以下简称b）的乘积（以下简称ab）与第（4）列中信息披露质量与企业创新的系数（以下简称c）异号，说明代理冲突抵减了信息披露质量与企业创新的正向关系，中介变量的间接效应ab减弱了直接效应c，即代理冲突在信息披露质量与企业创新之间存在遮掩效应，不支持假设4.3。进一步分析，信息披露质量与企业创新的总效应c等于中介变量代理冲突的间接效应ab和控制中介变量后的直接效应c之和，当存在遮掩效应时，ab与c异号，这时直接效应c大于总效应c，即抑制代理冲突可增加信息披露质量对企业创新的作用力。综上所述，信息披露质量通过缓解代理冲突反而对企业创新产生抑制作用，代理冲突的间接效应削弱信息披露质量对企业创新的直接效应，最终表现出一种"遮掩效应"。

　　代理冲突在信息披露质量与企业创新的关系中存在"遮掩效应"主要在于军工上市公司的特性。一方面，军工上市公司极大部分为制造业，有着广泛的海外业务，极易受到政策和国际形势的影响。2015年之前，我国面对的国际形势大好。从表4－6可以看出，2015年之前，我国进出口贸易增长较快，军工上市公司的营业收入增长率也整体向好，与之相关的总资产周转率也较高，2010年和2011年最为显著，但这两年军工上市公司的信息披露质量偏低。2017 年后，中美矛盾升温、贸易争端加剧。美国及其盟友的经济制裁，使军工上市公司海外贸易受到较大影响，收入减少，总资产周转率普遍偏低，但这几年证监会对信息披露质量的要求越发具体全面，监管越发严格，军工上市公司的信息披露质量也显著提高。这一系列因素最终导致了总资产周转率与信息披露质量负相关，即代理冲突与信息披露质量正相关。另一方面，总资产周转率高代表公司治理效率较高，创收较多，自然能为创新活动提供更多的资金支持，综合因素造就了代理冲突的"遮掩效应"。

表 4 - 6　　　　　　　　　　军工上市公司情况

年份	2010	2011	2012	2013	2014	2015	2016	2017	2018	2019
进出口贸易增长率（%）	30.5	15.2	5.0	6.0	4.9	-1.9	-1.9	10.8	7.1	5.0
总资产周转率占比（%）	43.4	46.8	41.6	37.7	33.8	28.4	23.8	31.8	27.1	10.5
营收增长率大于0占比（%）	92.1	81.8	64.9	74.0	75.3	64.2	71.4	74.1	72.9	69.8
信息披露质量均值	0.54	0.56	0.60	0.62	0.63	0.63	0.63	0.64	0.64	0.63

资料来源：CSMAR 数据库，缺失部分通过上市公司年报、新浪财经搜集，经过计算。

4. 稳健性检验

为了避免衡量企业创新能力的不同计算方式可能造成实证结果的不稳健性，本节采用研发投入与年末企业总资产的比值（Innsize）来衡量军工上市公司创新能力，重新进行回归检验，结果如表 4 - 7、表 4 - 8 所示。

表 4 - 7　　　　　　　假设 4.1、假设 4.2 稳健性检验结果

变量	（1） Innsize	（2） SA	（3） Innsize	（4） Innsize
IDQ	0.034 ** (2.51)	-0.229 *** (3.02)	—	0.031 ** (2.32)
SA	—	—	-0.003 *** (-3.38)	-0.002 * (1.08)
Size	-0.004 *** (-5.95)	—	—	-0.007 ** (-2.31)
Age	-0.001 *** (-3.58)	-0.013 (-1.07)	-0.001 *** (-4.28)	-0.001 *** (-2.75)

续表

变量	（1） Innsize	（2） SA	（3） Innsize	（4） Innsize
Roe	0.000 ** （2.21）	0.020 *** （2.69）	0.000 ** （2.13）	0.000 ** （2.21）
Growth	−0.000 *** （−2.80）	0.049 *** （5.01）	−0.000 *** （−3.11）	−0.000 *** （−3.18）
Fix	−0.042 *** （−4.53）	0.867 （1.35）	−0.040 *** （−4.25）	−0.044 *** （−4.40）
Intan	0.015 （−0.45）	−2.282 （−1.32）	0.02 （0.62）	0.019 （0.60）
Exe	−0.019 （−0.93）	−1.923 ** （−2.40）	−0.015 （−0.74）	−0.016 （−0.79）
First	0.000 （−0.79）	0.014 *** （2.86）	0.000 （−1.01）	0.000 （−0.82）
Cash	−0.016 （−1.06）	0.08 （0.10）	−0.017 （−1.20）	−0.013 （−0.86）
Year	控制	控制	控制	控制
Ind	控制	控制	控制	控制
Constant	0.131 *** （7.47）	3.348 *** （4.16）	0.067 *** （8.11）	0.185 *** （3.05）
N	719	719	719	719
R-Squared	0.206	0.143	0.182	0.211

注：***、**、*分别表示在1%、5%和10%统计水平上显著。

资料来源：CSMAR数据库、新浪财经与上市公司年报，经过回归分析。

表4-8　　　　　假设4.3的回归结果—更换因变量的方法

变量	（1） Innsize	（2） SA	（3） Innsize	（4） Innsize
IDQ	0.034 ** （−2.510）	−2.274 *** （−3.16）	—	0.036 *** （−2.610）
AC	—	—	0.000 （−1.010）	0.001 （−1.640）

续表

变量	（1） Innsize	（2） SA	（3） Innsize	（4） Innsize
Size	− 0. 004 *** （ − 5. 95)	− 0. 048 *** （ − 3. 41)	− 0. 004 *** （ − 5. 57)	− 0. 004 *** （ − 5. 88)
Age	− 0. 001 *** （ − 3. 58)	0. 006 （ 1. 57)	− 0. 001 *** （ − 3. 69)	− 0. 001 *** （ − 3. 60)
Roe	0. 000 ** （ 2. 21)	0. 006 （ 1. 38)	0. 000 ** （ 2. 39)	0. 000 ** （ 2. 17)
Growth	− 0. 000 *** （ − 2. 80)	− 0. 013 *** （ − 4. 93)	− 0. 000 *** （ − 3. 37)	− 0. 000 *** （ − 2. 74)
Fix	− 0. 042 *** （ − 4. 53)	0. 080 （ 0. 39)	− 0. 041 *** （ − 4. 48)	− 0. 042 *** （ − 4. 54)
Intan	0. 015 （ 0. 45)	− 0. 663 （ − 0. 92)	0. 021 （ 0. 66)	0. 015 （ 0. 47)
Exe	− 0. 019 （ − 0. 93)	− 0. 711 *** （ − 2. 76)	− 0. 015 （ − 0. 72)	− 0. 018 （ − 0. 91)
First	0. 000 （ − 0. 79)	− 0. 006 （ − 1. 58)	0. 000 （ − 0. 87)	0. 000 （ − 0. 74)
Cash	− 0. 016 （ − 1. 06)	− 0. 431 （ − 1. 18)	− 0. 015 （ − 1. 02)	− 0. 015 （ − 1. 04)
Year	控制	控制	控制	控制
Ind	控制	控制	控制	控制
Constant	0. 131 *** （ 7. 47)	3. 348 *** （ 4. 16)	0. 147 *** （ 8. 28)	0. 128 *** （ 7. 16)
N	719	719	719	719
R-Squared	0. 176	0. 143	0. 211	0. 237

注： *** 、 ** 分别表示在1% 、5% 统计水平上显著。

资料来源：CSMAR 数据库、新浪财经与上市公司年报，经过回归分析。

由表4 – 7 的第（1）列可以看出，信息披露质量的系数为0. 034，在5% 的水平上显著，表明信息披露质量越高，研发投入占比就会越大，创新能力就会越强，假设4. 1 得到验证。由第（2）列可知，融资约束与信息披露质量呈显著负相关。由第（3）列可知，融资约束系数为 – 0. 003，在 1% 的水平上显著，表明企业融资约束水平越低，研发投入占比越高。由第（4）列可知，信息披露质量的系数为 0.031，在 5% 的水平上显著，融资约束系数为 −0.002，在 10% 的水平上显著，与假设 4.2 主回归结果一致，证明了融资约束的中介效应，综上所述，验证了假设 4.2。

由表 4−8 假设 4.3 的回归结果可以看出，信息披露质量与研发投入占比在 5% 的水平上显著为正，代理冲突与信息披露质量在 1% 的水平上显著为负。由第（3）和第（4）列可知，代理冲突的系数不显著，无法验证代理冲突在信息披露质量与军工上市公司创新中的中介效应，与主回归的结论一致。

第二节 政府研发资助与上市公司创新关系分析

为了鼓励军工上市公司投身意义重大的技术创新活动，国家制定了各种补助政策，为军工企业提供政府研发资助。随着军工上市公司创新对国防建设与经济建设的重要性愈加凸显，政府向军工上市公司拨发的研发资助资金显著增多。一方面，企业无须为使用政府创新补助付出过多资金成本，特别是对军工上市公司来说，其技术创新活动相比其他企业来说更为复杂，具有投入大、风险高、周期长等特点（李从容等，2020），政府研发资助作为低成本的资金来源，解决了企业自主创新活动的资金问题，对企业自主研发支出存在"激励"效应；另一方面，也有学者指出政府科研创新补助对研发投资存在"挤出"效应（吕久琴和郁丹丹，2011），反而会导致企业在研发方面投资的减少。本节基于军工企业的样本数据，对政府研发资助与企业创新之间的关系展开研究。

一、研究假设

根据信息不对称理论、公共产品理论和帕累托最优理论，企业在开展创新研发活动时面临风险较大以及私人受益小于公共收益的问题。在我国，政府宏观调控作为"看得见的手"，经常通过制定各项政府补助政策，加大对企业自主创新方面的资金投入和科研经费支出来提高企业自主创新的积极性。军工上市公司因业务背景的特殊性，信息不对称程度相对普通企业程度会更高，相对应的外部融资成本就会更高。而政府研发资助的存在可以通过直接增加企业内部资金来缓解企业外部融资的压力，有效地降低企业的融资成本；且政府研发资助作为一项政策支持，也为企业资金来源的稳定性提供了保障，企业自主创新时所需要承担的风险也将显著减小。在经济建设和国防建设的要求下，军工上市公司若将重心放在技术创新上，充沛的外部资金并不会对企业产生"挤出"效应，影响军工上市公司本身对自主创新的投资，反而可以作为一项稳定且低成本的资金支持，激励企业更积极更大胆地进行高质量的创新活动。

曹阳等（2018）从相关理论基础出发，验证了政府研发资助将优化市场资源配置，从而激励企业创新。胡辛格（Hussinger，2008）通过对数据的实证，探究来自政府的经济补贴在一定程度上引起企业在自主创新发明方面投入更多资金。卡博尼和奥利维耶罗（Carboni and Oliviero，2011）的研究表明，很多企业在创新方面的不足是由于其资金不够，而来自政府的研发资助可以在很大程度上解决这个问题。赵康生和谢识予（2017）认为当前市场存在一定的资源分配不均的问题，而政府研发资助能缓解企业资金方面的局限性，使企业加大研发创新的力度。而如果一个企业的科技研发项目获得了政府的资助，会对市场放出一定的"信号"，表明该企业的创新成果具备足够的价值，可以吸引更多的外部融资，也有利于企业获得更多资金并将其投入创新项目中。

综上，政府研发资助不仅能直接缓解企业的资金不足，也能间接为企业提供资金来源，因此本节提出假设 4.4：

H4.4：政府研发资助对企业创新产生促进作用，二者呈正相关关系。

二、研究设计

（一）变量定义

1. 企业创新

由于本节研究重点在企业的创新投入程度，因此借鉴倪骁然等（2016）

的研究中对企业创新的度量方法，采用企业每年的研发投入取自然对数来衡量企业创新（Rdq）。

2. 政府研发资助

政府研发资助（Gov）通常以税收返还、财政补贴等形式进行。本节首先在国泰安数据库中查询样本企业各年度的政府补助总额，再进行手动筛选，通过关键词搜索，剔除政府补助中税费退还、稳岗补贴、土地税费等与研发无关的补助项目数额，得到政府研发资助的数值并取自然对数。

3. 控制变量

借鉴江轩宇（2017）、科尔纳吉亚等（Cornaggia et al.，2015）、郑毅和徐佳（2018）、朱永明和李玲玲（2018）等文献，选取企业规模、资产负债率、盈利能力、企业成长性、无形资产占比、固定资产占比、高管持股比例和第一大股东持股比例作为控制变量，控制变量的符号和定义均与第一节同，详见第一节表 4 – 1。

（二）模型设计

为验证政府研发资助对企业创新的影响，构建模型（4 – 9）：

$$Rdq_{i,t} = \alpha_0 + \alpha_1 \times Gov_{i,t-1} + \sum_{k-2}^{N} \alpha_k \times Controls_{i,t-1} + \varepsilon \quad (4-9)$$

其中，Rdq 表示企业创新，Gov 表示政府研发资助，$Controls$ 表示控制变量，具体定义可见表 4 – 1。

三、实证结果分析

本节回归结果如表 4 – 9 所示。政府研发资助与企业创新系数为 0.200，在 1% 的水平上显著，这表明政府研发资助能够促进企业创新，假设 4.4 得到验证。

表 4 - 9 假设 4.4 回归结果

变量名称	Rdq	t 值
Gov	0. 200 ***	3. 059
L. size	0. 377 **	2. 100
Lev	− 0. 096	− 0. 080
Roe	− 0. 010	− 0. 399
Growth	− 0. 133	− 0. 459
Intan	− 2. 446	− 0. 427
Fix	1. 058	0. 623
Topone	− 3. 219 **	− 2. 270
Age	− 1. 012 *	− 1. 700
Exe	4. 185	0. 697
Cash	5. 077 *	1. 667
Year	是	
Ind	是	
Constant	10. 716 **	2. 521
N	710	
R-Squared	0. 338	

注：*** 、 ** 、 * 分别表示在 1% 、5% 和 10% 统计水平上显著。
资料来源：CSMAR 数据库、新浪财经与上市公司年报，经过回归分析。

第三节 信息披露调节下政府研发资助 与企业创新关系分析

根据本章第一节的研究结论，军工上市公司的信息披露能有效促进自身的创新行为；由本章第二节的实证研究可知，政府研发资助与企业创新之间呈正相关关系；本节将在以上结论的基础上开展进一步研究，将信息披露作为调节变量，探究在信息披露的调节作用下，政府研发资助与企业创新之间的关系是否会受到影响。

一、研究假设

根据信息不对称理论中的信号传递作用，政府对企业进行研发资助会向市场释放积极的信号，代表该企业经营状况和盈利能力较好。而通常财务状况更好的企业更倾向于向外界披露真实完整的会计信息。

当企业具备较高质量的会计信息，银行等机构会更愿意对其提供更长期、更低门槛、更低利息的贷款，这也能对企业面临的融资约束给予一定的帮助。除了贷款之外，高质量的信息披露可以降低企业与市场之间信息不对称的程度，使企业具有更高的生产价值、财务价值和市场价值，这也能使企业获得更多的资金来源。高质量的信息披露反映了企业良好的内部管理能力（李万福，2017）。杨文莺（2020）的研究也表明信息披露质量与政府研发资助在一定程度上呈正相关，在信息披露质量水平较高的情境下，政府研发资助将更好地促进企业创新。

基于以上分析，本节提出假设4.5：

H4.5：企业信息披露质量在政府研发资助对企业创新影响中起到调节作用，当企业信息披露质量越高时，会加强政府研发资助对企业创新的促进作用。

二、研究设计

本节选取的解释变量、被解释变量、控制变量与第一节相同，详细可见表4-1。调节变量为信息披露质量（IDQ），依据第三章所构建的信息披露质量评价指标体系打分所得。

为验证信息披露质量对政府研发资助与企业创新关系的调节作用，构建模型（4-10）。

$$Rdq_{i,t} = \beta_0 + \beta_1 Gov_{i,t-1} + \beta_2 Gov_{i,t-1} \times IDQ_{i,t-1} + \beta_3 Controls_{i,t-1} + \varepsilon$$

$$(4-10)$$

其中，Rdq 表示企业创新，Gov 表示政府研发资助，$Controls$ 表示本节所选取的系列控制变量。

三、实证结果分析

回归结果如表 4-10 所示。政府研发资助与信息披露质量的交乘项（$Gov \times IDQ$）系数是 0.047，且在 1% 的水平上显著，即当企业具有更高的信息披露质量时，政府研发资助将更好地对企业创新起促进作用，假设 4.5 得到验证。

表 4-10　　　　　　　　假设 4.5 回归结果

变量名称	Rdq	t 值
Gov	0.023 **	2.104
IDQ	0.760 **	2.544
Gov × IDQ	0.047 ***	2.640
Size	-0.075 ***	-21.134
Lev	0.023	0.911
Roe	-0.003 ***	-5.966
Growth	-0.003	-0.581
Intan	0.146	1.356
Fix	0.026	0.816
First	0.029	1.043
Age	0.015	1.339
Exe	0.201 *	1.790
Cash	-0.136 **	-2.304
Constant	-4.455 ***	-21.103
Year	是	
Ind	是	
N	655	
R-Squared	0.721	

注：***、**、*分别表示在1%、5%和10%统计水平上显著。

资料来源：CSMAR 数据库、新浪财经与上市公司年报，经过回归分析。

第四节　本章小结

本章选取军工集团下属的 A 股军工上市公司为样本，通过构建 OLS 模型，对政府研发资助、军工上市公司信息披露与企业创新的关系进行研究，并对其影响路径进行了相应的探讨。本章的分析结论如下：

（1）军工上市公司的信息披露能有效促进企业的创新行为。高质量信息披露的公司，其创新投入也往往较多。

（2）较高的信息披露质量能够通过降低融资约束水平的路径来促进企业创新。

（3）代理冲突在信息披露质量对企业创新的影响中存在"遮掩效应"。即代理冲突是信息披露质量与企业创新关系中的一个"抑制变量"，对代理冲突的控制将会增加信息披露质量对企业创新的作用力。

（4）政府研发资助与企业创新之间存在着显著的正相关关系，即政府研发资助对企业的研发投入具有"激励"效应。

（5）信息披露在政府研发资助与企业创新的关系中存在正向调节效应，当企业的信息披露质量更高时，政府研发资助对企业创新的促进作用更强。

第五章

上市公司会计信息可比性与企业创新

第一节 上市公司会计信息可比性影响企业创新的逻辑机理

上市公司应将技术产品和服务投入市场，适应经济全球化和市场竞争的要求，用市场来检验企业技术创新的成果，使企业的发展适应市场化的要求，提高企业的创新能力和创新效率。创新不仅是上市公司发展的活力源头，更是提升综合国力的保障。然而，对于资金缺口巨大、风险较大的创新而言，仅依靠企业内部资金或是政府研发补助远远不够，必须寻求资本市场的资金支持。

根据信息不对称理论与委托—代理理论，在信息不对称环境下，企业存在的代理问题及融资约束是导致上市公司无法从资本市场获取充分融资进而导致创新水平下降的关键因素。而会计信息作为资本市场中主要的公开信息来源，是解决公司内部人和外部人信息不对称的重要方式。西蒙斯（Simmons，1967）早先解释了可比性的概念，并提出可比性是在同等条件下，去衡量和报告类似的经济条件。美国财务会计准则委员会（FASB）在首次发布的"会计信息质量特征"中更是强调了会计信息可比性在会计信息之中的重要作用和重要性，并提出会计信息的可比性在会计信息中起到的不可替代和至关重要的作用，可以很好地帮助比较在两种经济现象之间出现的不同和相同之处（FASB，1980）。

军工上市公司正处于改革的关键时期，如何提升军工上市公司创新水平具有重要意义。军工上市公司通过提升会计信息可比性，不仅能充分反映自身财务状况和经营情况，也有助于外部投资者对同类企业进行准确对比，使得投资者对军工上市公司创新优势的认识更为充分，提升投资者的投资信心，进而获取充足的外部融资以提升自身的创新水平。然而，由于特殊的业务背景，军工上市公司信息披露可能会涉及保密要求，导致其会计信息可比性水平仍有待提升。

已有文献主要从以下四个方面阐述会计信息可比性在企业发展中的重要性：（1）提高盈余质量，降低融资约束，使企业的外源融资成本降低；（2）减少企业的代理成本，提高国外资本投资比例；（3）增加企业并购的长期价值，增加管理层薪酬契约的有效性；（4）有利于机构投资者更好地履行其监督职能，提高投资者的决策效率。尚未有文献关注军工上市公司会计信息可比性与企业创新的关系，不利于充分发挥军工上市公司会计信息对企业创新的积极作用。本章主要从会计信息可比性与企业创新投入、会计信息可比性与企业创新产出两个方面展开研究。

第二节　上市公司会计信息可比性与企业创新投入

一、研究假设

根据已有研究，在信息不对称环境下，创新意愿和创新资金来源是影响企业创新的两个主要因素。根据信息不对称理论与委托—代理理论，会计信息可比性可能会从以下三个方面促进企业创新投入。

（1）降低代理成本方面，由于企业的创新是一个长期持续性投入的过程，并且前期其经济流入和成本支出并不成正比，可能会导致企业短期业绩下滑。而在信息不对称的情况下，股东往往会将这种情况视为经理人的能力问题，这会降低企业的创新意愿。若企业的会计信息可比性较强，股东对公司创新项目的状况也会更加了解。同时，股东也可以通过横向与其他公司相比较，更好地区分导致业绩下滑的原因，这在很大程度上能缓解经理人的职业忧虑（Manso，2011），缓解企业创新可能面临的代理成本问题，有利于企业创新的提升。

（2）缓解融资约束方面，在实际资本市场中，企业的外部融资成本会随着市场的变化而变化。若市场因摩擦而增加，那么企业外部融资成本也会随之增加；反之，企业外部融资成本会随之减少。信息不对称和代理问题始终是导致企业外部融资成本居高不下的主要原因，这会导致企业所面临的融资约束过高等问题。当企业的会计信息可比性较高时，外部投资者可以对企业的相关信息进行横向或纵向的对比，形成对企业创新更为全面、客观的认识，这也使得企业可以通过更为合理的成本获取融资，缓解自身创新所面临的融资约束问题。

（3）提升经理人创新意愿方面，大部分首席执行官（CEO）可能会通过实现短期业绩目标以维护自身的职位、声誉（Graham，2005），而企业创新不仅任务复杂，风险同样也很大，属于非程序性决策，经理人即使花费了更多精力也不一定能获取相对应的收益。在个人利益与风险不成比例的情境下，经理人的创新意愿会相应减小，此时，为了确保创新活动及时、顺利展开，企业必须强化监督力度。如果企业的会计信息可比性较高，企业外部利益相关者可通过较为充分的信息对经理人进行评价监督，一定程度上可与企业内部监督工作发挥作用，促进经理人提升创新意愿。因此提出假设5.1。

H5.1：会计信息可比性的提高将对军工上市公司的创新投入有积极的促进作用，二者呈正相关关系。

二、研究设计

（一）样本选取

本章选取2012～2017年的军工上市公司作为研究对象。对数据进行如下处理：（1）将某一季度收益率缺失的公司以该季度军工行业收益率的平均值来代替；（2）将专利申请数量数据缺失的公司以行业专利申请数量平均值来代替；（3）部分公司在 2012 年、2013 年时并未上市，将这些公司的相关数据从总样本中剔除。本章通过查阅军工集团网站确认 84 家军工上市公司的信息，对其数据进行搜集整理，共得到 410 条样本数据。数据均来自 CSMAR 数据库，并利用 Excel 和 Stata 进行数据处理与分析。

（二）变量定义

1. 创新投入

本章使用企业研发（R&D）投入总量的自然对数衡量创新投入。

2. 会计信息可比性

本章以军工上市公司会计信息可比性作为解释变量。佛朗哥等（Franco et al. , 2011）使用季度收益率代替经济业务，采用公司内部的实际盈余和季度收益率进行回归分析，将回归所得到的参数来衡量会计信息可比程度，利用各个公司之间会计信息可比程度的比较，设计了公司层面会计信息可比性的度量方法。具体操作如下：

$$financial\ statements_i = f_i(economic\ events_i) \qquad (5-1)$$

其中，f_i 表示能将公司 i 的经济业务（economic events）转换成财务报表（financial statements）的函数。每一家公司会计信息的处理方式不同，所以这些企业对应的函数也有所差异。在经济业务相同的情况下，通过不同公司之间的比较来判断两家公司会计系统的可比性。两家公司基于相同的经济业务产生的财务报表越相似，基于函数所计算出来的结果的差异就越小，这两家公司的会计信息可比性就越强。

为了方便计算，使用不同公司的股票收益率来表示不同公司的经济业务，用会计盈余来表示公司的会计信息。

$$Earnings_{it} = \alpha_i + \beta_i Return_{it} + \varepsilon_{it} \qquad (5-2)$$

其中，Return 表示季度股票收益率，Earnings 表示季度净利润/期初权益市场价值。通过对公司 i 一年内 $Earnings_{it}$ 与 $Return_{it}$ 的回归估计得到方程（5-2）中参数 α 和 β 的估计值，即 $\hat{\alpha}_i$ 和 $\hat{\beta}_i$，$\hat{\alpha}_j$ 和 $\hat{\beta}_j$ 则是公司 j 的转换函数 f_j 的

参数。

$$E(Earnings)_{iit} = \hat{\alpha}_\iota + \hat{\beta}_\iota Return_{it} \qquad (5-3)$$

$E(Earnings)_{iit}$ 表示公司 i 在 t 期间根据 i 公司的股票收益率、$\hat{\alpha}_\iota$、$\hat{\beta}_\iota$ 计算所得的预期盈余。为了保证两个不同公司之间的会计信息能够进行比较，对公司 j 的预期盈余的计算也采用公司 i 的股票收益率。而 α 和 β 的估计值表示各个公司对相同经济业务转换成预期盈余的能力，这样则可计算出两个公司在经济业务相同的情况下的会计信息转换差异。

而会计信息可比性 $CompAcct_{ijt}$ 为公司 i 和公司 j 的预期盈余差异绝对值平均数的相反数，如式（5-4）所示。

$$CompAcct_{ijt} = -\frac{1}{n} \times \sum_{t-n+1}^{t} \left| E(Earnings)_{iit} - E(Earnings)_{jit} \right| \quad (5-4)$$

$CompAcct_{ijt}$ 表示的是两个公司 i 和 j 之间的会计信息可比性。当要计算公司 i 在整个行业中的会计信息可比性时，则需要选取研究对象公司 i，并计算出公司 i 与每一个样本公司之间的 $CompAcct$。在计算出所有的 $CompAcct$ 后，取最大的 4 个数值并取平均值，即得到了公司 i 的会计信息可比性 $CompAcct_{4it}$。

3. 控制变量

根据现有文献，本章选取公司规模、换手率、每股经营活动现金流量净额、固定资产比率、资产负债率、第一大股东持股比例、管理层持股比例作为控制变量，具体的变量定义如表 5-1 所示。

表 5-1　　　　　　　　　　　变量定义

变量类型	变量名称	变量符号	变量描述
被解释变量	创新投入	$R\&D$	公司 R&D 投入总量的自然对数
解释变量	会计信息可比性	$CompAcct$	计算方法如前文所述
控制变量	公司规模	$Size$	公司总资产的自然对数
	换手率	$Turnover$	反映公司股票的转手率＝个股年成交量/年末流通股数
	每股经营活动现金流量净额	$OCTA$	经营活动净现金流量/总资产

续表

变量类型	变量名称	变量符号	变量描述
控制变量	固定资产比率	*PPETA*	固定资产净值/总资产
	资产负债率	*Lev*	总负债/总资产
	第一大股东持股比例	*First*	公司的第一大股东持股比例，反映公司的治理情况
	管理层持股比例	*Mhold*	公司的管理层持股比例
	年份	*Year*	年度哑变量，本书选取了五年的数据，因此设置 4 个虚拟变量

（三）模型构建

为验证假设 5.1，本节建立如下 Tobit 模型（5 - 5）：

$$\ln(R\&D_i) = \alpha_i + \beta_i CompAcct + \gamma \times Controls_i + \lambda \times \sum Year + \varepsilon_i$$

$$(5 - 5)$$

其中，*R&D* 表示创新投入取自然对数，*CompAcct* 表示会计信息可比性，*Controls* 表示本章所选取的控制变量，*Year* 表示年份。

三、实证结果分析

（一）描述性统计

对各变量进行描述性统计，结果如表 5 - 2 所示。ln（R&D）的平均值为 18.619，最小值为 14.630，最大值为 22.267，表明不同公司创新投入有着较大区别，反映出军工上市公司之间对创新投入的重视程度不同。而通过会计信息可比性的描述性统计结果可以看出不同军工上市公司之间的会计信息可比性有所差异。

表 5 - 2　　　　　　　　　　变量描述性统计

变量名称	均值	中位数	最小值	最大值	标准差
ln（*R&D*）	18.619	18.462	14.630	22.267	1.257
CompAcct	− 0.358	− 0.350	− 0.990	− 0.010	0.219

续表

变量名称	均值	中位数	最小值	最大值	标准差
Size	22.536	22.326	19.984	26.427	1.260
Turnover	8.392	8.405	2.939	10.175	0.719
OCTA	0.319	0.024	−0.173	0.230	0.060
PPETA	0.176	0.164	0.005	0.789	0.116
Lev	0.503	0.498	0.018	1.157	0.196
First	35.873	36.190	2.360	72.38	12.947
Mhold	0.582	0.000	0.000	16.504	2.329

资料来源：CSMAR 数据库与上市公司年报，经过回归分析。

（二）回归结果分析

回归结果如表 5 – 3 所示，会计信息可比性（CompAcct）的系数 0.601 显著为正，且在 1% 的水平上显著，表明企业创新投入（R&D）与会计信息可比性之间为正相关关系，会计信息可比性的提高能够在一定程度上提高企业的创新投入，支持假设 5.1。

表 5 – 3   **回归结果**

变量名称	Ln(*R&D*)	t 值
CompAcct	0.601 ***	2.86
Size	0.021 **	2.06
Turnover	0.007	0.42
OCTA	−0.481 **	−2.11
PPETA	−0.204 *	−1.79
Lev	0.036 ***	2.88
Fir	0.001 *	1.66
Mhold	−0.005	−0.97
Yeat	控制	—
N	410	—
R-Squared	0.033	—
Chi2	44.423 ***	—

注：*** 、** 、* 分别表示在 1%、5% 和 10% 统计水平上显著。

资料来源：CSMAR 数据库与上市公司年报，经过回归分析。

（三）稳健性检验

本章采用滞后两年的样本进行稳健性检验。此外，利用 OLS 模型再次对滞后一期的数据进行检验。回归结果如表 5-4 所示，均与原结论一致。

表 5-4　　　　　　会计信息可比性与创新投入稳健性检验

变量	自变量滞后两期	更换模型
CompAcct	0.335 *** (3.27)	0.335 *** (3.23)
Size	0.116 (2.54)	0.116 ** (2.51)
Turnover	-0.032 (-0.41)	-0.032 (-0.41)
OCTA	2.945 *** (3.19)	2.945 *** (3.16)
PPETA	0.797 (1.57)	0.797 (1.56)
Lev	1.026 *** (12.07)	1.026 *** (3.45)
First	0.001 * (1.63)	0.001 (1.60)
MHOLD	-0.060 (-1.03)	-0.006 (-1.02)
Year	控制	控制
N	332	332
R-Squared	0.0465	0.1298
Chi2	46.18 ***	8.08 ***

注：*** 、** 、* 分别表示在 1%、5% 和 10% 统计水平上显著。
资料来源：CSMAR 数据库与上市公司年报，经过回归分析。

第三节　上市公司会计信息可比性与企业创新产出

根据本章第一节和第二节的理论及实证分析可知，会计信息可比性与企业创新投入呈显著正相关，当会计信息可比性提高时，军工上市公司的创新投入也随之提高。由此可见，会计信息可比性与军工上市公司创新之间确实存在紧密的联系。本节从创新产出的角度出发，采用上节的样本数据建立实证模型，探究军工上市公司会计信息可比性与企业创新产出之间的关系。

一、研究假设与研究设计

1. 研究假设

由第二节可知，会计信息可比性与企业的创新投入正相关，即企业的创新投入会随着会计信息可比性的增高而增加。而在一个公司创新资源、创新意愿和创新效率一定的情况下，创新投入的增多，必然会导致创新产出的增多。

已有文献表明，信息化水平指标和专业化水平指标对军工上市公司的创新效率正向影响显著，而政府的政策支持则起到负向影响（周剑，2018）。会计信息可比性正是信息化水平的一个重要指标，会计信息可比性的提高能促进企业的创新效率。

同时，由于军工上市公司是高新技术企业，所需要的资金缺口巨大，不仅需要政府的政策资金支持，更需要在资本市场中获取足够的资金支持。而会计信息可以减少企业的融资约束，降低企业的外源融资成本，这样企业内部现金流和需要政府所提供的政策支持就相对较少，这也能在一定程度上提高企业的创新效率。

综上所述，会计信息可比性不仅仅可以提高创新投入，还能够提高企业的创新效率，本节提出假设5.2：

H5.2：会计信息可比性的提高将对军工上市公司的创新产出有积极的促进作用，二者呈正相关关系。

2. 研究设计

本节的样本数据与变量选取与上节相同，此处不再赘述。在此基础上增加被解释变量创新产出，用公司的发明专利申请总量来度量，对企业的发明申请专利总量 PAT，将其与1的和取自然对数，用 $\ln(1 + PAT)$ 表示。

为验证假设 5.2，本节构建 Tobit 模型（5 - 6）：

$$\ln(PAT_i + 1) = \alpha_i + \beta_i CompAcct + \gamma \times controlvariables_i + \lambda \times \sum Year + \varepsilon_i \tag{5-6}$$

二、实证结果分析

1. 回归结果分析

回归结果如表 5 - 5 所示，从模型（5 - 6）的回归结果来看，会计信息可比性 CompAcct 的回归系数为 0.181，且在 5% 的水平上显著，可见军工上市公司的专利申请数量与会计信息可比性之间呈显著正相关，验证了假设 5.2。

表 5 - 5　　　　　会计信息可比性与创新产出回归结果

变量名称	$\ln(PAT+1)$	t 值
CompAcct	0.181 **	2.77
Size	0.067 **	2.20
Turnover	0.001	0.04
OCTA	0.769	1.15
PPETA	0.352	1.06
Lev	0.405 **	2.09
First	0.001	0.29
Mhold	0.019	1.15
Year	控制	—
N	410	—
R-Squared	0.058	—
Chi2	55.86 ***	—

注：*** 、 ** 分别表示在 1% 、 5% 统计水平上显著。
资料来源：CSMAR 数据库与上市公司年报，经过回归分析。

2. 稳健性检验

本节采用与上节相同的方式对结果进行了稳健性检验，首先利用 Tobit 模型对滞后两年的创新产出进行回归分析；随后，采用 OLS 模型对滞后一期的数据进行回归分析。如表 5 - 6 所示，回归结果均与上述结论一致，说明结论是稳健的，假设 5.2 得到验证。

表 5 - 6　　　　　会计信息可比性与创新产出稳健性检验

变量	自变量滞后两期	更换模型
CompAcct	0. 196 *** (2. 73)	0. 196 *** (2. 70)
ln(Size)	0. 204 *** (6. 38)	0. 204 *** (6. 32)
Turnover	0. 093 * (1. 71)	0. 093 * (1. 69)
OCTA	1. 347 ** (2. 08)	1. 347 ** (2. 06)
PPETA	- 0. 282 (- 0. 79)	- 0. 282 (- 0. 78)
Lev	0. 709 *** (- 1. 72)	0. 709 *** (- 3. 400)
First	- 0. 003 (- 1. 22)	- 0. 003 (- 1. 20)
Mhold	- 0. 004 (- 0. 26)	- 0. 004 (- 0. 25)
Year	控制	控制
N	332. 000	332. 000
R-Squared	0. 078	0. 165
Chi2	59. 93 ***	10. 72 ***

注：***、**、*分别表示在 1%、5% 和 10% 统计水平上显著。
资料来源：CSMAR 数据库与上市公司年报，经过回归分析。

第四节　本章小结

本章分析了会计信息可比性对军工上市公司的创新投入和创新产出的影响，得出以下结论：

（1）会计信息可比性和军工上市公司的创新投入显著正相关。提高会计信息可比性能显著增加军工上市公司的创新投入。同时，军工上市公司的规模和资产负债率也和企业的创新投入息息相关。公司规模越大，资产负债率越高，会计信息可比性越容易影响军工上市公司的创新投入。

（2）会计信息可比性和军工上市公司的创新产出显著正相关，同时军工上市公司规模越大，资产负债率越高，公司的专利产出水平就会越高。说明高会计信息可比性能够显著提高军工上市公司的专利产出水平。

上市公司信息披露与投资效率关系研究

　　本专题主要对上市公司信息披露与投资效率关系进行多层次、多角度的分析，包括四部分内容。首先，基于预期理论、技术创新溢出理论对上市公司信息披露与创新投资效率间的关系及其作用机制进行分析，并探讨外部环境不确定性对二者关系的调节作用。其次，从政府研发资助视角探讨上市公司创新投资效率的影响因素，并分析不同的信息披露水平下政府研发资助与创新投资效率关系的变化。进一步地，由于企业外部融资与其投资效率、创新投资效率间联系紧密，对政府补助、信息披露质量与企业外部融资之间的关系进行分析，为后一部分关于投资效率的研究奠定基础。最后，在前三个部分内容的研究的基础上，结合委托代理理论、信号传递理论和资源基础理论对军工上市公司创新行为信息披露与投资效率间的关系进行分析。

第六章

环境不确定性、上市公司信息披露与创新投资效率

党的十九大报告明确指出，要坚持创新驱动发展战略。创新是引领发展的第一动力，为提高竞争力，企业大力开展创新活动，提高创新投资效率可以优化资源配置效率，促进企业可持续发展。然而由于委托—代理问题和信息不对称问题的存在，企业中非效率创新投资现象普遍存在；而信息披露具有信息和监管效应，可以抑制企业的非效率创新投资。对于军工上市公司而言，其创新活动关系国防安全，提高其创新投资效率具有重要意义。但是军工上市公司既要按照上市公司进行信息披露，也要遵循军工企业的保密义务，导致其在信息披露方面十分谨慎，加剧了投资者与企业间的信息不对称，增加了投资者进行外部监管的难度，更容易出现非效率创新投资现象。而环境是企业管理层决策不可忽略的因素，环境不确定性越高，创新投资预测难度越大，增加了出现非效率创新投资的概率。因此有必要研究军工上市公司不确定性下信息披露与创新投资效率的关系。

本章以军工集团下属的 A 股上市公司为研究对象，依据委托—代理理论、信息不对称理论、预期理论和技术创新溢出理论研究环境不确定性下信息披露与创新投资效率的关系，可为厘清环境不确定性下信息披露与创新投资效率之间的作用机理，优化企业创新投资效率提供数据支持。

第一节　信息披露与创新投资效率关系的理论分析

一、理论基础

（一）预期理论

预期理论最早由坎耶（Kanye，1936）提出，他指出人们的行为会受到未来不确定性的影响。预期反映了人们对未来经济走势的判断，会影响其投资行为。预期是人们在收集、分析相关信息的基础上形成的判断。在购买行为发生之前，消费者根据其收集到的信息进行预测形成期望，在购买过程中，消费者形成整体的认识，将期望与实际结果进行比较，确认期望实现的程度。

根据预期理论，若消费者预期自己将获得收益，则会选择规避风险的方案，若预期自己将面临损失，则会追求高风险。在资本市场中，投资者更愿意投资预期盈利的项目，若预期企业未来投资活动无法获得盈利，则不愿意对其进行投资或者提高其收益预期，导致企业的融资成本增加，从而影响其投资活动的开展，影响投资效率。而创新投资活动由于其风险高、所需投入大、结果不确定性强等特征，面临的融资约束高于其他投资活动，投资者的预期收益对创新投资效率的影响更大。企业披露的信息是投资者对企业的经营情况和未来发展进行判断的基础，也是其形成预期的基础。披露的信息越充分、越及时，越能够向投资者传递企业经营良好的信号，促使投资者做出决策。

本书利用预期理论研究信息披露与创新投资效率的关系，高质量的信息披露可以使投资者形成良好预期，吸引其投资，使企业有更多的资金可用于开展创新投资活动，减少创新投资不足现象。

（二）技术创新溢出理论

技术创新溢出理论指的是在技术创新主体非自愿的情况下，其自身的技术创新活动对他人或社会整体的福利溢出，但最先开展创新活动的主体并未从这种溢出效应中获得任何回报。这种福利溢出是由于企业技术创新产品一定的公共性质造成的。企业技术创新成果具有非独占性，这种非独占性可能是技术溢出导致的。

本书结合技术创新理论研究信息披露对于企业创新投资效率的作用。企业进行创新活动不仅能促进企业水平提升，还能发挥溢出效应，促进其他行业开展创新投资活动。但是技术创新研发需要大量资金投入，企业自身需要承担一定的资金风险，技术创新溢出效应使得最早开展创新活动的企业利益受损，打击企业积极性。充分及时的信息披露可以使投资者了解到企业开展的创新活动，从而认识到企业开展创新活动的能力，减少技术创新溢出对最早开展创新活动企业的负面影响。

二、理论机理分析

创新可以促进经济发展，党的十九大报告中指出要坚持创新驱动发展战略，努力建设创新型国家，大部分企业都积极开展创新活动以增强自身竞争力。创新投资效率可以表示企业创新活动的效率，若企业创新投资效率低，说明资源配置效率低，容易造成资产的浪费，长此以往不利于促进企业的可持续发展和经济社会的持续发展。

然而根据信息不对称理论，我国资本市场仍在不断发展完善中，企业内外部掌握的信息不同，这种不对称影响企业创新投资效率的提高（张超和刘星，2015；钟马和徐光华，2017）。基于技术创新溢出理论，企业创新投资活动往往需要大量资金投入，且具有风险大、技术保密性强、回报不确定性强、周期长等特点（翟淑萍等，2017），企业与外部投资者存在较大信息不对称的情况下，投资者很难根据企业披露的事项了解项目的真实情况从而做出最优决策，甚至会为降低信息不对称带来的风险而提高投资的收益预期，增加外部融资成本。企业只能依靠自有资金开展创新投资活动，而企业内部现金流无法满足其创新投资活动的需求。融资约束严重的企业因为缺乏资金被迫减少创新投资，甚至放弃一些可能盈利的项目，出现创新投资不足现象（肖珉，2010）。

此外，根据委托—代理理论，企业所有权和经营权分离产生的委托—代理问题（Jensen and Meckling，1976）也会导致企业创新投资效率低下。股东投资的目的是获得更多的投资收益以实现自身利益最大化，而管理层希望通过企业的经营管理获得更多的报酬或者更高的职场地位等，二者利益不一致。管理层通过经营活动实现自身利益最大化，可能会伤害股东权益。委托—代理问题增加了监管难度，管理层可能为了追求业绩会盲目开展投资活动，甚至投资一些财务净现值为负的创新活动，出现创新投资过度现象。创新投资过度和创新投资不足现象都是创新投资效率低的体现，不利于优化资源配置，影响企业长期可持续发展。

信息披露具有信息效应，及时向外界披露相关信息，减少企业内外部的信息不对称，使投资者能够了解更多关于创新投资项目的信息，增加其投资意愿，从而降低外部融资成本，缓解企业面临的融资约束（朱永明和李玲玲，2018），使其有更多的资金用于创新投资活动，减少缺乏资金导致的创新投资不足现象。信息披露具有监管效应，向外界报告企业经营和目标完成情况等来反映管理层的工作业绩（袁东任和汪炜，2015），投资者也可以通过信息披露明确其主体地位，加强外部监督，发挥信息披露的监管作用，减少委托—代理问题，抑制管理层盲目投资导致的创新投资过度现象。

军工上市公司承担着国防科研生产任务，与国家安全息息相关，是国民经济的重要组成部分。军工上市公司可以引领信息技术、新材料、高端制造等行业的发展，在经济社会发展中占据独一无二的地位。国家不断出台政策推动军工上市公司股份制改造。2015年，军民融合发展上升为国家战略，要求实现军民深度融合，吸引社会资金进入国防军工领域，加快创新，推动军工行业的发展，从而促进我国经济社会发展。虽然国家不断推进军工上市公司股份制改造，但军工上市公司的发展仍不完善，相比其他成熟市场，业绩水平有待提升。而成熟资本市场的发展必须以充分的信息披露为基础。为进一步利用资本市场促进军工上市公司发展，要提高其信息披露质量。

军工上市公司既属于"上市公司"，也属于"军工企业"，双重属性使其在信息披露方面与其他上市公司有所不同。作为上市公司，需要按照《上市公司信息披露管理办法》制定相关制度并定期进行信息披露，但是作为军工企业，要遵循《军工企业股份制改造实施暂行办法》和《军工企业对外融资特殊财务信息披露管理暂行办法》的保密要求，涉密信息应进行脱密处理，无法脱密的情况下应该按照规定申请豁免披露。虽然有强调军工上市公司引入社会资本的保密要求，但是没有明确社会资本了解军工企业的路径，"民参军"信息壁垒依旧存在（李海海等，2018）。这种信息壁垒的存在导致投资者无法了解军工上市公司的真实情况，加剧信息不对称程度，增加投资者的监管难度，影响其投资意愿，导致军工企业获得外部融资难，抑制其创新投资效率的提高。信息披露可以减轻这种信息壁垒带给军工上市公司的负面影响，研究军工上市公司信息披露对于创新投资效率的影响具有重要意义。

第二节　信息披露对创新投资效率的影响路径分析

一、研究假设

根据预期理论（Keynes，1936），投资者对企业发展潜力预期会影响其投资决策。投资者在投资前要综合考虑企业的未来发展情况、投资的安全性以及希望得到的投资收益，由于企业内外部掌握的信息详细程度及质量高低都存在差异，投资者很难了解项目的真实情况，从而影响其投资决策甚至不愿进行投资，或者为降低信息不对称的风险而追求较高的收益回报（黄娟娟和肖珉，2006），提高企业外部融资成本。企业开展投资活动需要大量的资金支持，当企业内部现金流不足且外部融资受限时，企业会出现投资不足现象。根据委托—代理理论（Jensen and Meckling，1976），管理层与股东利益不一致，管理层为了追求自身利益最大化可能会盲目扩大投资活动，甚至会投资难以盈利的活动，出现投资过度现象。

企业内外部关于创新投资活动的信息不对称程度更严重。首先，企业内部关于创新投资活动的成功概率和收益预期的信息都明显多于外部。而且创新投资活动的价值要通过企业的经营活动体现，投资者无法直接从市场中获得创新投资活动相关的价值信息。这种信息不对称使得投资者更难以估计创新投资活动的价值。其次，创新投资活动所需投入大，比其他投资活动面临更严重的融资约束，且创新投资活动收益滞后性强，沉没成本高，需要不断开发新技术更新升级以满足市场需要。管理层在创新投资决策时必须考虑资金的问题，缺乏足够的内部现金流又面临严重融资约束时，缺乏资金进行创新投资活动，导致创新投资不足现象。创新投资活动结果不确定性强、周期长，增加了代理成本和外部监管难度。管理层为了追求业绩可能会扩大创新投资活动，甚至投资一些难以盈利的项目，出现创新投资过度现象。

信息披露具有信息效应，可以缓解创新投资不足现象。质量越高的信息披露越可以减少企业内外部的信息不对称，使投资者了解项目的真实情况，降低融资成本（于富生等，2007；李志军等，2011），缓解融资约束（朱永明等，2018）。较高的信息披露质量可以帮助投资者形成积极的预期，拓宽融资渠道，使企业拥有更多的资金可用于创新投资活动，缓解由于现金流缺乏导致的创新投资不足。

信息披露具有监管效应，可以抑制创新投资过度行为。信息披露可帮助外部投资者有效激励和监督内部管理人行为（李争光等，2015），使管理层审慎决策。信息披露可以通过增加披露事项，发挥外部投资者的监管作用，减少管理层的机会主义行为。高质量的信息披露可以使企业管理者审慎决策（张纯和吕伟，2009），减少由于缺乏监管导致的创新投资过度，提高资金的使用效率。

综上所述，提出如下假设：

H6.1：信息披露可以提高创新投资效率；

H6.1a：信息披露可以抑制创新投资过度；

H6.1b：信息披露可以缓解创新投资不足。

二、研究设计

（一）变量衡量

1. 信息披露质量

本章采用第三章所构建的指标体系对军工上市公司信息披露质量进行

评价，具体评价指标体系可参见第三章，此处不再赘述。

2. 创新投资效率

本章依据理查德森（Richardson，2006）提出的残差模型来计算创新投资效率。参考黄新建等（2014）和陈良华等（2019）的做法，用企业的研发支出替换模型中企业的整体投资，来衡量企业的创新投资水平。研发投资用企业本年度的研发支出与主营业务收入的比值来衡量。模型回归得到的残差表示企业实际创新投资与预期创新投资水平的差距，即表示企业的非效率创新投资，若残差为正，表示创新投资过度；残差为负，则表示创新投资不足。具体模型如下。

$$
\begin{aligned}
R\&D_{i,t} = {} & \beta_0 + \beta_1 R_{i,t-1} + \beta_2\, Lev_{i,t-1} + \beta_3\, Growth_{i,t-1} + \beta_4\, Size_{i,t-1} \\
& + \beta_5\, Age_{i,t-1} + \beta_6\, ROA_{i,t-1} + \beta_7\, Cash_{i,t-1} + \beta_8\, R\&D_{i,t-1} \\
& + \sum Year + \sum Industry + \varepsilon_{i,t} \qquad\qquad (6-1)
\end{aligned}
$$

模型 6 – 1 中具体变量的含义如表 6 – 1 所示。

表 6 – 1　　　　　理查德森（Richardson）回归残差模型变量说明

变量代码	变量名称	变量测量方法
R&D	研发投资	企业当期研发支出/主营业务收入
Growth	企业成长性	托宾 Q 值
Size	企业规模	ln（期末资产）
Lev	资产负债率	年末总负债/年末总资产
Cash	现金持有	（货币资金 + 短期投资）/年末总资产
Age	企业上市年龄	ln（当前年度 – 公司上市年度）
ROA	总资产收益率	净利润/年末总资产
Year	年份	年份虚拟控制变量
Industry	行业	行业虚拟控制变量

3. 控制变量

本章借鉴陈良华等（2019）、申慧慧等（2012）、黄新建等（2014）学者关于创新投资效率以及投资效率的研究，选取如下控制变量。

（1）企业成长性（*Growth*）。成长性好的公司更能够获得外界的青睐，从而获得更多的外部融资，影响企业的创新投资效率。根据理查森（2006）的研究选择企业成长性作为控制变量，用托宾 Q 值表示。

（2）企业规模（*Size*）。李争光等（2015）研究认为不同企业规模会导致企业的创新投入不同。企业规模越大，获得外界融资的难度越小。而创新投资活动需要大量资金支持，不同规模的企业创新投资效率可能不同，因此选取企业规模作为控制变量。

（3）上市年限（*Age*）。不同成长周期的企业战略不同，创新投资决策也不同。处于初创期的企业更集中于如何使自身在激烈的市场竞争中存活，可能不愿进行成本大、风险大的创新投资活动（黄新建等，2014），本书选择上市年限作为控制变量。

（4）盈利能力（*Roe*）。企业进行创新投资活动需要大量的投入，良好的盈利能力也是企业能够持续进行创新投资活动的前提。林菁璐（2018）的研究选取 ROE 作为控制变量。因此本章选择净资产收益率（Roe）作为控制变量。

（5）资产负债率（*Lev*）。资产负债率展现了企业的债务水平。资产负债率过高的企业，获得银行贷款难度增加，在进行创新投资活动时会面临一定限制（黄新建等，2014）。因此本章选取资产负债率作为控制变量。

（6）现金持有量（*Cash*）。企业拥有的内部现金流是其进行创新投资活动的基础，现金持有量高的企业意味着拥有更多可自由支配的资金，用于创新投资活动的投入可能更多。因此本章借鉴朱永明和李玲玲（2018）的研究选择现金持有量作为控制变量。

（7）股权集中度（*Top*）。大股东在进行投资决策时拥有更大的话语权，尤其是针对创新投资这种投入高、风险大、结果不确定的投资活动。陈良华等（2019）也认为股权集中度会影响企业创新投资决策，从而对创新投资效率产生影响。所以本章选取股权集中度做控制变量。

（8）独立董事持股（*Indep*）。独立董事作为公司从外部聘请的专家，可以监督公司的日常经营情况，提高公司治理水平。独立董事比例越大，公司越有可能披露更多信息（杜兴强和周泽将，2009），投资者可以了解更多关于创新投资活动的信息。因此本章选择独董持股作为控制变量。

（9）管理层持股比例（*Mana*）。管理层持股比例会影响委托—代理关系。陈华等（2013）研究认为股权激励可以缓解这种矛盾。管理层持有股份越多，越愿意披露更多信息（Kastl et al.，2013），并且获得股权激励的高管更愿意增加创新投入（刘伟和刘星，2007）。因此本章选择管理层持股比例作为控制变量。

（10）两职合一（*Dual*）。董事长兼任总经理可以使管理层和股东利益趋于一致（王艳林等，2014），减少非效率创新投资。因此本章选择两职合一做控制变量。

本章模型中所用变量具体定义和衡量方法如表 6 – 2 所示。

表 6 – 2　　　　　　　　变量设计与说明

变量类型	变量名称	变量代码	衡量方法说明
因变量	非效率创新投资	*INVEFF*	模型 6 – 1 的残差的绝对值
	创新过度投资	*OVER*	模型 6 – 1 残差值大于 0 的样本
	创新投资不足	*UNDER*	模型 6 – 1 残差值小于 0 的样本取绝对值
自变量	信息披露	*IDQ*	指标体系得到的分数/总分
控制变量	企业规模	*Size*	ln(年末总资产)
	上市年限	*Age*	ln(当前年度 – 公司上市年度)
	盈利能力	*Roe*	年末净利润/年末总资产
	资产负债率	*Lev*	年末总负债/年末总资产
	现金持有量	*Cash*	(年末货币资金 + 短期投资)/年末总资产
	股权集中度	*Top*	第一大股东持股比例
	企业成长性	*Growth*	托宾 Q 值
	管理层持股比例	*Mana*	管理层持股比例
	两职合一	*Dual*	董事长与总经理兼任情况
	独立董事持股	*Indep*	独立董事人数/董事人数

（二）模型设计

本章构建模型（6 – 2）来研究企业创新投资效率与环境不确定性的关系。若信息披露（IDQ）的系数显著为负，则假设 6.1 成立，说明信息披露可以抑制非效率创新投资，提高企业创新投资效率。

$$INVEFF_{i,t} = \beta_0 + \beta_1 IDQ_{i,t-1} + \beta_2 Growth_{i,t} + \beta_3 Size_{i,t} + \beta_4 Age_{i,t}$$
$$+ \beta_5 Roe_{i,t} + \beta_6 Cash_{i,t} + \beta_7 Lev_{i,t} + \beta_8 Indep_{i,t} + \beta_9 Top_{i,t}$$
$$+ \beta_{10} Mana_{i,t} + \beta_{11} Dual_{i,t} + \sum Year + \sum Industry + \varepsilon_{i,t}$$

$$(6-2)$$

（三）样本选择与数据来源

本章选取 2008~2019 年 A 股军工上市公司数据，剔除主变量缺失及异常的数据共计得到 576 个样本，其中创新投资不足的样本共计 327 个，创新投资过度的样本 249 个。由于信息披露数据存在滞后效应，所以选择滞后一期的信息披露数据。

本章除信息披露外的数据都来源于 CSMAR 数据库，信息披露数据来自巨潮网站，通过手工翻阅年报打分获得。对收集到的数据整理后统一进行了 1%~99% 的 Winsorize 缩尾处理，在检验调节作用时对交互项进行中心化处理，避免共线性。本章数据处理采用 Stata 及 Excel 进行。

三、实证结果分析

（一）描述性统计

对主要变量进行描述性统计分析，结果如表 6-3 所示。根据表 6-3 可知，军工上市公司创新投资过度和创新投资不足现象均有存在，且创新投资不足样本占比较大，约占全部样本的 57%。非效率创新投资的均值为 0.010，标准差为 0.012，最大值为 0.078，最小值为 0，最值之间差距较大，说明不同军工上市公司创新投资效率差异较大。从创新投资效率的分组看，创新投资过度的均值为 0.012，创新投资不足的均值为 0.009；信息披露的均值为 0.643，最大值为 0.797，最小值为 0.463，说明军工上市公司信息披露质量普遍有待提升，且不同企业之间差异也较大。

表 6 – 3　　　　　　　　　　　　描述性统计结果

变量	样本量	均值	中位数	标准差	最小值	最大值
INVEFF	576	0.010	0.007	0.012	0.000	0.078
OVER	249	0.012	0.007	0.015	0.000	0.091
UNDER	327	0.009	0.006	0.009	0.000	0.059
IDQ	576	0.643	0.647	0.072	0.463	0.797
Indep	574	0.364	0.333	0.050	0.300	0.571
Top	576	0.363	0.362	0.109	0.122	0.611
Mana	576	0.006	0.000	0.024	0.000	0.168
Roe	576	0.057	0.053	0.082	− 0.283	0.333
Growth	576	2.180	1.773	1.251	0.850	7.010
Size	576	22.590	22.420	1.195	20.420	25.940
Lev	576	0.472	0.486	0.166	0.094	0.791
Cash	576	0.251	0.195	0.190	0.032	1.156
Age	576	2.712	2.773	0.381	1.609	3.296
Dual	576	0.066	0.000	0.248	0.000	1.000

资料来源：CSMAR 数据库、巨潮资讯与上市公司年报，经过回归分析。

　　按信息披露的均值将信息披露分为低信息披露质量组和高信息披露质量组分组进行描述性统计，得到的结果如表 6 – 4 和表 6 – 5 所示。

表 6 – 4　　　　　　　　低信息披露质量组描述性统计结果

变量	样本量	均值	中位数	标准差	最小值	最大值
INVEFF	268	0.011	0.007	0.014	0.000	0.078
OVER	120	0.013	0.007	0.018	0.000	0.091
UNDER	148	0.009	0.007	0.010	0.000	0.059
IDQ	268	0.581	0.597	0.048	0.463	0.642
Indep	266	0.366	0.333	0.052	0.300	0.571
Top	268	0.366	0.360	0.111	0.137	0.611
Mana	268	0.002	0.000	0.009	0.000	0.090
Roe	268	0.051	0.055	0.085	− 0.283	0.333
Growth	268	2.103	1.709	1.194	0.850	7.010
Size	268	22.250	22.030	1.112	20.420	25.220
Lev	268	0.486	0.503	0.159	0.094	0.791
Cash	268	0.235	0.183	0.170	0.032	1.156
Age	268	2.685	2.740	0.339	1.609	3.296
Dual	268	0.056	0.000	0.230	0.000	1.000

资料来源：CSMAR 数据库、巨潮资讯与上市公司年报，经过整理。

表6-5		高信息披露质量组描述性统计结果				
变量	样本量	均值	中位数	标准差	最小值	最大值
INVEFF	308	0.009	0.006	0.010	0.000	0.078
OVER	129	0.011	0.007	0.011	0.000	0.054
UNDER	179	0.008	0.006	0.009	0.000	0.059
IDQ	308	0.697	0.688	0.039	0.643	0.797
Indep	308	0.363	0.333	0.048	0.300	0.571
Top	308	0.361	0.375	0.107	0.122	0.611
Mana	308	0.009	0.000	0.031	0.000	0.168
Roe	308	0.061	0.051	0.078	-0.283	0.333
Growth	308	2.248	1.849	1.297	0.850	7.010
Size	308	22.890	22.760	1.188	20.420	25.940
Lev	308	0.459	0.458	0.171	0.094	0.791
Cash	308	0.265	0.206	0.205	0.032	1.156
Age	308	2.735	2.833	0.413	1.609	3.296
Dual	308	0.075	0.000	0.263	0.000	1.000

资料来源：CSMAR数据库、巨潮资讯与上市公司年报，经过整理。

根据表6-4和表6-5所示，无论是高信息披露质量组还是低信息披露质量组，创新投资不足的样本数量都大于创新投资过度的样本数量。高信息披露质量组的非效率创新投资的均值为0.009，而低信息披露质量组则为0.011，高信息披露质量组中非效率创新投资的均值较小；高信息披露质量组的创新投资过度与创新投资不足均值也均小于低信息披露质量组均值，说明信息披露质量越高，非效率创新投资现象越少，创新投资效率越高，可以初步为假设6.1提供支持。

（二）回归结果分析

本章实证分析部分基于非平衡面板数据，在进行回归之前，利用Hausman检验判断回归应选择固定效应模型还是随机效应模型。Hausman检验结果显示总体和样本组的比较有效估计量与一致估计量偏差均显著，拒绝原假设，应选择固定效应模型。为了对假设6.1进行检验，按照模型6-2进行回归分析，结果如表6-6所示。

表 6 – 6 信息披露与创新投资效率回归结果

变量	全样本	创新投资过度样本	创新投资不足样本
IDQ	– 0. 148 **	– 0. 151 *	– 0. 109 *
	（ – 2. 56）	（ – 1. 76）	（ – 1. 93）
Growth	0. 094 **	– 0. 004	0. 151 **
	（2. 42）	（ – 0. 072）	（2. 56）
Size	0. 072 *	– 0. 025	0. 112 **
	（1. 66）	（ – 0. 34）	（1. 99）
Lev	– 0. 414	– 0. 527	– 0. 301
	（ – 1. 59）	（ – 1. 26）	（ – 0. 93）
Cash	0. 597 *	0. 298 *	0. 854
	（1. 72）	（1. 67）	（1. 55）
Age	– 0. 074	– 0. 217	0. 004
	（ – 0. 80）	（ – 1. 47）	（0. 03）
Roe	– 1. 443 ***	– 0. 973 **	– 1. 868 **
	（ – 3. 54）	（ – 2. 21）	（ – 2. 25）
Indep	1. 752 *	1. 932	1. 911
	（1. 77）	（1. 52）	（1. 16）
Top	0. 008 *	0. 010	0. 006
	（1. 67）	（1. 44）	（0. 98）
Mana	0. 434	1. 447	0. 930
	（0. 32）	（0. 55）	（1. 04）
Dual	0. 059	0. 198	– 0. 057
	（0. 51）	（0. 88）	（ – 0. 43）
Constant	– 2. 631 **	– 0. 105	– 3. 723 ***
	（ – 2. 58）	（ – 0. 07）	（ – 2. 67）
Year	控制	控制	控制
Industry	控制	控制	控制
N	574	247	327
R-Squared	0. 110	0. 207	0. 151

注：***、**、*分别表示在 1%、5% 和 10% 统计水平上显著。

资料来源：CSMAR 数据库、巨潮资讯与上市公司年报，经过回归分析。

根据表 6 – 6 回归结果，全样本中信息披露系数为 – 0. 148，在 5% 的水平上显著，说明信息披露质量越高，非效率创新投资越少，创新投资效率越高，假设 6. 1 得到支持。信息披露与创新投资过度的系数为 – 0. 151，在 10% 的水平上显著，说明信息披露质量越高，创新投资过度现象越少，即信息披露可以抑制创新投资过度，假设 6.1a 得到支持。信息披露与创新投资不足的系数为 −0.109，在 10% 的水平上显著，说明信息披露质量越高，创新投资不足越少，即信息披露可以缓解创新投资不足，假设 6.1b 得到支持。

四、路径分析

根据上面回归结果，信息披露可以提高企业创新投资效率。企业的非效率创新投资主要是缺乏资金和监管导致的，信息披露可以通过减少企业内外部的信息差异，加强监管从而作用于创新投资效率。本章从代理成本和融资约束的角度出发，分样本探究信息披露能否通过这两条路径提高创新投资效率，以及不同环境的不确定性下信息披露影响创新投资效率的路径。

（一）基于代理成本的路径分析

创新投资活动与其他投资活动相比，具有风险大、收益不确定性和滞后性强的特点。由于这种滞后性的存在，管理层需要在追求短期利益，减少创新投资活动与增加创新投资活动，获取未来收益之间做出选择。管理层对于投资偏好的喜好会影响创新投资决策，导致企业出现非效率现象。

信息披露可以减轻资本市场中的委托—代理问题，降低代理成本。高质量的信息披露可以反映企业的经营状况，从而反映管理层的工作业绩。信息披露也可以通过披露相关事项向外界传达创新投资活动相关信息，投资者可以通过信息披露监督管理层的行为。由于信息披露的存在，管理层在创新投资决策时，要充分考虑投资者的利益，避免管理层自利行为，从而减少管理层单纯追求利益而导致的创新投资过度和创新投资不足。

本章借鉴袁东任等（2015）研究中采用的代理成本的度量方法。用管理费用率衡量管理层与股东之间的代理问题，即本章用到的代理成本（AC）。为了进一步研究信息披露对创新投资效率的影响路径，本章借鉴温忠麟（2004）中介变量检验程序如下图 6−1 所示。根据中介效应模型结合本章具体研究内容，构建模型（6−3）、模型（6−4）、模型（6−5）研究信息披露是否能够通过降低代理成本来提高企业创新投资效率，并区分不同的环境下不确定性探讨这一路径是否依然成立。

$$INVEFF_{i,t} = \alpha_0 + \alpha_1 DQ_{i,t-1} + \sum \alpha_k Control + \varepsilon_{i,t} \qquad (6-3)$$

$$AC_{i,t} = \beta_0 + \beta_1 DQ_{i,t-1} + \sum \beta_k Control + \varepsilon_{i,t} \qquad (6-4)$$

$$INVEFF_{i,t} = \gamma_0 + \gamma_1 DQ_{i,t-1} + \gamma_2 AC_{i,t} + \sum \gamma_k Control + \varepsilon_{i,t} \quad (6-5)$$

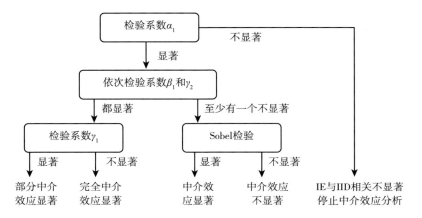

图 6 - 1　中介效应检验程序

对全样本进行检验，结果如表 6 - 7 所示。第（1）列表示信息披露与非效率创新投资的回归结果，第（2）列表示信息披露与代理成本的回归结果，第（3）列表示信息披露、代理成本与非效率创新投资的结果。第（1）列信息披露的系数为 - 0.178，在 5% 的水平上显著；第（2）列信息披露系数为 - 0.063，在 5% 水平上显著；第（3）列信息披露的系数为 - 0.130，在 1% 水平上显著；代理成本系数为 0.325，在 1% 水平上显著。说明全样本下信息披露可以通过降低代理成本来提高创新投资效率。

表 6 - 7　　　　　　　　　　全样本检验结果

变量	(1)	(2)	(3)
IDQ	- 0.178 ** （- 2.31）	- 0.063 ** （2.13）	- 0.130 *** （- 3.25）
AC	—	—	0.325 *** （5.95）

续表

变量	（1）	（2）	（3）
Growth	− 0.003	0.024	0.019
	（ − 0.05）	（0.92）	（0.41）
Size	0.008	− 0.057	0.051
	（0.07）	（ − 1.21）	（0.91）
Lev	− 1.563 *	− 0.455 **	− 0.284
	（ − 1.82）	（ − 2.00）	（ − 0.83）
Cash	0.951 *	0.161	0.754 ***
	（1.67）	（1.26）	（3.16）
Age	− 0.807 *	0.053	0.056
	（ − 1.68）	（0.26）	（0.37）
Indep	0.805	− 0.293	1.265
	（0.68）	（ − 0.57）	（1.46）
Top	0.014	− 0.004	0.014 ***
	（1.26）	（ − 1.21）	（3.10）
Mana	1.634	− 1.505	0.768
	（0.21）	（ − 0.76）	（0.37）
Roe	− 0.242	− 1.777 ***	− 0.674
	（ − 0.34）	（ − 5.70）	（ − 1.17）
Dual	− 0.016	0.020	0.040
	（ − 0.09）	（0.23）	（0.24）
Constant	1.203	0.944	− 2.475 *
	（0.48）	（0.81）	（ − 1.90）
Year	控制	控制	控制
Industry	控制	控制	控制
N	574	574	574
R-Squared	0.121	0.236	0.274

注：*** 、** 、* 分别表示在1%、5% 和10% 统计水平上显著。
资料来源：CSMAR 数据库、巨潮资讯与上市公司年报，经过回归分析。

对创新投资过度样本进行检验，结果如表6 - 8 所示。第（1）列信息披露的系数为 − 0.362，在5% 的水平上显著；第（2）列信息披露系数为 − 0.260，在5% 水平上显著；第（3）列信息披露的系数为 − 0.214，在

1%水平上显著；代理成本系数为0.253，在1%水平上显著。说明信息披露可以通过降低代理成本来抑制创新投资过度。

表6-8 创新投资过度样本检验结果

变量	(1)	(2)	(3)
IDQ	-0.362**	-0.260**	-0.214***
	(-2.57)	(2.47)	(-2.67)
AC	—	—	0.253***
			(3.76)
Growth	-0.134*	0.103	-0.030
	(-1.68)	(1.38)	(-0.43)
Size	-0.079	-0.014	0.005
	(-0.32)	(-0.17)	(0.06)
Lev	-1.788	-0.970	-0.416
	(-1.58)	(-1.42)	(-0.86)
Cash	0.167	0.105	0.046
	(0.35)	(0.30)	(0.12)
Age	-0.208	-0.068	-0.021
	(-0.24)	(-0.30)	(-0.10)
Indep	0.616	0.630	1.912
	(0.38)	(0.49)	(1.55)
Top	0.015	-0.025***	0.017***
	(0.81)	(-3.49)	(2.87)
Mana	5.771	0.066	1.474
	(0.57)	(0.02)	(0.55)
Roe	0.400	-3.893***	-0.267
	(0.35)	(-2.75)	(-0.35)
Dual	0.135	0.069	0.234
	(0.34)	(0.48)	(0.92)
Constant	1.904	1.023	-1.392
	(0.37)	(0.60)	(-0.80)
Year	控制	控制	控制
Industry	控制	控制	控制
N	247	247	247
R-Squared	0.245	0.561	0.387

注：***、**、*分别表示在1%、5%和10%统计水平上显著。

资料来源：CSMAR数据库、巨潮资讯与上市公司年报，经过回归分析。

　　对创新投资不足样本进行检验，结果如表6-9所示。第（1）列信息披露的系数为-0.100，在10%的水平上显著；第（2）列信息披露系数为-0.105，在5%水平上显著；第（3）列代理成本系数为0.470，在1%水平上显著。说明信息披露可以通过降低代理成本来缓解创新投资不足。

表6-9　　　　　　　　　　　创新投资不足样本检验结果

变量	（1）	（2）	（3）
IDQ	-0.100*	-0.105**	-0.074
	（-1.73）	（2.31）	（-1.27）
AC	—	—	0.470***
			（5.31）
Growth	0.134*	0.090**	0.030
	（1.91）	（2.28）	（0.58）
Size	0.097*	0.056	0.063
	（1.69）	（1.27）	（1.02）
Lev	-0.290	-1.383***	0.115
	（-0.84）	（-5.25）	（0.30）
Cash	1.351	0.127	1.256***
	（1.40）	（0.64）	（4.41）
Age	-0.009	-0.177	0.071
	（-0.08）	（-1.57）	（0.50）
Indep	1.830	0.765	1.618
	（0.99）	（1.10）	（1.50）
Top	0.005	-0.016***	0.009*
	（0.71）	（-4.83）	（1.67）
Mana	1.573	-3.007*	0.279
	（1.14）	（-1.87）	（0.11）
Roe	-2.735**	-2.957***	-1.813**
	（-2.08）	（-6.41）	（-2.28）
Dual	-0.036	0.068	-0.049
	（-0.22）	（0.48）	（-0.24）
Constant	-3.409**	-0.525	-2.767*
	（-2.39）	（-0.52）	（-1.92）
Year	控制	控制	控制
Industry	控制	控制	控制
N	327	327	327
R-Squared	0.151	0.392	0.187

　　注：***、**、*分别表示在1%、5%和10%统计水平上显著。
　　资料来源：CSMAR数据库、巨潮资讯与上市公司年报，经过回归分析。

（二）基于融资约束的路径分析

创新投资活动更容易受到融资约束的影响。首先，企业内外部关于创新投资活动的信息不对称程度更高，企业内部拥有更多关于创新投资活动的研究进展以及预期收益的相关信息，投资者和企业之间的信息不对称程度更高（唐清泉和徐欣，2010）；而且创新投资活动需要大量资金支持，风险高，结果不确定性强，使得在进行外部融资时的风险溢价更高，企业被迫利用内部现金流开展创新投资活动（卢馨等，2013）。其次，创新投资活动周期长，沉没成本高，不仅要开发新技术新产品，还要对技术和产品持续追踪，不断更新升级，以适应市场和消费者的需要，这就导致管理层在创新投资决策时要充分考虑资金的影响。

信息披露通过及时向投资者披露相关信息，减少信息不对称程度。提升信息披露质量不仅可以降低股权融资成本（曾颖等，2006；汪炜等，2004），也可以降低债务资本成本（李志军等，2011）。外部融资成本的降低，缓解了企业面临的融资约束，扩大其资金来源，使得创新投资活动不再过分依赖内部现金流，减少创新投资不足。存在创新投资过度的企业不受融资约束的影响，因此本章不分析创新投资过度样本中信息披露能否通过缓解融资约束来提高创新投资效率。

本章选取 SA 指数衡量企业融资约束。哈德洛克和皮尔斯（Hadlock and Pierce，2010）选取了企业规模以及企业上市年限这两个外生指标，建立了 SA 指数（鄢金梁等，2018），如模型（6-6）所示，公式计算得出的数值越大，则代表企业面临的融资约束程度越高。

$$SA = -0.737 \times Size + 0.043 \times Size^2 - 0.040 \times Age \qquad (6-6)$$

为了进一步研究信息披露对创新投资效率的影响路径，即信息披露通过减轻融资约束从而抑制企业非效率创新投资这一路径，本研究借鉴温忠麟（2004）对中介变量的检验程序，并结合本章具体研究内容，构建模型（6-7）、模型（6-8）、模型（6-9）研究信息披露是否能够通过缓解融资约束减少创新投资不足现象。

$$INVEFF_{i,t} = \alpha_0 + \alpha_1 IDQ_{i,t-1} + \sum \alpha_k Control + + \varepsilon_{i,t} \qquad (6-7)$$

$$SA_{i,t} = \beta_0 + \beta_{11} DQ_{i,t-1} + \sum \beta_k Control + \varepsilon_{i,t} \qquad (6-8)$$

$$INVEFF_{i,t} = \beta_0 + \beta_1 IDQ_{i,t-1} + \beta_2 SA_{i,t} + \sum \gamma_k Control + \varepsilon_{i,t}$$

$$(6-9)$$

对全样本进行检验，结果如表6-10所示。第（1）列表示信息披露与非效率创新投资的回归结果，第（2）列表示信息披露与融资约束的回归结果，第（3）列表示信息披露、融资约束与非效率创新投资的结果。第（1）列信息披露的系数为 -0.155，在5%的水平上显著；第（2）列信息披露的系数为 -0.179，在1%的水平上显著；第（3）列信息披露的系数为 -0.148，在1%的水平上显著；融资约束的系数为0.119，在1%的水平上显著，说明信息披露可以通过缓解融资约束提高创新投资效率。

表6-10　　　　　　　　　　全样本的检验结果

变量	（1）	（2）	（3）
IDQ	-0.155 ** (-2.56)	-0.179 *** (-5.00)	-0.148 *** (-2.63)
SA	—	—	0.119 *** (-2.86)
Growth	0.094 ** (2.42)	0.050 * (1.90)	0.106 *** (2.74)
Size	0.072 * (1.66)	0.324 *** (7.44)	0.120 ** (2.47)
Lev	-0.414 (-1.59)	-0.794 *** (-3.10)	-0.527 * (-1.93)
Cash	0.597 * (1.72)	-0.113 (-0.96)	0.573 * (1.67)
Age	-0.074 (-0.80)	-1.643 *** (-14.37)	-0.233 ** (-2.12)
Roe	-1.443 *** (-3.54)	-0.216 (-0.66)	-1.502 *** (-3.61)
Indep	1.752 * (1.77)	1.539 *** (2.65)	1.925 * (1.93)

续表

变量	（1）	（2）	（3）
Top	0.008 * (1.67)	0.008 *** (3.41)	0.008 * (1.81)
Mana	0.434 (0.32)	− 5.811 *** (− 6.04)	− 0.161 (− 0.12)
Dual	0.059 (0.51)	0.004 (0.05)	0.057 (0.49)
Comstant	− 2.631 ** (− 2.58)	− 3.374 *** (− 3.73)	− 3.263 *** (− 3.00)
Year	控制	控制	控制
Industry	控制	控制	控制
N	574	574	574
R-Squared	0.110	0.440	0.117

注：***、**、* 分别表示在 1%、5% 和 10% 统计水平上显著。

资料来源：CSMAR 数据库、巨潮资讯与上市公司年报，经过回归分析。

对创新投资不足样本进行检验，结果如表 6 – 11 所示。第（1）列表示信息披露与创新投资不足的回归结果，第（2）列表示信息披露与融资约束的回归结果，第（3）列表示信息披露、融资约束与创新投资不足的结果。第（1）列信息披露的系数为 − 0.112，在 10% 的水平上显著；第（2）列中信息披露的系数为 − 0.184，在 1% 的水平上显著；第（3）列信息披露的系数为 − 0.109，在 10% 的水平上显著；融资约束的系数为 0.053，在 10% 的水平上显著，说明信息披露降低企业面临的融资约束水平从而提高创新投资效率。

表 6 – 11　　　　　　　　　创新投资不足样本的检验结果

变量	（1）	（2）	（3）
IDQ	− 0.112 * (− 1.93)	− 0.184 *** (− 5.00)	− 0.109 * (− 1.96)
SA	—	—	0.053 * (− 1.15)
Growth	0.151 ** (2.56)	0.050 * (1.90)	0.154 *** (2.60)

续表

变量	（1）	（2）	（3）
Size	0. 112 **	0. 324 ***	0. 130 **
	（1. 99）	（7. 44）	（2. 13）
Lev	− 0. 301	− 0. 794 ***	− 0. 360
	（− 0. 93）	（− 3. 10）	（− 1. 08）
Cash	0. 854	− 0. 113	0. 842
	（1. 55）	（− 0. 96）	（1. 54）
Age	0. 004	− 1. 643 ***	− 0. 062
	（0. 03）	（− 14. 37）	（− 0. 52）
Roe	− 1. 868 **	− 0. 216	− 1. 900 **
	（− 2. 25）	（− 0. 66）	（− 2. 25）
Indep	1. 911	1. 539 ***	1. 978
	（1. 16）	（2. 65）	（1. 19）
Top	0. 006	0. 008 ***	0. 006
	（0. 98）	（3. 41）	（1. 01）
Mana	0. 930	− 5. 811 ***	0. 693
	（1. 04）	（− 6. 04）	（0. 80）
Dual	− 0. 057	0. 004	− 0. 054
	（− 0. 43）	（0. 05）	（− 0. 40）
Comstant	− 3. 723 ***	− 3. 374 ***	− 3. 932 ***
	（− 2. 67）	（− 3. 73）	（− 2. 71）
Year	控制	控制	控制
Industry	控制	控制	控制
N	327	327	327
R-Squared	0. 151	0. 440	0. 152

注：***、**、*分别表示在1%、5%和10%统计水平上显著。

资料来源：CSMAR 数据库、巨潮资讯与上市公司年报，经过回归分析。

　　综上所述，信息披露可以通过降低代理成本和融资约束抑制非效率创新投资。

五、内生性检验

　　本节可能存在以下内生性问题：（1）样本选择导致的内生性问题。信息披露质量高的企业的非效率创新投资行为减少，即信息披露质量越高，企业创新投资效率越高。但创新投资效率高的企业由于自身业绩好可能更愿意进行信息披露，因此企业创新投资效率高不一定由信息披露质量高导致，二者之间可能存在样本自选择问题。（2）遗漏变量导致的内生性问题。由于创新投资效率的影响因素众多，可能存在遗漏变量的情况。本章采用倾向得分匹配法（PSM）和工具变量法检验内生性问题。

（一）倾向得分匹配法

为控制样本自选择导致的内生性，采用 PSM 处理数据。分别对全样本、创新投资过度样本和创新投资不足样本进行最近邻匹配，按照信息披露的均值分组，信息披露质量高于均值的为实验组，信息披露质量低于均值的为对照组。首先对全样本、创新投资过度样本以及创新投资不足样本进行倾向得分匹配，其次用匹配后的数据按照模型 6-1 和模型 6-11 重新进行回归分析，与原回归结果比较。

为了选择匹配用的协变量，本章首先按全部控制变量分样本进行 logit 回归，回归结果如表 6-12 所示。全样本中 *Growth*、*Size*、*Lev*、*Mana* 显著，说明这四个变量对是否倾向进行信息披露有显著影响。创新投资过度样本中 *Growth*、*Size*、*Lev* 对是否倾向于进行信息披露有显著影响；创新投资不足样本中 *Growth*、*Size*、*Lev*、*Mana* 显著影响企业的信息披露倾向。本节选择显著变量作为匹配的协变量。

表 6-12　　　　　　　　　　　　　logit 回归结果

变量	全样本	创新投资过度样本	创新投资不足样本
Growth	0.311 *** (3.61)	0.331 ** (2.48)	0.265 ** (2.30)
Size	0.822 *** (7.62)	0.990 *** (5.85)	0.674 *** (4.65)
Lev	− 3.007 *** (− 4.37)	− 2.874 *** (− 2.64)	− 3.202 *** (− 3.47)
Cash	0.008 (0.01)	− 0.163 (− 0.18)	0.199 (0.30)

续表

变量	全样本	创新投资过度样本	创新投资不足样本
Age	0.364 (1.37)	0.195 (0.44)	0.410 (1.19)
Roe	0.402 (0.31)	1.650 (0.88)	−1.179 (−0.63)
Indep	−2.264 (−1.22)	−0.648 (−0.21)	−3.811 (−1.52)
Mana	13.571** (2.25)	7.970 (0.90)	19.904** (2.08)
Dual	0.459 (1.21)	0.478 (0.78)	0.494 (1.00)
Top	−0.004 (−0.50)	−0.017 (−1.20)	0.005 (0.41)
Constant	−17.955*** (−7.39)	−21.663*** (−5.80)	−14.217*** (−4.31)
N	574	247	327

注：***、**分别表示在1%、5%统计水平上显著。

资料来源：CSMAR数据库、巨潮资讯与上市公司年报，经过回归分析。

1. 对全样本倾向得分匹配

按照 logit 的回归结果，选择 *Growth*、*Size*、*Lev*、*Mana* 作为协变量进行匹配，在得到的匹配结果中，ATT 的绝对值为 1.91，大于 1.65，在 10% 的水平上显著，说明实验组和控制组存在显著差异。如表 6 – 13 所示，匹配前后变量的均值十分接近，第五列显示匹配后标准化偏差均显著减少，最后一列显示的 p 值均大于 0.1，说明实验组和对照组均值不存在显著差异，匹配结果良好。

表 6 – 13　　　　　　　　全样本 PSM 数据平衡检查

变量名称	样本	均值		偏差 (%)	偏差减少 (%)	t-test	
		实验组	对照组			t	p
Growth	匹配前	2.259	2.102	12.500	6.400	1.510	0.133
	匹配后	2.236	2.089	11.700		1.330	0.184

续表

变量名称	样本	均值		偏差 （%）	偏差减少 （%）	t-test	
		实验组	对照组			t	p
Size	匹配前	22.906	22.282	53.000	92.300	6.480	0.000
	匹配后	22.786	22.835	−4.200		−0.490	0.628
Lev	匹配前	0.458	0.484	−15.900	75.000	−1.910	0.057
	匹配后	0.464	0.471	−4.000		−0.460	0.646
Mana	匹配前	0.009	0.002	27.500	80.300	3.310	0.001
	匹配后	0.004	0.005	−5.400		−0.780	0.438

资料来源：CSMAR 数据库、巨潮资讯与上市公司年报，经过回归分析。

　　如表 6 - 14 所示，全部 576 个样本中有 555 个在共同取值范围内，只有 21 个样本未匹配成功，说明匹配后仅损失少量样本。

表 6 - 14　　　　　　　全样本倾向得分匹配共同取值范围　　　　　　单位：个

类型	未匹配	匹配	总计
对照组	0	290	290
实验组	21	265	286
总计	21	555	576

资料来源：CSMAR 数据库、巨潮资讯与上市公司年报，经过整理。

2. 对创新投资过度样本倾向得分匹配

　　按照 logit 的回归结果用 *Growth*、*Size*、*Lev* 作为创新投资过度样本倾向得分匹配的协变量。ATT 的绝对值为 1.83，大于 1.65，在 10% 水平上显著，说明实验组和对照组存在差异。

　　如表 6 - 15 所示，匹配前后变量的均值接近，第五列显示匹配后标准化偏差明显减少，p 值均大于 0.1，说明匹配后实验组和对照组均值不存在显著差异，匹配结果良好。

表 6 - 15　　　　　　　创新投资过度样本 PSM 数据平衡检查

变量	样本	均值		偏差 （%）	偏差减少 （%）	t-test	
		实验组	对照组			t	p
Growth	匹配前	2.271	2.108	14.200	33.100	1.580	0.116
	匹配后	2.192	1.950	−9.500		1.700	0.191

续表

变量	样本	均值		偏差	偏差减少	t-test	
		实验组	对照组	（％）	（％）	t	p
Size	匹配前	23.067	22.177	76.700	91.700	5.200	0.000
	匹配后	22.732	22.806	－6.300		－1.110	0.270
Lev	匹配前	0.456	0.474	－10.200	91.100	－0.810	0.420
	匹配后	0.455	0.454	0.900		0.006	0.951

资料来源：CSMAR 数据库、巨潮资讯与上市公司年报，经过整理。

根据表 6－16 所示，创新投资过度样本中共 249 个，其中 229 个匹配成功，只有 20 个样本不在共同取值范围内，说明匹配后仅损失少量样本。

表 6－16　　　　　创新投资过度样本倾向得分匹配共同取值范围　　　　单位：个

类型	未匹配	匹配	总计
对照组	0	132	132
实验组	20	97	117
总计	20	229	249

资料来源：CSMAR 数据库、巨潮资讯与上市公司年报，经过整理。

3. 对创新投资不足样本倾向匹配

按照 logit 的回归结果，选择 Growth、Size、Lev、Mana 作为协变量进行匹配，ATT 绝对值为 1.95，大于 1.69，在 10% 的水平上显著，说明实验组和对照组存在显著差异。

如表 6－17 所示，实验组和对照组的变量均值接近，匹配后标准化偏差明显减少，匹配后 p 值均大于 0.1，实验组对照组均值没有显著差别，匹配结果良好。

表 6－17　　　　　创新投资不足样本 PSM 数据平衡检查

变量	样本	均值		偏差	偏差减少	t-test	
		实验组	对照组	（％）	（％）	t	p
Growth	匹配前	2.252	2.098	12.200	81.400	1.100	0.272
	匹配后	2.264	2.031	2.300		0.200	0.840
Size	匹配前	22.795	22.365	37.400	44.200	3.340	0.001
	匹配后	22.723	22.963	－9.800		0.650	0.513

变量	样本	均值		偏差 （%）	偏差减少 （%）	t-test	
		实验组	对照组			t	p
Lev	匹配前	0.460	0.495	−21.300	70.500	−1.890	0.060
	匹配后	0.474	0.485	−6.300		0.870	0.383
Mana	匹配前	0.009	0.002	29.000	72.300	2.660	0.008
	匹配后	0.004	0.002	8.000		−0.44	0.662

资料来源：CSMAR 数据库、巨潮资讯与上市公司年报，经过整理。

如表 6 – 18 所示，创新投资不足样本共 327 个，有 316 个在共同取值范围内，仅有 11 个样本没有匹配成功，说明匹配后仅损失少量样本。

表 6 – 18　　　　创新投资不足样本倾向得分匹配共同取值范围　　　　单位：个

类型	未匹配	匹配	总计
对照组	0	158	158
实验组	11	158	169
总计	11	316	327

资料来源：CSMAR 数据库、巨潮资讯与上市公司年报，经过整理。

4. 利用匹配后的数据对假设 1 重新检验

使用匹配后的数据对假设 1 进行检验，结果如表 6 – 19 所示。匹配后信息披露与非效率创新投资的系数为 −0.173，在 1% 的水平上显著，说明信息披露可以减少非效率创新投资，提高创新投资效率，假设 6.1 得到支持。信息披露与创新投资过度的系数为 −0.118，在 10% 的水平上显著，说明信息披露可以抑制创新投资过度，假设 6.1a 得到支持。信息披露与创新投资不足的系数为 −0.126，在 5% 的水平上显著，说明信息披露可以缓解创新投资不足，与原回归得到的结论一致，说明模型具有较好的稳健性。

表 6 – 19　　　　匹配后信息披露与创新投资效率的关系

变量	全样本	创新投资过度样本	创新投资不足样本
IDQ	−0.173 *** （−2.63）	−0.118 * （−1.23）	−0.126 ** （−2.07）
Growth	0.068 （1.26）	0.028 （0.55）	0.186 ** （2.42）

续表

变量	全样本	创新投资过度样本	创新投资不足样本
Size	0.069 (1.23)	0.108 (1.20)	0.179 ** (2.26)
Lev	−0.568 (−1.58)	−0.866 (−1.61)	−0.628 (−1.41)
Cash	0.704 (1.14)	−0.079 (−0.25)	1.365 (1.34)
Age	−0.039 (−0.32)	−0.150 (−0.63)	−0.067 (−0.41)
Roe	−2.152 *** (−2.99)	−1.129 ** (−2.02)	−3.333 ** (−2.19)
Indep	1.999 * (1.74)	2.477 (1.52)	2.000 (0.95)
Top	0.010 * (1.69)	0.001 (0.15)	0.005 (0.70)
Mana	−0.898 (−0.40)	−0.130 (−0.08)	7.107 (1.26)
Dual	0.087 (0.67)	0.434 * (1.91)	0.086 (0.44)
Constant	−2.909 ** (−2.30)	−2.743 (−1.47)	−5.413 *** (−2.78)
Year	控制	控制	控制
Industry	控制	控制	控制
N	511	191	292
R-Squared	0.130	0.206	0.164

注：***、**、* 分别表示在1%、5%和10%统计水平上显著。

资料来源：CSMAR 数据库、巨潮资讯与上市公司年报，经过回归分析。

（二）工具变量法

为控制遗漏变量造成的内生性，采用工具变量法进行检验，借鉴江轩宇等（2017）、张传财等（2017）的研究成果，采用行业内其他上市公司信息披露的均值（IDQ_IND）和滞后两期的信息披露（$L.IDQ$）作为工具变量引入模型。工具变量的选择要满足外生性和相关性。行业内其他企业的信息披露会对本企业的信息披露产生影响，但是无法对本企业的创新投资效率产生影响，满足相关性与外生性。滞后两期的信息披露会对本期信息披露产生影响，但已经发生与扰动项无关，满足外生性。

为检验工具变量的选择是否恰当，对工具变量进行弱相关性检验，以检验其是否满足相关性条件；进行过度识别检验，检验其是否满足外生性条件。表 6 - 20 为行业均值做工具变量和滞后两期的信息披露做工具变量的弱相关性检验结果。根据弱相关性检验结果可得，F 统计量的值分别为112. 152 和 96. 270，均大于 10，F 统计量的 P 值为 0. 000，说明工具变量的选择符合相关性要求。

表 6 – 20   弱相关性检验结果

变量	R^2	Adj R^2	Partial R^2	F	P
IDQ_IND	0. 488	0. 464	0. 059	112. 152	0. 000
L. IDQ	0. 488	0. 461	0. 181	96. 270	0. 000

资料来源：CSMAR 数据库、巨潮资讯与上市公司年报，经过回归分析。

过度识别检验结果显示，工具变量的 p 值为 0. 5332，无法拒绝"所有工具变量外生"的原假设，说明工具变量的选取满足外生性要求。用工具变量进行 2SLS 回归，回归结果如表 6 - 21 所示。

根据表 6 - 21 的回归结果，采用工具变量后，信息披露与非创新投资效率的系数为 - 0. 311，在 1% 的水平上显著，说明用工具变量控制内生性后，信息披露依然可以提高创新投资效率。

表 6 – 21   工具变量回归结果

变量	非效率创新投资	t 值
IDQ	- 0. 311 ***	- 2. 81
Growth	0. 082 *	1. 71
Size	0. 119 **	2. 40
Lev	- 0. 778 **	- 2. 56
Cash	0. 752	1. 33
Age	- 0. 062	- 0. 60

续表

变量	非效率创新投资	t 值
Indep	1.659	1.62
Top	0.008	1.55
Mana	0.133	0.11
Roe	− 1.751 ***	− 2.86
Dual	0.109	0.93
Year	控制	控制
Industry	控制	控制
Constant	− 3.878 ***	− 3.44
N	574	476
R-Squared	0.103	0.127

注：*** 、** 、* 分别表示在 1%、5% 和 10% 统计水平上显著。

资料来源：CSMAR 数据库、巨潮资讯与上市公司年报，经过回归分析。

六、稳健性检验

（一）替换信息披露衡量指标

变量的衡量方法可能会对回归结果产生影响，本章采用替换变量法检验模型的稳健性。参考已有文献（杜兴强等，2009；张文菲等，2018），采用深交所的信息披露评级指标来代表信息披露（DIS），将评级为优秀和良好的取值为 1，反之为 0。回归结果如表 6 − 22 所示。

表 6 − 22　　　　　　　　　　替换变量回归结果

变量	全样本	创新投资过度样本	创新投资不足样本
DIS	− 0.238 ** （− 2.52）	− 0.336 *** （− 3.46）	− 0.285 ** （− 2.43）
Growth	0.080 （1.06）	− 0.078 （− 0.81）	0.270 ** （2.33）
Size	− 0.087 （− 0.48）	− 0.123 （− 0.35）	0.147 （1.06）

变量	全样本	创新投资过度样本	创新投资不足样本
Lev	0.221 (0.23)	0.942 (0.65)	0.013 (0.02)
Cash	0.551 *** (3.07)	0.660 *** (2.93)	1.045 *** (3.26)
Age	−2.018 ** (−2.49)	−2.348 (−1.61)	−0.331 (−1.11)
Indep	−1.908 (−1.02)	−2.559 (−1.11)	−0.062 (−0.04)
Top	−0.011 (−0.81)	−0.016 (−0.69)	−0.012 (−1.37)
Mana	−5.943 ** (−2.46)	−2.265 (−0.49)	−2.237 (−0.88)
Roe	0.423 (0.62)	2.485 (1.44)	−1.349 * (−1.88)
Dual	0.295 (0.98)	0.953 (1.64)	−0.003 (−0.01)
Constant	7.127 * (1.95)	8.294 (1.32)	−2.569 (−0.86)
Year	控制	控制	控制
Industry	控制	控制	控制
N	242	98	144
R-Squared	0.217	0.314	0.397

注： ***、 **、 *分别表示在1%、5%和10%统计水平上显著。
资料来源：CSMAR 数据库、巨潮资讯与上市公司年报，经过回归分析。

　　根据表 6 - 22 的回归结果，替换变量后全样本中信息披露（DIS）的系数为 −0.238，在 5% 的水平上显著，说明信息披露可以提高创新投资效率，假设 6.1 得到支持。信息披露与创新投资过度的系数为 −0.336，在 1% 的水平上显著，说明信息披露可以抑制非效率创新投资，假设 6.1a 得到检验。信息披露与创新投资不足的系数为 −0.285，在 5% 的水平上显著，说明信息披露可以缓解创新投资不足，假设 6.1b 得到检验。结论与原回归一致，说明模型稳健。

（二）扩大样本量

前面主要利用军工上市公司的数据研究环境不确定性、信息披露与创新投资效率的关系。为了进一步检验模型的稳健性以及结论的一般性，本章利用全部 A 股上市公司的数据重新回归，结果如表 6-23 所示。

表 6-23　　　　　　　　全部 A 股上市公司回归结果

变量	全样本	创新投资过度样本	创新投资不足样本
IDQ	- 0. 038 ** (- 2. 55)	- 0. 047 * (- 1. 93)	- 0. 044 ** (- 2. 55)
Growth	- 0. 011 (- 1. 03)	- 0. 054 ** (- 2. 46)	0. 044 *** (3. 09)
Size	0. 031 (0. 71)	- 0. 048 (- 0. 43)	- 0. 035 *** (- 2. 60)
Lev	- 0. 204 (- 0. 85)	- 0. 365 (- 0. 80)	- 0. 419 *** (- 4. 76)
Cash	0. 081 (0. 91)	- 0. 229 (- 1. 18)	0. 378 *** (4. 02)
Age	- 0. 125 (- 0. 94)	- 0. 289 (- 1. 19)	- 0. 005 (- 0. 16)
Indep	0. 048 (0. 16)	- 0. 052 (- 0. 09)	0. 168 (0. 79)
Top	- 0. 001 (- 0. 35)	0. 002 (0. 39)	- 0. 001 (- 1. 37)
Mana	- 0. 139 (- 0. 56)	- 0. 572 ** (- 2. 20)	0. 152 (1. 16)
Roe	- 0. 208 ** (- 2. 10)	- 0. 519 ** (- 2. 26)	- 0. 337 ** (- 2. 55)
Dual	- 0. 055 (- 1. 26)	- 0. 016 (- 0. 24)	0. 033 (0. 94)
Constant	- 0. 405 (- 0. 41)	1. 865 (0. 76)	0. 370 (1. 18)
N	8788	3461	5327
R-Squared	0. 016	0. 036	0. 117

注：***、**、*分别表示在1%、5%和10%统计水平上显著。

资料来源：CSMAR 数据库、巨潮资讯与上市公司年报，经过回归分析。

根据表 6 - 23 回归,全样本中信息披露的系数为 - 0.038,在 5% 的水平上显著,说明信息披露越高,非效率创新投资越少,信息披露可以提高创新投资效率,假设 6.1 得到支持。创新投资过度样本中信息披露的系数为 - 0.047,在 10% 的水平上显著,说明信息披露可以抑制企业创新投资过度,假设 6.1a 得到支持。创新投资不足样本中信息披露的系数为 - 0.044,在 5% 的水平上显著,说明信息披露可以缓解创新投资不足,假设 6.1b 得到支持。

第三节 环境不确定、上市公司信息披露与创新投资效率

一、研究假设

在资本市场中,企业战略和其所处环境密切相关。企业面临的来自政策、监管部门、竞争对手以及供应链、金融部门等环境无法预测的行为都会给企业带来不确定性风险。企业管理者在进行创新投资决策时,要充分考虑外部环境的影响,外部环境变化程度越大,企业微观层面活动受到的影响越大。环境不确定性的增加会加剧管理者对投资项目的预测难度(王义中和宋敏,2014),影响其创新投资决策。这种不确定性作为环境最显著的特征,与企业的各种决策息息相关,环境不确定性可能会导致投资过度,也可能导致投资不足(申慧慧等,2012)。

环境不确定性使得管理层更容易出现自利行为,自身失误导致的投资失败可以归因于环境不确定性以逃避责任,提高盈余管理的动机,内部人更容易通过盈余管理侵占投资者的利益。管理层自利行为和盈余管理动力的增加都会增加投资者外部监管的难度,加剧委托—代理问题,增加代理成本,管理层更容易忽视股东利益盲目扩大投资规模,出现投资过度现象。而创新投资活动结果不确定性强、周期长,投资者对其进行监管的难度要大于一般的投资活动,管理层为了追求业绩会扩大创新投资活动,导致在环境不确定性更高的情况下更容易出现创新投资过度行为。环境不确定性会加剧企业面临的资源约束,提高外部融资成本,使得企业获得外部

融资的难度增加，企业可能会缺乏资金开展创新投资活动，出现创新投资不足行为。

环境不确定性越高，对管理层的行为进行监督的难度也就越大。投资者和管理层本来在获取信息的及时性、详细程度等方面就存在一定的差距，环境不确定性会加剧这种差距。管理层出于利己，可能会做出不利于股东利益的决策，即可能产生机会主义行为（Ghosh，2009），在这种情况下，信息披露更能够发挥外部监管的作用，避免管理层为了追求自身利益最大化而进行的非效率创新投资。

环境是动态和复杂的，管理层无法准确预测未来走向，加剧了信息不对称（林钟高等，2015）；而环境不确定性程度越高，企业面临的资源约束越强（刘霞，2020）（见图6-2）。在这种情况下，企业若想获得更多资金进行创新活动，更需要依赖信息披露的融资作用，通过更高质量的信息披露，向投资者传递信号（王靖宇等，2020），从而吸引更多资金，流动资金的增加也可以进一步缓解融资约束导致的创新投资不足。

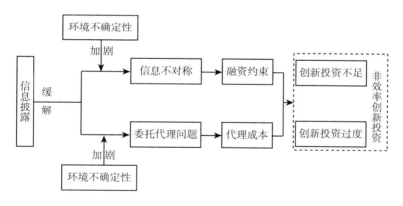

图6-2　环境不确定性、信息披露与创新投资效率关系

综上所述，提出以下假设：

H6.2：环境不确定性越强，信息披露对创新投资效率的促进作用越强；

H6.2a：环境不确定性越强，信息披露越能抑制创新投资过度；

H6.2b：环境不确定性越强，信息披露越能缓解创新投资不足。

二、研究设计

(一) 变量衡量

本节研究所选取的信息披露、创新投资效率以及控制变量与本章第二节的一致，故在此不再赘述。对于环境不确定性，本书根据申慧慧等 (2012) 的方法进行衡量。具体计算步骤如下：

第一步按照模型 (6－10) 衡量估计企业过去五年的非正常销售收入。

$$SALE = \alpha_0 + \alpha_1 Year + \varepsilon \qquad (6-10)$$

其中，$SALE$ 为营业收入，$Year$ 代表年度，假设选取本年度为回归样本年度，则 $Year$ 取值为 5，若回归样本值为过去第 2 年，则 $Year$ 的值为 3，以此类推。回归得到的残差即为企业非正常营业收入。

第二步计算未经行业调整的环境不确定性值。第一步中得到值的标准差与过去五年营业收入均值相除即可得到，取中位数表示行业环境不确定性。

第三步用企业未经行业调整的环境不确定性除以其中位数，得到本章所需的环境不确定性值（EU）。

(二) 模型构建

为研究环境不确定性在信息披露与企业创新投资效率之间的调节作用，在模型 6－2 的基础上引入交乘项（$EU \times IDQ$）构建模型（6－11）如下所示。若 $EU \times IDQ$ 的系数小于 0，可为本节假设提供支持，说明环境不确定性越高，信息披露对于非效率创新投资的抑制作用越强。

$$
\begin{aligned}
INVEFF_{i,t} = {} & \beta_0 + \beta_1 EU_{i,t} + \beta_2 IDQ_{i,t-1} + \beta_3 EU \times IDQ + \beta_4 Growth_{i,t} \\
& + \beta_5 Size_{i,t} + \beta_6 Age_{i,t} + \beta_7 Roe_{i,t} + \beta_8 Cash_{i,t} + \beta_9 Lev_{i,t} \\
& + \beta_{10} Indep_{i,t} + \beta_{11} Top_{i,t} + \beta_{12} Mana_{i,t} + \beta_{13} Dual_{i,t} \\
& + \sum Year + \sum Industry + \varepsilon_{i,t} \qquad (6-11)
\end{aligned}
$$

三、实证结果分析

　　为了检验环境不确定性的情况下，信息披露与创新投资效率的关系，利用模型 6 - 11 进行回归分析，得到的回归结果如表 6 - 24 所示。全样本中交乘项（$EU \times IDQ$）的系数为 - 0.108，在 5% 的水平上显著，说明环境不确定性可以在信息披露和创新投资效率之间发挥调节作用，即环境不确定性程度越高，信息披露对创新投资效率的促进作用越强，假设 6.2 得到检验。交乘项（$EU \times IDQ$）与创新投资过度的系数为 - 0.228，在 10% 的水平上显著，说明环境不确定性越强，信息披露对于创新投资过度的抑制作用越强，假设 6.2a 得到检验。交乘项（$EU \times IDQ$）与创新投资不足的系数为 - 0.123，在 10% 的水平上显著，说明环境不确定性越强，信息披露对于创新投资不足的缓解作用越强，假设 6.2b 得到检验。

表 6 - 24　　　军工样本环境不确定性、信息披露与创新投资效率回归结果

变量	全样本	创新投资过度样本	创新投资不足样本
IDQ	- 0.140 ** (- 2.50)	- 0.189 * (- 1.82)	- 0.082 (- 1.57)
EU	0.120 ** (1.97)	0.241 * (1.88)	0.070 (0.92)
$EU \times IDQ$	- 0.108 ** (- 2.20)	- 0.228 * (- 1.74)	- 0.123 * (- 1.89)
$Growth$	0.075 * (1.68)	- 0.106 (- 1.40)	0.148 ** (2.38)
$Size$	0.066 (1.64)	- 0.004 (- 0.06)	0.089 * (1.68)
Lev	- 0.659 ** (- 2.19)	- 0.573 (- 1.26)	- 0.401 (- 1.18)
$Cash$	0.440 (1.12)	0.287 (1.41)	0.814 (1.31)
Age	0.012 (0.12)	- 0.200 (- 0.85)	0.056 (0.44)

变量	全样本	创新投资过度样本	创新投资不足样本
Roe	−1.321 *** (−3.05)	−1.616 ** (−2.23)	−1.802 ** (−2.00)
Indep	1.827 * (1.87)	1.360 (1.26)	1.948 (1.17)
Top	0.008 * (1.74)	0.014 * (1.80)	0.008 (1.31)
Mana	−0.514 (−0.50)	1.856 (0.78)	1.113 (1.08)
Dual	0.106 (0.930)	0.269 (1.150)	−0.047 (−0.350)
Constant	−2.748 *** (−2.90)	0.393 (0.34)	−3.501 *** (−2.61)
Year	控制	控制	控制
Industry	控制	控制	控制
N	576	249	327
R-Squared	0.145	0.296	0.171

注：***、**、*分别表示在1%、5%和10%统计水平上显著。

资料来源：CSMAR数据库、巨潮资讯与上市公司年报，经过回归分析。

四、进一步分析

根据上面研究结果，环境不确定性程度越高，信息披露越能够抑制非效率创新投资，减少创新投资过度和创新投资不足现象。本章第二节的研究发现，信息披露可以通过降低代理成本和融资约束来影响创新投资效率，为检验不同的环境不确定性下信息披露是否依然通过这两条路径抑制非效率创新投资，本节按均值将环境不确定性分组，分样本研究上述路径是否依然存在。

（一）基于代理成本的路径分析

1. 对全样本进行检验

结果如表6-25所示。环境不确定性较高的组中，第（1）列结果显

示信息披露与非效率创新投资的系数为 -0.313, 在 5% 的水平上显著; 第
(2) 列结果显示信息披露与代理成本的系数为 -0.128, 在 5% 的水平上显
著; 第 (3) 列结果显示信息披露与非效率创新投资的系数为 -0.226, 在
1% 的水平上显著; 代理成本的系数为 0.558, 在 1% 的水平上显著。环境
不确定性较低的组中, 信息披露与非创新投资效率的系数不显著, 说明环
境不确定性越高, 信息披露越能够通过降低代理成本抑制非效率创新投
资, 提高创新投资效率。

表 6-25 不同环境不确定性下全样本检验结果

变量	环境不确定性高组			环境不确定性低组		
	(1)	(2)	(3)	(4)	(5)	(6)
IDQ	-0.313**	-0.128**	-0.226***	-0.042	-0.005	-0.039
	(-2.14)	(2.37)	(-3.39)	(-0.73)	(-0.22)	(-0.73)
AC	—	—	0.558***	—	—	0.132**
			(6.72)			(2.42)
Growth	0.014	0.128**	0.012	0.020	-0.011	0.054
	(0.15)	(2.50)	(0.14)	(0.32)	(-0.49)	(1.18)
Size	0.017	-0.093	0.144*	0.262	0.175***	0.027
	(0.07)	(-1.27)	(1.74)	(1.08)	(3.71)	(0.48)
Lev	-1.368	-0.326	-0.417	-1.685	-1.451***	-0.236
	(-1.20)	(-0.86)	(-0.82)	(-1.45)	(-6.17)	(-0.66)
Cash	1.384*	0.232	0.728**	0.163	-0.086	0.123
	(1.87)	(1.19)	(2.24)	(0.30)	(-0.55)	(0.39)
Age	-0.663	0.010	0.106	-1.201	-0.081	-0.068
	(-0.94)	(0.04)	(0.49)	(-1.12)	(-0.38)	(-0.48)
Indep	0.322	0.078	0.807	1.605	0.528	2.031**
	(0.19)	(0.09)	(0.61)	(1.36)	(1.11)	(2.42)
Top	0.012	-0.005	0.015**	0.032	0.002	0.007
	(1.09)	(-1.10)	(2.41)	(1.05)	(0.62)	(1.53)
Mana	39.883	2.182	0.563	-9.123	-4.107***	-0.925
	(1.31)	(0.62)	(0.15)	(-1.56)	(-2.82)	(-0.53)
Roe	-0.168	-2.779***	0.135	-0.816	-0.908***	-0.916
	(-0.16)	(-5.35)	(0.15)	(-1.11)	(-2.72)	(-1.42)

续表

变量	环境不确定性高组			环境不确定性低组		
	（1）	（2）	（3）	（4）	（5）	（6）
Dual	0.206	−0.039	−0.023	−0.053	0.117*	0.146
	（0.39）	（−0.21）	（−0.08）	（−0.33）	（1.68）	（0.94）
Constant	0.539	1.678	−4.286**	−4.183	−4.053***	−1.583
	（0.11）	（0.96）	（−2.15）	（−1.01）	（−3.22）	（−1.27）
Year	控制	控制	控制	控制	控制	控制
Industry	控制	控制	控制	控制	控制	控制
N	288	288	288	286	286	286
R-Squared	0.143	0.234	0.286	0.115	0.315	0.138

注：***、**、*分别表示在1%、5%和10%统计水平上显著。

资料来源：CSMAR 数据库、巨潮资讯与上市公司年报，经过回归分析。

2. 对创新投资过度样本进行检验

结果如表6－26所示，环境不确定性较高的组中，第（1）列信息披露系数为−0.567，在10%水平上显著；第（2）列信息披露与代理成本的系数为−0.354，在5%的水平上显著；第（3）列结果显示信息披露的系数为−0.554，在1%的水平上显著；代理成本的系数为0.419，在1%的水平上显著。环境不确定性较低的组中，信息披露与代理成本的系数不显著，说明环境不确定性越高，信息披露越能够通过降低代理成本抑制创新投资过度。

表6－26   不同环境不确定性创新投资过度样本检验结果

变量	环境不确定性高组			环境不确定性低组		
	（1）	（2）	（3）	（4）	（5）	（6）
IDQ	−0.576*	−0.354**	−0.554***	−0.154*	0.042	−0.052
	（−1.85）	（2.38）	（−3.10）	（−1.96）	（0.77）	（−0.79）
AC	—	—	0.419***	—	—	0.059
			（3.39）			（0.87）
Growth	−0.175	0.290**	−0.154	−0.124	−0.040	−0.023
	（−1.08）	（2.45）	（−1.08）	（−1.35）	（−0.88）	（−0.42）
Size	0.199	−0.085	0.086	−0.025	0.035	−0.008
	（0.35）	（−0.75）	（0.65）	（−0.13）	（0.36）	（−0.10）

续表

变量	环境不确定性高组			环境不确定性低组		
	（1）	（2）	（3）	（4）	（5）	（6）
Lev	−1.139 （−0.79）	0.696 （0.89）	−1.110 （−1.22）	0.322 （0.28）	−1.271 ** （−2.48）	−0.307 （−0.69）
Cash	0.139 （0.21）	0.223 （0.41）	0.208 （0.33）	−0.041 （−0.07）	−0.212 （−0.76）	0.329 （0.85）
Age	−0.306 （−0.25）	0.186 （0.53）	−0.002 （−0.00）	−0.090 （−0.10）	0.397 （1.09）	−0.183 （−0.90）
Indep	0.165 （0.06）	0.635 （0.33）	2.908 （1.31）	1.455 （0.88）	1.256 （1.14）	1.524 （1.33）
Top	−0.012 （−0.57）	−0.026 *** （−2.82）	0.032 *** （2.83）	−0.009 （−0.72）	−0.016 * （−1.85）	−0.008 （−1.38）
Mana	42.030 * （1.68）	−7.918 （−0.65）	11.096 （0.78）	−0.118 （−0.04）	−0.854 （−0.36）	−0.808 （−0.44）
Roe	3.352 （1.56）	−5.985 *** （−5.35）	2.162 （1.44）	0.112 （0.12）	−0.701 （−1.15）	−0.351 （−0.48）
Dual	−1.229 * （−1.77）	0.066 （0.14）	−0.124 （−0.23）	0.348 （1.33）	0.119 （0.77）	0.503 ** （2.57）
Constant	−3.133 （−0.24）	1.126 （0.40）	−3.317 （−1.02）	0.455 （0.13）	−1.499 （−0.67）	0.502 （0.32）
Year	控制	控制	控制	控制	控制	控制
Industry	控制	控制	控制	控制	控制	控制
N	114	114	114	133	133	133
R-Squared	0.343	0.536	0.429	0.243	0.736	0.256

注：*** 、** 、* 分别表示在1%、5%和10%统计水平上显著。

资料来源：CSMAR 数据库、巨潮资讯与上市公司年报，经过回归分析。

3. 对创新不足样本进行检验

根据表6 - 27 所示，环境不确定性较高的组中，第（1）列显示信息披露与创新投资不足的系数为 −0.187，在10% 水平上显著；第（2）列显示信息披露与代理成本的系数为 −0.109，在10% 水平上显著；第（3）列显示信息披露与创新投资不足的系数不显著；代理成本的系数为 1.018，在10% 水平上显著。但环境不确定性较低时，信息披露与创新投资不足的系数不显著，说明环境不确定性越高，信息披露越能够通过降低代理成本来减少非效率创新投资现象，提高创新投资效率。

表 6 – 27　　　　　　不同环境不确定性创新投资不足样本检验结果

变量	环境不确定性高组			环境不确定性低组		
	（1）	（2）	（3）	（4）	（5）	（6）
IDQ	− 0. 187 * （ − 1. 69）	− 0. 109 * （ − 1. 80）	− 0. 076 （ − 0. 71）	− 0. 004 （ − 0. 06）	− 0. 014 （ − 0. 24）	− 0. 001 （ − 0. 02）
AC	—	—	1. 018 * （1. 74）	—	—	0. 184 （0. 98）
Growth	0. 181 （1. 37）	0. 147 *** （3. 44）	0. 031 （0. 19）	0. 168 ** （2. 43）	0. 041 （0. 78）	0. 161 ** （2. 50）
Size	0. 212 * （1. 71）	0. 042 （0. 89）	0. 169 （1. 57）	0. 049 （0. 83）	0. 065 （1. 02）	0. 037 （0. 60）
Lev	− 0. 568 （ − 1. 11）	− 1. 304 *** （ − 4. 52）	0. 760 （1. 03）	− 0. 167 （ − 0. 42）	− 1. 528 *** （ − 2. 89）	0. 114 （0. 23）
Cash	1. 705 （1. 46）	0. 421 （1. 22）	1. 277 * （1. 94）	− 0. 079 （ − 0. 16）	− 0. 444 （ − 0. 98）	0. 002 （0. 01）
Age	0. 124 （0. 55）	0. 049 （0. 42）	0. 074 （0. 37）	− 0. 114 （ − 0. 61）	− 0. 299 （ − 1. 51）	− 0. 059 （ − 0. 38）
Indep	− 0. 222 （ − 0. 11）	− 0. 007 （ − 0. 01）	− 0. 215 （ − 0. 13）	3. 567 （1. 24）	0. 788 （0. 68）	3. 422 （1. 27）
Top	− 0. 004 （ − 0. 61）	− 0. 002 （ − 0. 46）	− 0. 003 （ − 0. 44）	0. 020 （1. 54）	− 0. 017 * （ − 1. 88）	0. 023 （1. 49）
Mana	0. 829 （0. 46）	− 0. 544 （ − 0. 42）	1. 383 （0. 65）	2. 102 （0. 71）	− 12. 297 *** （ − 2. 76）	4. 364 （0. 93）
Roe	− 2. 857 * （ − 1. 93）	− 1. 414 ** （ − 2. 13）	− 1. 418 * （ − 1. 77）	− 1. 310 * （ − 1. 85）	− 1. 917 （ − 1. 45）	− 0. 957 （ − 1. 20）
Dual	0. 060 （0. 22）	0. 151 （0. 97）	− 0. 093 （ − 0. 36）	− 0. 215 （ − 0. 88）	0. 292 （1. 55）	− 0. 268 （ − 0. 93）
Constant	− 4. 919 * （ − 1. 69）	− 1. 466 （ − 1. 38）	− 3. 427 （ − 1. 32）	− 3. 343 ** （ − 2. 02）	− 0. 410 （ − 0. 34）	− 3. 268 ** （ − 2. 03）
Year	控制	控制	控制	控制	控制	控制
Industry	控制	控制	控制	控制	控制	控制
N	174	174	174	153	153	153
R-Squared	0. 220	0. 409	0. 384	0. 213	0. 424	0. 228

注： *** 、 ** 、 * 分别表示在1% 、5% 和10% 统计水平上显著。

资料来源：CSMAR 数据库、巨潮资讯与上市公司年报，经过回归分析。

（二）基于融资约束的路径分析

1. 对全样本进行检验

如表6-28所示，环境不确定性较高的样本中，第（1）列结果显示信息披露与非效率创新投资的系数为-0.324，在1%水平上显著；第（2）列结果显示信息披露与融资约束的系数为-0.108，在10%的水平上显著；第（3）列结果显示信息披露与非效率创新投资的系数为-0.298，在1%水平上显著；融资约束的系数为0.240，在1%的水平上显著。环境不确定性较低的组中，信息披露与非创新投资效率的系数不显著，说明环境不确定性越高，信息披露越能通过降低融资约束抑制非效率创新投资，提高创新投资效率。

表6-28　　　　　　　　不同环境不确定性全样本的检验结果

变量	环境不确定性高组			环境不确定性低组		
	（1）	（2）	（3）	（4）	（5）	（6）
IDQ	-0.324*** (-2.60)	-0.108* (-1.83)	-0.298*** (-2.72)	-0.021 (-0.43)	0.014 (0.26)	-0.020 (-0.42)
SA	—	—	0.240*** (-2.76)	—	—	-0.050 (-0.93)
Growth	0.167** (2.41)	0.052 (1.36)	0.180*** (2.65)	0.049 (1.40)	0.160*** (3.73)	0.057 (1.48)
Size	0.169** (1.99)	0.328*** (5.37)	0.248*** (2.65)	0.030 (0.79)	0.549*** (7.99)	0.058 (1.16)
Lev	-0.498 (-1.11)	-1.023*** (-3.25)	-0.743 (-1.58)	-0.493* (-1.78)	-1.153*** (-3.15)	-0.551* (-1.83)
Cash	0.618 (1.60)	-0.116 (-1.18)	0.590 (1.56)	0.188 (0.60)	-1.063*** (-3.18)	0.135 (0.39)
Age	-0.010 (-0.07)	-1.401*** (-9.58)	-0.346* (-1.74)	-0.156 (-1.55)	-1.245*** (-6.56)	-0.219* (-1.71)
Indep	0.010 (1.49)	0.006* (1.88)	0.011* (1.67)	0.002 (0.35)	0.007* (1.87)	0.003 (0.39)
Top	1.578 (1.19)	0.100 (0.12)	1.602 (1.23)	2.017 (1.40)	2.502*** (3.35)	2.142 (1.41)

续表

变量	环境不确定性高组			环境不确定性低组		
	(1)	(2)	(3)	(4)	(5)	(6)
Mana	2.238 (0.96)	-4.432 *** (-4.47)	1.174 (0.57)	-1.440 (-1.26)	-6.004 *** (-4.36)	-1.741 (-1.40)
Roe	-1.390 *** (-2.91)	0.022 (0.07)	-1.385 *** (-2.85)	-0.979 ** (-2.33)	-1.399 ** (-2.38)	-1.049 ** (-2.32)
Dual	-0.116 (-0.63)	-0.092 (-0.70)	-0.138 (-0.76)	0.136 (0.97)	0.137 (1.06)	0.143 (1.03)
Constant	-5.160 ** (-2.50)	-2.820 ** (-2.12)	-5.837 *** (-2.78)	-1.201 (-1.37)	-8.980 *** (-6.30)	-1.651 (-1.43)
Year	控制	控制	控制	控制	控制	控制
Industry	控制	控制	控制	控制	控制	控制
N	288	288	288	286	286	286
R-Squared	0.145	0.532	0.162	0.112	0.566	0.115

注：*** 、** 、* 分别表示在1%、5%和10%统计水平上显著。

资料来源：CSMAR 数据库、巨潮资讯与上市公司年报，经过回归分析。

2. 对创新投资不足样本进行检验

如表6－29所示，环境不确定性高组中，第（1）列结果显示信息披露与创新投资不足的系数为－0.206，在10%的水平上显著；第（2）列结果显示信息披露与融资约束的系数为－0.108，在10%的水平上显著；第（3）列结果显示信息披露与非效率创新投资的系数为－0.179，在5%的水平上显著；融资约束与创新投资不足的系数为0.115，在10%的水平上显著。环境不确定性较低的组中，信息披露与创新投资不足的系数不显著，说明环境不确定性越高，信息披露越能通过降低融资约束减少创新投资不足，提高创新投资效率。

表6－29　　　　不同环境不确定性创新投资不足样本的检验结果

变量	环境不确定性高组			环境不确定性低组		
	(1)	(2)	(3)	(4)	(5)	(6)
IDQ	-0.206 * (-1.94)	-0.108 * (-1.83)	-0.179 ** (-2.09)	-0.005 (-0.07)	0.014 (0.26)	-0.008 (-0.12)

续表

变量	环境不确定性高组			环境不确定性低组		
	（1）	（2）	（3）	（4）	（5）	（6）
SA	—	—	0.115* （-1.48）	—	—	-0.062 （-0.85）
Growth	0.212* （1.89）	0.052 （1.36）	0.169** （2.23）	0.144** （2.22）	0.160*** （3.73）	0.151** （2.16）
Size	0.220* （1.79）	0.328*** （5.37）	0.177 （1.65）	0.070 （1.32）	0.549*** （7.99）	0.101 （1.44）
Lev	-0.472 （-0.98）	-1.023*** （-3.25）	-0.412 （-0.82）	-0.336 （-0.95）	-1.153*** （-3.15）	-0.416 （-1.09）
Cash	0.907 （1.49）	-0.116 （-1.18）	0.908 （1.44）	-0.084 （-0.16）	-1.063*** （-3.18）	-0.137 （-0.24）
Age	0.123 （0.56）	-1.401*** （-9.58）	-0.064 （-0.38）	-0.106 （-0.61）	-1.245*** （-6.56）	-0.181 （-0.86）
Indep	-0.001 （-0.23）	0.006* （1.88）	-0.001 （-0.13）	0.019 （1.49）	0.007* （1.87）	0.019 （1.49）
Top	0.168 （0.09）	0.100 （0.12）	0.341 （0.24）	3.220 （1.28）	2.502*** （3.35）	3.394 （1.28）
Mana	0.749 （0.57）	-4.432*** （-4.47）	-0.433 （-0.41）	0.451 （0.25）	-6.004*** （-4.36）	0.005 （0.00）
Roe	-1.575* （-1.71）	0.022 （0.07）	-1.415* （-1.86）	-1.451** （-2.02）	-1.399** （-2.38）	-1.571** （-2.19）
Dual	0.026 （0.11）	-0.092 （-0.70）	-0.042 （-0.26）	-0.182 （-0.82）	0.137 （1.06）	-0.163 （-0.77）
Constant	-5.420* （-1.83）	-2.820** （-2.12）	-4.185* （-1.89）	-3.500** （-2.31）	-8.980*** （-6.30）	-3.988** （-2.11）
Year	控制	控制	控制	控制	控制	控制
Industry	控制	控制	控制	控制	控制	控制
N	174	288	174	153	286	153
R-Squared	0.198	0.532	0.147	0.200	0.566	0.203

注：***、**、*分别表示在1%、5%和10%统计水平上显著。

资料来源：CSMAR数据库、巨潮资讯与上市公司年报，经过回归分析。

综上所述，环境不确定性越高的情况下，信息披露可以通过降低代理成本和融资约束来抑制非效率创新投资，尤其是创新投资不足，由于存在创新投资过度的企业面临的融资约束较少，主要通过降低代理成本抑制创新投资过度。环境不确定性较低时，这一路径不显著。

五、内生性检验

根据前面的分析，本小节采用倾向得分匹配法（PSM）和工具变量法检验样本自选择与遗漏变量等内生性问题。

（一）倾向得分匹配法

样本匹配过程详见本章第二节。本小节采用匹配后的数据对假设进行检验，检验结果如表6-30所示。根据回归结果，加入交乘项后，无论是全样本还是创新投资过度与创新投资不足样本中，信息披露的系数都仍显著为负，假设6.1仍可以得到支持。交乘项（$EU \times IDQ$）与非效率创新投资的系数为-0.225，在5%的水平上显著，说明环境不确定性越强，信息披露越能够降低非效率创新投资，假设6.2得到支持。交乘项（$EU \times IDQ$）与创新投资过度的系数为-0.491，在1%的水平上显著，说明环境不确定性越强，信息披露越能够抑制创新投资过度，假设6.2a得到支持。交乘项（$EU \times IDQ$）与创新投资不足的系数为-0.117，在10%的水平上显著，说明环境不确定性越强，信息披露越能够缓解创新投资不足，假设6.2b得到支持，与原回归结果一致，说明模型稳健。

表6-30　　　　　　匹配后环境不确定性调节作用检验结果

变量	全样本	创新投资过度样本	创新投资不足样本
IDQ	-0.256 ** (-2.48)	-0.383 ** (-2.27)	-0.121 * (-1.73)
EU	0.286 *** (3.14)	0.407 *** (2.68)	0.158 *** (-3.03)
$EU \times IDQ$	-0.225 ** (-2.30)	-0.491 *** (-3.04)	-0.117 * (-1.84)

续表

变量	全样本	创新投资过度样本	创新投资不足样本
Growth	0.046 (0.98)	-0.170 (-1.43)	0.098 * (1.87)
Size	0.029 (0.60)	-0.214 (-0.92)	0.125 (1.63)
Lev	-0.817 ** (-2.17)	-1.498 (-1.12)	-0.499 (-1.03)
Cash	-0.298 (-1.03)	-0.298 (-0.41)	1.339 (0.93)
Age	-0.147 (-1.19)	-0.313 (-0.40)	0.059 (0.48)
Roe	-1.072 ** (-1.97)	-0.276 (-0.19)	-3.096 * (-1.69)
Indep	1.887 (1.38)	1.792 (0.98)	2.652 (0.88)
Top	0.015 ** (2.04)	0.016 (0.73)	0.002 (0.16)
Mana	3.942 (0.94)	-11.087 ** (-2.05)	3.339 (1.37)
Dual	0.096 (0.55)	0.305 (0.58)	0.083 (0.44)
Comstant	-1.027 (-0.90)	5.814 (1.14)	-4.207 *** (-2.60)
N	511	191	292
R-Squared	0.146	0.341	0.123

注：***、**、*分别表示在1%、5%和10%统计水平上显著。

资料来源：CSMAR数据库、巨潮资讯与上市公司年报，经过回归分析。

（二）工具变量法

本小节采用行业内其他上市公司的信息披露均值（*IDQ_IND*）和滞后两期的信息披露（*L. IDQ*）作为工具变量对假设 2 进行内生性检验，工具变量相关检验过程详见本章第二节。使用工具变量对假设 2 进行检验结果如表 6 – 31 所示。根据表 6 – 31 的回归结果，交乘项（$EU \times IDQ$）与非创新投资效率的系数为 – 0.228，在 10% 的水平上显著，表明使用工具变量控制内生性后，环境不确定性仍然可以调节信息披露与创新投资效率的关系。

表 6 – 31　　　　　　　　假设 2 工具变量回归结果

变量	非效率创新投资	t 值
IDQ	– 0.209 *	– 1.75
EU	0.241 *	1.88
EU × IDQ	– 0.228 *	– 1.74
Growth	0.079	1.38
Size	0.093	1.56
Lev	– 0.749 *	– 1.85
Cash	0.943	1.42
Age	– 0.008	– 0.06
Indep	1.426	1.35
Top	0.009	1.53
Mana	0.993	0.68
Roe	– 2.345 ***	– 3.63
Dual	0.181	1.31
Year	控制	—
Industry	控制	—
Constant	– 3.100 **	– 2.39
N	—	476
R-Squared	—	0.127

注：*** 、 ** 、 * 分别表示在 1% 、5% 和 10% 统计水平上显著。
资料来源：CSMAR 数据库、巨潮资讯与上市公司年报，经过回归分析。

六、稳健性检验

（一）替换信息披露衡量指标

如表 6 – 32 所示，环境不确定性高的情况下，第（1）列信息披露的系数为 – 0.453，在 1% 的水平上显著；第（2）列信息披露的系数为 – 0.335，在5%的水平上显著；第（3）列信息披露的系数为 -0.177，在1%的水平上显著。但在环境不确定性较低时，强制性信息披露与非效率创新投资效率、创新投资过度与创新投资不足的系数均不显著，说明环境不确定性越高，信息披露越能够抑制非效率创新投资，减少企业的创新投资过度与创新投资不足现象，提高创新投资效率，假设6.2得到支持，与原结果一致，表明模型稳健性良好。

表6-32　　　　　　　　　　环境不确定性分组回归结果

变量	环境不确定性高组			环境不确定性低组		
	（1）	（2）	（3）	（4）	（5）	（6）
IDQ	-0.453***	-0.335**	-0.177***	-0.143	-0.051	0.150
	（-4.00）	（2.67）	（-5.83）	（-1.54）	（-0.31）	（1.80）
Growth	0.275***	0.366	-0.154	0.024	-0.069	0.157**
	（2.62）	（0.94）	（-0.85）	（0.26）	（-0.79）	（2.49）
Size	0.172	-0.365	-0.329	0.134	-0.161	-0.648
	（1.56）	（-0.53）	（-1.63）	（0.96）	（-0.38）	（-1.48）
Lev	-0.422	-3.139	0.354	-0.124	5.382**	0.609
	（-0.56）	（-1.01）	（0.19）	（-0.18）	（2.27）	（0.31）
Cash	0.718***	0.502**	1.265***	0.520	-0.150	0.582
	（2.94）	（2.57）	（3.04）	（0.74）	（-0.14）	（0.68）
Age	-0.223	-0.906	-0.669	-0.475*	-0.721	-0.289
	（-0.94）	（-0.89）	（-0.96）	（-1.91）	（-0.53）	（-0.23）
Indep	0.166	1.695	-0.534	-0.010	2.312	0.010
	（0.11）	（0.34）	（-0.15）	（-0.01）	（0.81）	（0.00）
Top	-0.011	-0.017	0.003	-0.025**	-0.046	-0.047
	（-1.18）	（-0.37）	（0.16）	（-2.44）	（-0.68）	（-0.90）
Mana	-3.553	30.979	-52.522***	-4.669*	4.771	-31.723**
	（-1.18）	（0.13）	（-3.53）	（-1.65）	（0.69）	（-2.47）
Roe	-0.882	2.877	-0.604	-0.059	3.241**	-3.599*
	（-1.05）	（0.41）	（-0.46）	（-0.04）	（2.14）	（-1.83）
Dual	0.423	9.435***	-1.245***	0.404	0.385	-0.044
	（0.96）	（5.17）	（-3.05）	（1.12）	（0.87）	（-0.12）

续表

变量	环境不确定性高组			环境不确定性低组		
	（1）	（2）	（3）	（4）	（5）	（6）
Comstant	−3.320 （−1.41）	11.101 （0.57）	9.846** （2.52）	−0.823 （−0.29）	3.615 （0.50）	16.407** （2.38）
Year	控制	控制	控制	控制	控制	控制
Industry	控制	控制	控制	控制	控制	控制
N	121	41	80	121	57	64
R-Squared	0.217	0.467	0.468	0.314	0.091	0.349

注：***、**、*分别表示在1%、5%和10%统计水平上显著。

资料来源：CSMAR 数据库、巨潮资讯与上市公司年报，经过回归分析。

（二）扩大样本量

为了研究不同的环境不确定性情况下信息披露与创新投资效率的关系，按环境不确定性的均值将其分为高环境不确定性组和低环境不确定性组对全体上市公司进行回归，结果如表6-33所示。

表6-33 按环境不确定性分组全部上市公司回归结果

变量	环境不确定性高组			环境不确定性低组		
	（1）	（2）	（3）	（4）	（5）	（6）
IDQ	−0.061** （−2.50）	−0.079** （−2.10）	−0.071* （−1.78）	−0.021 （−1.14）	−0.033 （−0.82）	0.014 （0.79）
Growth	−0.002 （−0.08）	−0.010 （−0.17）	0.007 （0.19）	−0.036* （−1.82）	−0.115*** （−3.19）	0.009 （0.20）
Size	0.038 （0.60）	0.171 （1.20）	0.084 （0.81）	0.072 （0.94）	−0.087 （−0.94）	−0.045 （−0.43）
Lev	−0.233 （−0.89）	−0.559 （−1.12）	−0.130 （−0.32）	0.456 （1.06）	−0.126 （−0.45）	0.718** （2.10）
Cash	0.137* （1.68）	−0.007 （−0.03）	0.298** （1.98）	0.180 （0.59）	0.000 （0.00）	−0.011 （−0.05）
Age	−0.409 （−1.61）	−0.665 （−1.53）	−0.550 （−1.39）	−0.127 （−0.81）	−0.427* （−1.68）	−0.144 （−0.72）

续表

变量	环境不确定性高组			环境不确定性低组		
	（1）	（2）	（3）	（4）	（5）	（6）
Indep	0.575 （1.14）	−0.305 （−0.27）	1.574** （2.20）	0.221 （0.60）	0.392 （0.59）	0.303 （0.55）
Top	−0.002 （−0.71）	0.006 （0.84）	−0.004 （−0.77）	−0.002 （−0.64）	−0.003 （−0.61）	−0.001 （−0.36）
Mann	0.432 （1.46）	0.379 （0.82）	1.049 （1.41）	−1.545** （−2.53）	−1.670*** （−3.03）	−0.691* （−1.72）
Roe	−0.259** （−2.22）	−0.556** （−1.97）	0.270 （1.33）	0.166 （1.27）	−0.060 （−0.20）	−0.203** （−2.13）
Dual	0.030 （0.45）	0.032 （0.34）	0.002 （0.02）	−0.060 （−1.57）	0.033 （0.72）	−0.093 （−1.08）
Constant	−0.133 （−0.09）	−2.449 （−0.72）	−1.406 （−0.64）	−1.443 （−0.84）	2.995 （1.36）	0.845 （0.37）
N	4296	1691	2605	4492	1770	2722
R-Squared	0.020	0.038	0.038	0.036	0.070	0.056

注：***、**、*分别表示在1%、5%和10%统计水平上显著。
资料来源：CSMAR数据库、巨潮资讯与上市公司年报，经过回归。

　　根据表6-33，环境不确定性较高的情况下，第（1）列信息披露的系数为−0.061，在5%的水平上显著，说明环境不确定性越高，信息披露越能够抑制非效率创新投资，提高创新投资效率，假设6.2得到支持。第（2）列信息披露的系数为−0.079，在5%的水平上显著，说明环境不确定性越高，信息披露越能抑制创新投资过度，假设6.2a得到支持。第（3）列信息披露的系数为−0.071，在10%的水平上显著，说明环境不确定性越高，信息披露越能够缓解创新投资不足，假设6.2b得到支持。环境不确定性较低时，无论是全样本还是创新投资过度与创新投资不足样本中，信息披露的系数不显著，说明环境不确定性较低时，信息披露对非效率创新投资无显著影响。

　　因此，扩大样本范围重新回归后得到的结果与原回归结果一致，表明本章模型具有较好的稳健性，结论不仅适用于军工上市公司，也适用于全部上市公司。

第四节 本章小结

本章采用 2008～2019 年军工集团下属 A 股军工上市公司为研究对象，研究了不同环境不确定性下信息披露与创新投资效率的关系，利用线性回归模型对收集到的数据进行分析，得到如下所示的结论。

（1）我国军工上市公司非效率创新投资现象普遍存在，不同企业间差距较大。根据描述性统计得到的结果，我国军工上市公司非效率创新投资现象普遍存在，创新投资不足比投资过度的现象更为严重，创新投资不足占比达到 57%。近年来，随着信息披露制度的不断发展，军工行业也在不断完善自身信息披露，但是不同企业之间信息披露质量的差异仍较大。

（2）信息披露质量与军工上市公司创新投资效率正相关。通过实证结果发现，信息披露越高，越能够抑制企业非效率创新投资现象。信息披露可以加强对管理层的监管，减少管理层机会主义行为，避免管理层为追求自身利益而盲目投资，损害股东利益，从而抑制创新投资过度，促进企业可持续发展。信息披露可以降低信息的不对称程度，让投资者了解企业实际状况，提高其投资意愿，帮助企业获得更多外部融资，缓解融资约束困境，使企业有更多资金可用于开展创新活动，提高企业竞争力，减少非效率创新投资，抑制创新投资过度，缓解创新投资不足。

（3）环境不确定性程度越高，信息披露对创新投资效率的促进作用越显著。环境不确定性是企业投资决策必须考虑的因素，为规避环境不确定性给投资者带来的风险，对企业信息披露质量提出了更高的要求。环境不确定程度越高，信息披露对创新投资效率的促进作用越强，意味着环境不确定性越高的情况下，高质量的信息披露降低信息不对称程度和委托—代理问题的作用越显著，从而提高创新投资效率。

（4）信息披露通过降低代理成本和融资约束提高创新投资效率，环境不确定程度较高时，这一路径依然成立。信息披露可以及时披露企业事项，投资者也可以通过企业披露的信息监督管理层，降低代理成本，从而提高创新投资效率。企业面临的融资约束程度高时，由于资金的限制不得不谨慎做出创新投资决策，导致创新投资不足。而高质量的信息披露可以让投资者更好地了解项目的真实情况、企业的经营状况和未来发展潜力，使企业获得更多外部融资，加强投资者对企业的外部监管，从而减轻融资约束，降低代理成本，提高创新投资效率。环境不确定性增加时，信息披露依然可以通过降低代理成本和融资约束提高创新投资效率，环境不确定性较低时，这一路径不显著。

第七章

政府研发资助、上市公司信息披露质量与创新投资效率

　　创新是决定企业发展方向、发展规模、发展速度的关键要素，是企业竞争优势的来源，是企业和国家发展的第一驱动力。为了缓解由于技术溢出、融资约束等造成的企业创新投资意愿降低，政府通常采取财政补贴等方式激励企业创新活动。军工上市公司创新研发活动关系国防科技未来，是政府补贴的重点对象。政府研发资助能否有效促进军工上市公司创新投资效率？已有研究表明，信息披露质量会对投资效率产生影响。然而军工企业由于其所有权性质、企业结构、经营业务等特殊性，在信息披露方面更为敏感谨慎，由此造成的信息不对称情况更加严重。政府研发资助与军工上市公司的创新投资效率间的关系如何？信息披露质量是否影响政府研发资助与创新投资效率间的关系？解决以上问题是本章研究的关键和目的。

　　本章基于技术创新溢出理论、信号传递理论与声誉理论，分析政府研发资助与创新投资效率间的关系及信息披露质量对政府研发补助与创新投资效率间关系的调节作用，可为政府研发资助申请和监管政策制定、军工上市公司信息披露治理和创新投资效率提升提供理论依据与数据支持。

第一节 政府研发资助与创新投资效率

一、研究假设

技术创新溢出可能会导致企业的内部利益受损，打击企业创新研发积极性，使得企业创新投资不足。企业创新投资活动需要大量资金投入，但其高风险、技术信息保密性等特点加剧了企业与外部投资者的信息不对称，导致企业创新投资活动受到较大的融资约束，造成创新投资不足。政府研发资助可能对企业创新投资活动产生"正向效应"，一方面政府研发资助作为直接的资金补助，能够直接缓解企业创新投资资金压力，减少创新投资不足的情况；另一方面政府在提供政府研发资助之后可通过一定的手段对企业创新投资行为进行监管，抑制企业过度创新投资。

已有文献中，陆国庆等（2014）在对我国政府对战略性新兴产业的创新补贴的绩效研究中发现政府补贴对新兴产业创新绩效的促进作用是显著的。林菁璐（2018）在对深市 46 家中小企业的研究中发现政府补贴与中小企业的研发投入显著正相关，并且对企业增加研发投入方面起到了积极作用。李爱玲（2015）对创新科技企业的研究发现政府研发资助可有效抑制过度研发投资并改善自主研发投资不足。

综合以上两方面论述，本章提出以下假设：

H7.1a：政府研发资助与非效率创新投资负相关，可提高创新投资效率。

另一个可能的情况是，政府研发资助可能对企业创新投资活动具有"反向效应"。政府研发资助的发放具有选择性，倾向于补贴风险小、成功率高的项目，以及缺乏有效的政府研发资助申报审核机制和后续监管机制，导致企业存在"骗补贴"现象和滥用政府研发资助，造成过度创新投资的情况。魏志华等（2015）研究发现政府与企业之间的信息不对称使得政府研发资助产生"逆向"引导作用，刺激过度投资，降低投资效率。此外，高晓慧等（2012）发现政府研发资助通过传递对企业研发融资约束的缓解作用仅在市场化程度较低的地区和非国有企业中显著，因此针对军工上市公司，政府研发资助可能无法抑制企业创新投资不足。综合以上讨论，提出备择假设：

H7.1b：政府研发资助与非效率创新投资正相关，会降低创新投资效率。

二、研究设计

（一）变量衡量

1. 政府研发资助

政府研发资助的一般方式包括税收返还、财政补贴、财政综合与其他补贴收入等形式。通过查阅企业年报可发现，不同企业在年报中对获得的政府补贴披露的方式不一，具体可分为按所获得的政府研发资助项目名称披露、按具体创新研发项目披露与按发放补助部门披露方式。本章运用"关键词检索"的方法搜索政府补助明细中与企业技术创新无关的项目，如"稳岗补贴""土地税费退还""出口补贴"等项目，将这些与技术创新无关的项目剔除，进而确定剩余属于政府研发资助范畴的项目，将这些剩余的项目加总，得到企业每一年度的政府研发资助总额。本章政府研发资助数据来源于样本企业年报中在其他收益和营业外收入项目中披露的政府补贴明细，将政府研发资助总额与企业年末资产总额的比值作为衡量企业获得的政府研发资助水平的数值。

2. 创新投资效率

基于理查森（Richardson，2006）提出的预期投资模型残差度量方法，借鉴陈良华等（2019）的做法，本章将原模型中企业当期整体的投资支出水平替换成企业当期的研发支出水平，估计出本章所需的创新投资效率。

$$RD_{it} = \beta_0 + \beta_1 TQ_{i,t-1} + \beta_2 Lev_{i,t-1} + \beta_3 Cash_{i,t-1} + \beta_4 Size_{i,t-1} + \beta_5 Age_{i,t-1}$$
$$+ \beta_6 R_{i,t-1} + \beta_7 Roa_{i,t-1} + \beta_8 RD_{(i,t-1)} + \sum Year + \varepsilon_{i,t} \qquad (7-1)$$

模型（7-1）中具体变量定义如下：*RD* 表示公司的创新投资水平，定义为公司当期研发投入除以年末总资产；*TQ* 表示公司的投资机会，用托宾 *Q* 值表示；*Lev* 表示公司资产负债水平；*Cash* 表示公司的现金持有水平；*Size* 表示公司资产规模水平；*Age* 表示公司的上市年限；*R* 表示公司的年度超额回报率；*Roa* 表示公司盈利能力。

模型（7-1）中 *RD* 为样本上市公司在年报和附录中披露的公司研发支出。上市公司研发支出的合计数在年报中董事会报告的主营业务分析部分披露，但 2011 年以前，上市公司并未对企业研发支出进行专门披露，而是在财务报表附注中"管理费用明细"和"无形资产"明细中进行披露。因此本章研发支出数据在 2008～2011 年选取样本公司在"管理费用明细"和"无形资产"中披露与研发支出相关明细，并计算出合计数作为样本当期研发支出；在 2012～2018 年选取样本公司在年报的董事会报告中主营业务分析部分披露的研发支出总额作为当期研发支出。

对模型（7-1）进行分年度回归，通过模型（7-1）回归估计得到企业创新投资的预期水平，再用企业实际投入值减去预期值的残差表示企业创新投资效率，将其取绝对值并命名为 *Inv_eff*，残差绝对值越大，企业非效率创新投资情况越严重，创新投资效率越低，残差大于 0 表示企业存在创新过度投资，记作 *Over_eff*；残差小于 0 表示企业存在创新投资不足，记作 *Under_eff*。

3. 控制变量

本章借鉴科马贾（Comaggia，2015）、杨洋等（2015）、江轩宇（2017）、林菁璐（2018）、朱永明和李玲玲（2018）、修国义等（2019）的研究，选取以下控制变量。

（1）企业规模（*Size*）。科马贾（Comaggia，2015）发现企业规模会对企业创新投入产生重大影响，故本章选取了企业规模作为控制变量之一。

（2）上市年限（*Age*）。参考江轩宇（2017）研究发现企业上市年限会对企业创新产生一定影响，本章将企业上市年限取自然对数作为控制变量。

（3）盈利能力（*Roa*）。企业创新投资活动回收周期较长，且创新投资需要不断投资资金，这要求企业有良好的盈利能力，因此本章参考林菁璐（2018）的研究选取企业净资产收益率作为控制变量。

（4）财务杠杆（*Lev*）。资产负债率代表上市公司的财务杠杆，用以衡量公司的债务水平，本章参考林菁璐（2018）的研究选取资产负债率作为控制变量。

（5）现金持有量（*Cash*）。企业创新投资活动依赖企业自身资金投入，企业现金持有量对企业创新投入具有一定影响，参考朱永明和李玲玲（2018）的研究，本章选取企业现金持有量作为控制变量。

（6）第一大股东持股比例（*Topone*）。大股东对企业的控制程度会影响企业管理层在创新投资活动上的决策，因此参考朱永明和李玲玲（2018）的研究，选取第一大股东持股比例作为控制变量。

（7）员工人数（*Lnemployment*）。拥有较多人力资本的企业越是倾向进行创新活动，因此参考杨洋等（2015）的研究，选取员工人数的对数作为企业人力资本的代理指标，作为控制变量。

（8）收入增长情况（*Income*）。企业收入增长情况一定程度上代表企业成长性，会影响企业创新投入程度，因此参考修国义等（2019）的研究，选取企业收入增长情况作为控制变量。

模型中涉及变量的具体衡量标准见表7-1。

表7-1　　　　　　　　　　　　模型变量说明

变量类型	变量名称	变量符号	变量描述
因变量	创新投资效率	*Inv_eff*	模型7-1的残差绝对值，绝对值越大，投资效率越低
	创新过度投资	*Over_eff*	模型7-1残差值大于0的样本
	创新投资不足	*Under_eff*	模型7-1残差值小于0的样本
解释变量	政府研发资助	*Gov_s*	企业收到的政府研发资助总值与企业年末总资产比值
	信息披露质量	*IDQ*	企业信息披露质量评价体系得分除以信息披露质量评价体系满分
	交乘项	*GS×IDQ*	政府研发资助与信息披露质量的交乘项

续表

变量类型	变量名称	变量符号	变量描述
控制变量	企业规模	*Size*	公司年末总资产取自然对数值
	上市年限	*Age*	当前年度减去公司上市年度再加 1 的自然对数
	盈利能力	*Roa*	年末净利润除以年末总资产
	财务杠杆	*Lev*	年末总负债除以年末总资产
	现金持有量	*Cash*	年末货币资金与短期投资之和除以年末总资产
	第一大股东持股比例	*Topone*	第一大股东持股比例
	员工人数	*Lnemployment*	员工人数取自然对数
	收入增长情况	*Income*	企业当年营业收入增长率

（二）模型构建与样本选取

本章构建模型（7-2）用于检验政府研发资助对企业创新投资效率的影响。具体如下：

$$Inv\_eff_{i,t} = \beta_0 + \beta_1 Gov\_s_{i,t} + \beta_2 Lev_{i,t} + \beta_3 Controls + \varepsilon_{i,t} \qquad (7-2)$$

本章以 2008~2018 年军工集团下属的 84 家 A 股上市公司作为研究对象，由于部分样本公司上市年份较晚，如中国航天科工集团公司旗下的锐科激光，数据缺失较多，对其进行剔除，并对数据进行 1% 的 Winsorize 处理，最后获得 644 个样本，数据来源于 CSMAR 数据库，数据库中缺失部分通过查阅样本公司的年报搜集整理而成。本章的数据处理采用 Stata 和 Excel 完成。

三、实证结果分析

（一）描述性统计

对本章的变量进行描述性统计，结果如表 7-2 所示。企业创新投资效率的均值为 0.007，标准差为 0.008，最小值与最大值之间差异较大，说明军工上市公司的创新投资效率存在一定差异。从均值上看，样本中创新投资过度分组的非效率创新投资情况相比创新投资不足分组较为严重。政府研发资助的均值为 0.006，标准差为 0.007，最小值与最大值差异较大，说明不同军工上市公司受到的政府研发资助力度不同。

表 7 - 2 模型变量描述性统计

变量	均值	标准差	最小值	最大值
Inv_eff	0.007	0.008	0.000 *	0.047
$Over\_eff$	0.008	0.014	0.000	0.185
$Under\_eff$	0.007	0.008	0.000	0.074
Gov_s	0.006	0.007	0.000	0.040
IDQ	0.698	0.083	0.431	0.908
$Size$	22.370	1.236	20.110	25.950
Age	2.542	0.569	0.000	3.258
Roa	0.029	0.045	-0.133	0.181
Lev	0.478	0.183	0.086	0.922
$Cash$	0.276	0.222	0.030	1.510
$Topone$	0.375	0.119	0.122	0.674
$Lnemployment$	8.182	1.146	5.416	10.630
$Income$	0.200	0.515	-0.393	3.261

注：*创新投资效率（Inv_eff）最小值由于数值过小，故以 0 展示，实际计算数值为 7.35E - 05；$Over\_eff$ 实际计算为 2.98e - 05；$Under\_eff$ 为 4.59e - 05。

资料来源：CSMAR 数据库、上市公司年报，经过整理。

（二）回归结果分析

为了验证本节假设，将模型（7 - 1）的残差绝对值用于衡量全样本的非效率创新投资，记作 Inv_eff；将模型（7 - 1）残差大于 0 的部分样本的残差绝对值用于衡量创新过度投资，记作 $Over\_eff$；将模型（7 - 1）残差小于 0 的部分样本的残差绝对值用于衡量创新投资不足，记作 $Under\_eff$。分别对全样本、创新投资过度、创新投资不足样本进行模型（7 - 1）的回归分析，回归结果如表 7 - 3 所示。

表 7 - 3 7.1a 回归结果

变量	Inv_eff	Over_eff	Under_eff
Gov_s	0. 153 ** (− 2. 11)	0. 622 * (− 1. 8)	0. 045 (− 0. 07)
Size	− 0. 002 *** (− 4. 02)	− 0. 003 *** (− 2. 84)	− 0. 001 ** (− 2. 48)
Age	− 0. 001 ** (− 2. 20)	− 0. 002 (− 1. 37)	− 0. 002 * (− 1. 66)
Lev	− 0. 001 (− 0. 30)	− 0. 002 (− 0. 54)	0. 001 − 0. 29
Cash	0. 008 *** (− 3. 24)	0. 001 (− 0. 3)	0. 013 *** (− 3. 85)
Topone	− 0. 001 (− 0. 31)	0. 006 (− 0. 8)	− 0. 004 (− 0. 68)
Roa	− 0. 018 ** (− 2. 55)	− 0. 015 (− 1. 20)	− 0. 030 *** (− 2. 83)
Lnemployment	0. 001 *** (− 3. 36)	0. 003 *** (− 3. 05)	0. 001 (− 1. 55)
Income	0 (− 0. 44)	0. 001 (− 1. 49)	0 (− 0. 42)
Constant	0. 038 *** (− 5. 43)	0. 057 *** (− 3. 65)	0. 035 *** (− 3. 77)
N	644	299	345
Adj R-Squared	0. 0905	0. 133	0. 12

注：*** 、** 、* 分别表示在1% 、5% 和10% 统计水平上显著。
资料来源：CSMAR 数据库、上市公司年报，经过回归分析。

在全样本回归中，政府研发资助与非效率创新投资系数为 0. 153，在 5% 的水平上显著，表明政府研发资助并不能抑制企业非效率创新投资，不能验证假设 7. 1a。在创新投资过度与创新投资不足样本的回归中，政府研发资助与非效率创新投资的回归系数符号均为正，与全样本回归结果一致，但只有创新投资过度样本的回归结果显著，说明对于存在创新过度投资的军工上市公司而言，政府研发资助会刺激创新过度投资，降低创新投资效率；对于存在创新投资不足的军工上市公司而言，政府研发资助对其创新投资不足无显著影响。综上所示，假设7.1b得到验证，政府研发资助与非效率创新投资正相关，对企业创新投资效率存在"反向效应"。

（三）稳健性检验

为了对本节回归结果的稳健性进行检验，本节使用滞后一期的政府研发资助（L. Gov_s）进行稳健性检验。检验结果如表7－4所示。在全样本的回归中，滞后一期的政府研发资助与非效率创新投资相关系数为0.148，且在10%的水平上显著，说明政府研发资助与非效率创新投资正相关，会降低创新投资效率。创新过度投资分组的政府研发资助与非效率创新投资的相关系数也为正，在10%的水平上显著，说明对于军工上市公司而言，政府研发资助会造成企业过度创新投资，降低创新投资效率。创新投资不足分组回归结果不显著，说明对于存在创新投资不足的军工上市公司而言，政府研发资助对创新投资不足无显著影响，假设7.1b得到支持。

表7－4   7.1a 回归结果——自变量滞后一年的方法

变量	Inv_eff	Over_eff	Under_eff
L. Gov_s	0. 148 * （ － 1. 7 ）	0. 621 * （ － 1. 43 ）	0. 259 （ － 1. 38 ）
Size	－ 0. 002 *** （ － 3. 88 ）	－ 0. 004 *** （ － 3. 27 ）	－ 0. 001 * （ － 1. 93 ）
Age	－ 0. 002 ** （ － 2. 31 ）	－ 0. 002 （ － 1. 42 ）	－ 0. 002 （ － 1. 59 ）
Lev	0 （ － 0. 11 ）	－ 0. 003 （ － 0. 74 ）	0. 001 （ － 0. 16 ）
Cash	0. 007 *** （ － 2. 82 ）	－ 0. 002 （ － 0. 58 ）	0. 012 *** （ － 3. 43 ）
Topone	－ 0. 001 （ － 0. 23 ）	0. 009 （ － 0. 99 ）	－ 0. 005 （ － 0. 81 ）
Roa	－ 0. 019 *** （ － 2. 59 ）	－ 0. 017 （ － 1. 35 ）	－ 0. 026 ** （ － 2. 43 ）
Lnemployment	0. 001 *** （ － 3. 36 ）	0. 003 *** （ － 3. 37 ）	0. 001 * （ － 1. 73 ）

续表

变量	Inv_eff	Over_eff	Under_eff
Income	0 （−0.61）	0.001 （−0.75）	0 （−0.28）
Constant	0.039*** （−5.23）	0.066*** （−3.99）	0.025*** （−2.76）
N	547	248	299
Adj R-Squared	0.0917	0.119	0.208

注：***、**、*分别表示在1%、5%和10%统计水平上显著。
资料来源：CSMAR数据库、上市公司年报，经过回归分析。

第二节　信息披露质量对政府研发补助与创新投资效率关系的调节作用

一、研究假设

（一）信息披露质量与创新投资效率

根据信号传递理论，高质量的信息披露可以通过减轻代理问题和信息不对称问题从而提高企业创新投资效率。在委托—代理关系中，由于代理问题的存在，企业管理者有可能为了追求自身利益的最大化（如出于业绩考虑减少研发投入），选择能够最大化自身利益的项目而非股东利益最大化的项目，造成企业非效率投资。拥有高质量信息披露的企业，通过财务与非财务信息的披露，能够减弱企业管理层与外部投资者之间的信息不对称情况，也使得外部投资者可以更好地监督公司管理层在创新研发方面的决策活动，一方面降低了外部投资者的风险溢价成本；另一方面也抑制了管理层的非效率投资，促进了资本市场资源配置的效率，也提高了企业投资效率。

已有研究中，张悦玫等（2017）、袁振超（2018）分别通过研究发现会计稳健性、会计信息可比性能够抑制企业非效率投资，提高企业投资效率。朱永明和李玲玲（2018）对融资约束在信息披露质量与投资效率之间的关系的调节效用进行了检验，发现与融资约束程度较高的企业对比，低融资约束企业中高信息披露质量对投资效率的提高作用更加显著。

综上所述，本章提出以下假设：

H7.2：信息披露质量能够抑制企业非效率创新投资，提高企业创新投资效率。

（二）政府研发资助、信息披露质量与创新投资效率

企业获得政府研发资助可向外部投资者释放政府信用的技术认证和监管认证的双重信号，使外部投资者给予企业更高的信用认可，促使外部资金不断投入企业创新研发活动，企业因此也获得稳定的多元化创新研发投入资金支持，创新投资效率也因此得到提升。但是外部投资者主要通过企业披露的财务与非财务信息了解企业获得政府研发资助和创新研发活动的情况。政府研发资助释放的积极信号需要通过信息披露才能传递给外部投资者。高质量的信息披露下，政府研发资助资金的使用情况和研发项目的进展情况可以被政府部门及外部投资者更好地了解掌握。一方面有助于提升政府对补助项目的动态监督效果，确保政府研发资助资金被有效投入创新研发活动，有助于发挥政府研发资助对企业投资效率的直接影响；另一方面有助于积极信号的传递，更好地发挥政府研发资助对企业投资效率的间接影响，机理如图 7 - 1 所示。

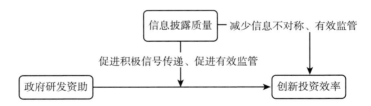

图 7 - 1 信息披露质量的调节作用机理

已有研究中，郭玥（2018）检验了政府创新补助的信号传递机制，企业获得创新补贴会向外界释放积极信号，从而争取到更多的社会资源聚集。

综上所述，本章提出以下假设：

H7.3：信息披露质量在政府研发资助对非效率创新投资之间起负向调节作用。

二、研究设计

（一）变量衡量

本章采用第三章所构建的指标体系对军工上市公司信息披露质量进行评价，具体评价指标体系可参见第三章；其他变量的衡量方式与本章第一节一致，此处不再赘述。

（二）模型构建与样本选取

为了检验信息披露质量对企业创新投资效率的影响，构建模型（7-3）。

$$Inv\_eff_{i,t} = \beta_0 + \beta_1 Gov\_s_{i,t} + \beta_2 DQ_{i,t} + \beta_3 Controls + \varepsilon_{i,t} \qquad (7-3)$$

为了检验信息披露质量在政府研发资助与创新投资效率之间关系中是否存在调节作用，本章参考朱永明和李玲玲（2018）以及张炳华（2020）的研究，在模型（7-3）的基础上将信息披露质量作为调节变量，构建政府研发资助与信息披露质量的交乘项，变量符号为 $GS \times IDQ$，其中 GS 和 IDQ 均为中心化处理后的数据，构建模型（7-4）。

$$Inv\_eff_{i,t} = \beta_0 + \beta_1 Gov\_s_{i,t} + \beta_2 IDQ_{i,t} + \beta_3 GS \times IDQ + \beta_4 Controls + \varepsilon_{i,t}$$

$$(7-4)$$

本节所研究的样本与本章第一节一致，具体内容可见本章第一节。

三、实证结果分析

（一）回归结果分析

假设7.2检验了信息披露质量对非效率创新投资的影响，模型（7-3）

回归结果如表 7 – 5 所示。从全样本的回归结果可以看出，非效率创新投资与信息披露质量的回归系数为 – 0.008，在 5% 的水平上显著，说明信息披露质量能够抑制企业非效率创新投资，提高企业创新投资效率。在创新投资过度与创新投资不足样本的回归中，信息披露质量与非效率创新投资的回归系数符号均为负，与全样本回归结果一致，但只有创新投资过度样本的回归结果显著，说明对于存在创新过度投资的军工上市公司而言，信息披露质量会抑制创新过度投资，提高创新投资效率；对于存在创新投资不足的军工上市公司而言，信息披露质量对其创新投资不足无显著影响。综上所述，假设 7.2 得到验证，信息披露质量能够抑制企业非效率创新投资，提高企业创新投资效率。

表 7 – 5　　　　　　　　　　假设 7.2 的回归结果

变量	Inv_eff	Over_eff	Under_eff
Gov_s	0.152 ** (2.12)	0.615 * (1.80)	0.044 (0.05)
IDQ	– 0.008 ** (– 2.11)	– 0.018 * (– 1.94)	– 0.005 (– 0.98)
Size	– 0.002 *** (– 3.64)	– 0.003 *** (– 2.76)	– 0.001 ** (– 2.32)
Age	– 0.001 * (– 1.95)	– 0.001 (– 0.95)	– 0.001 (– 1.56)
Lev	– 0.002 (– 0.65)	– 0.005 (– 1.14)	0.001 (– 0.17)
Cash	0.008 *** (3.25)	0.002 (0.54)	0.013 *** (3.79)
Topone	0.000 (0.00)	0.008 (0.96)	– 0.003 (– 0.52)
Roa	– 0.018 ** (– 2.43)	– 0.015 (– 1.19)	– 0.029 *** (– 2.68)
Lnemployment	0.001 *** (3.38)	0.003 *** (3.06)	0.001 (1.55)

续表

变量	Inv_eff	Over_eff	Under_eff
Income	0.000 (0.28)	0.001 (1.15)	0.000 (0.46)
Constant	0.039 *** (5.59)	0.062 *** (3.69)	0.035 *** (3.79)
N	643	299	344
Adj R-Squared	0.095	0.139	0.12

注：*** 、** 、* 分别表示在1%、5%和10%统计水平上显著。
资料来源：CSMAR 数据库、上市公司年报，经过回归分析。

假设7.3 检验的是信息披露质量在政府研发资助与企业创新投资效率关系之间的调节作用，模型（7-4）的回归结果如表7-6所示。

表7-6　　　　　　　　假设7.3 的回归结果

变量	Inv_eff	Over_eff	Under_eff
Gov_s	0.152 ** (2.28)	0.598 ** (2.01)	0.031 (0.05)
IDQ	−0.010 ** (−2.41)	−0.022 * (−1.95)	−0.006 (−1.17)
GS × IDQ	−1.850 * (−1.88)	−7.154 (−1.50)	−1.08 (−1.07)
Size	−0.002 *** (−3.58)	−0.002 ** (−2.58)	−0.001 ** (−2.36)
Age	−0.001 * (−1.72)	−0.001 (−0.40)	−0.001 (−1.48)
Lev	−0.002 (−0.79)	−0.005 (−1.00)	0.000 (0.09)
Cash	0.008 *** (3.22)	0.002 (0.66)	0.013 *** (3.79)
Topone	0.000 (−0.09)	0.007 (0.89)	−0.003 (−0.54)
Roa	−0.016 ** (−2.20)	−0.005 (−0.31)	−0.029 *** (−2.69)

变量	Inv_eff	Over_eff	Under_eff
Lnemployment	0.001 *** (3.40)	0.002 *** (2.81)	0.001 (1.57)
Income	0.000 (0.49)	0.001 (0.64)	0.000 (−0.23)
Constant	0.039 *** (5.57)	0.051 *** (3.68)	0.036 *** (3.91)
N	643	299	344
Adj R-Squared	0.105	0.205	0.120

注：***、**、*分别表示在1%、5%和10%统计水平上显著。

资料来源：CSMAR数据库、上市公司年报，经过回归分析。

根据表7-6的结果，在对全样本的回归中，考虑信息披露质量对政府研发资助与企业创新投资效率之间关系的影响时，交乘项系数为−1.850，且在10%的水平上显著，表明信息披露质量在非效率创新投资与政府研发资助之间的关系起到了负向调节作用，信息披露质量越高，政府研发资助与创新投资非效率间的正相关关系受到抑制，创新投资效率越高。在创新投资过度与创新投资不足样本的回归中，交乘项与非效率创新投资的相关系数符号均为负，与全样本回归结果一致。综上所述，信息披露质量可以负向调节政府研发资助对非效率创新投资的影响作用，假设7.3得到验证。

（二）稳健性检验

本节选取滞后一期的政府研发资助和信息披露质量对假设7.2与假设7.3进行稳健性检验。

假设7.2的稳健性检验结果如表7-7所示，对于全样本、创新过度投资样本、创新投资不足样本而言，信息披露质量与非效率创新投资的相关系数依旧为负，且分别在1%、10%、10%的水平上显著，说明信息披露质量能够抑制企业非效率创新投资，提高创新投资效率，假设7.2得到验证。

表7-7　　　假设7.2的回归结果——自变量滞后一年的方法

变量	Inv_eff	Over_eff	Under_eff
L. Gov_s	0.147 * (1.71)	0.62 (1.43)	0.121 (0.65)
L. IDQ	-0.013 *** (-2.74)	-0.018 * (-1.97)	-0.010 * (-1.76)
Size	-0.002 *** (-3.31)	-0.003 *** (-3.10)	-0.001 (-1.62)
Age	-0.001 ** (-2.03)	-0.002 (-1.15)	-0.001 (-1.45)
Lev	-0.002 (-0.73)	-0.006 (-1.29)	-0.001 (-0.31)
Cash	0.008 *** (2.85)	-0.001 (-0.25)	0.013 *** (3.47)
Topone	0.000 (0.12)	0.010 (1.09)	-0.002 (-0.39)
Roa	-0.018 ** (-2.53)	-0.019 (-1.49)	-0.025 ** (-2.29)
Lnemployment	0.001 *** (3.34)	0.003 *** (3.32)	0.001 (1.54)
Income	0.000 (0.35)	0.000 (0.17)	0.000 (0.30)
Constant	0.041 *** (5.55)	0.070 *** (4.17)	0.029 *** (3.38)
N	547	248	299
Adj R-Squared	0.105	0.124	0.15

注：*** 、 ** 、 * 分别表示在1%、5%和10%统计水平上显著。

资料来源：CSMAR 数据库、上市公司年报，经过回归分析。

对假设7.3的稳健性检验结果如表7-8所示。对于全样本、创新过度投资样本、创新投资不足样本而言，交乘项 $GS \times IDQ$ 与非效率创新投资的相关系数为负，与假设7.3一致，其中全样本和创新过度投资样本的回归结果显著，说明信息披露质量在非效率创新投资与政府研发资助之间的关系起到了负向调节作用，信息披露质量越高，非效率创新投资与政府研发资助之间的相关系数就越小，非效率创新投资受到抑制，创新投资效率越高，假设7.3得到验证。

表7-8 假设7.3的回归结果——自变量滞后一年的方法

变量	(1)	(2)	(3)
	Inv_eff	*Over_eff*	*Under_eff*
L. Gov_s	0.004 **	0.004 *	0.000
	(2.57)	(1.96)	(0.21)
LIDQ	0.071 **	0.070	0.009
	(2.11)	(1.30)	(0.41)
GS × IDQ	-0.025 **	-0.022	-0.002
	(-2.33)	(-1.37)	(-0.33)
Size	0.002 *	0.000	0.000
	(1.74)	(0.64)	(0.07)
Age	-0.004 *	-0.004 **	-0.001
	(-1.95)	(-2.25)	(-0.50)
Lev	-0.009 **	-0.005	-0.003
	(-2.25)	(-1.37)	(-1.13)
Cash	0.015	-0.012	0.004
	(1.51)	(-1.50)	(0.67)
Topone	0.015 ***	0.005	0.007 **
	(3.10)	(1.30)	(2.19)
Roa	-0.064 ***	-0.027 **	-0.029 ***
	(-4.38)	(-2.29)	(-3.08)
Lnemployment	-0.003 ***	-0.002 ***	-0.000
	(-3.84)	(-2.76)	(-0.82)
Income	0.001	-0.001	0.001
	(1.02)	(-0.65)	(1.07)
Constant	0.028	0.017	0.011
	(1.40)	(1.11)	(0.89)
N	547	248	299
Adj R-Squared	0.100	0.067	0.011

注：***、**、*分别表示在1%、5%和10%统计水平上显著。
资料来源：CSMAR数据库、上市公司年报，经过回归分析。

综上所述，稳健性检验中各假设回归结果与先前结果一致，表明本章构建的模型具有较好的可靠性和稳定性。

第三节　本章小结

随着创新驱动发展战略不断深化落实，企业的创新能力愈发受到重视，同时在新发展阶段，社会对军工企业的创新研发能力提出了更高的要求，要提高自主创新研发能力，培育国民经济新增长点的高端企业。作为军工企业改革的"先行者"，军工上市公司展现了我国军工企业的最新发展趋势，其创新投资效率水平对我国整体军工企业的发展产生重大影响。

本章采用 2008～2019 年军工上市企业为研究对象，自主构建信息披露质量评价指标体系，并基于 Richardson 残差估计模型，对企业创新投资效率进行估计，研究政府研发资助、信息披露质量对企业创新投资效率的影响，并进一步研究信息披露质量在政府研发资助与企业创新投资效率之间关系的调节作用。得到以下三点结论。

（1）政府研发资助会导致军工上市公司创新投资出现过度投资问题，降低创新投资效率，但对创新投资不足影响不显著。军工上市公司是政府研发资助的重点对象，在申请政府研发资助方面具有更多优势，但是由于政府研发资助的发放具有选择性，倾向于补贴风险小、成功率高的项目，以及缺乏有效的政府研发资助申报审核机制和后续监管机制，导致企业存在滥用政府研发资助，造成创新投资过度，导致创新投资效率下降。

（2）信息披露质量可以抑制军工上市公司的非效率创新投资，在抑制创新过度投资方面效果显著，对创新投资不足影响不显著。高质量的信息披露可以减少信息不对称情况，外部投资者可更好地理解企业经营发展情况并更好地监督管理层在创新投资方面的决策，减少管理层过度投资倾向，提高企业创新投资效率。

（3）信息披露质量可以负向调节政府研发资助对过度创新投资的影响程度。相对信息披露质量较低的企业，拥有较高信息披露质量的企业，能够更好地传递企业获得政府研发资助的积极信号，并使得外部投资者和政府部门更好地监督企业政府研发资助使用及创新投资情况，提高创新投资效率。

第八章

政府补助、上市公司信息披露质量与企业外部融资

军工上市公司作为国家国防科技的领军力量，承担着国防科研的重要任务，研发创新对其而言甚为关键，因此军工上市公司创新必须获得足够的外部融资资金支持。在企业融资过程中，政府补助是一项重要的外部资金来源，可以有效建立企业声誉。同时，投资者主要通过企业所披露的会计信息对企业经营情况进行判断。那么政府补助及信息披露质量如何对军工上市企业外部融资产生影响呢？解决该问题并探究出三者之间的具体作用机制正是本章的目的和意义所在。

本章依据优序融资理论、声誉理论和信号传递理论分析政府补助与企业外部融资的关系、信息披露质量与企业外部融资的关系及信息披露质量对政府补助与企业外部融资关系的调节作用，可为政府给予企业政府补助的规模决策提供理论参考，同时为监管者制定上市公司信息披露质量评价标准提供理论依据。

第一节　政府补助与企业外部融资

优序融资理论认为在不存在破产成本的假设前提下，当公司外部投资者和内部高管人员存在信息不对称时，投资者并不了解公司的经营情况和前景，使得投资者只能按照对公司价值的期望对企业进行投

资。若公司在采用外部融资方式时，会引起投资者的判断变化，导致公司价值下降。因此在公司有内部盈余资金时，会首先使用内部资金。而在外部融资时，由于债券与企业非对称性信息无关，因此企业选择发行债券并不会降低公司价值，从而企业债券融资会优先于股权融资。

企业在进行外部融资时，由于外部投资者无法判定企业内部投资活动的风险及可能性，因此企业外部融资常常伴随着较高的风险溢价、委托—代理问题、逆向选择问题等，面临着极高的融资约束，限制了企业融资规模，对企业改善投资效率、促进自身发展的进程造成阻碍。

政府补助主要是政府结合企业所表现出的各项经营、资产、发展综合情况，选择给予企业一定的研发资金支持，以鼓励企业创新。由于政府具有一定的决策地位，其在资本市场上已成为大部分投资者的风向标，通常是市场各方投资者最为信赖的评级机构。根据声誉理论，政府给予企业的政府补助规模会向企业外部投资者传递出企业声誉良好的积极信号，进而对企业外部融资规模产生影响（杨文莺，2020；李爱玲，2015）。

综上，根据优序融资理论与声誉理论，政府补助可通过直接的资金支持和向企业外部投资者传递积极信号等途径影响企业的外部融资，本节进一步使用军工上市公司数据对政府补助与企业外部融资的关系进行验证。

一、研究假设

政府补助是企业创新活动资金的主要来源，政府补助规模越大，越能促进企业进行创新研发。同时，在企业进行外部融资时，政府补助通过政府对创新企业的补助、税收等政策支持，以一个相对权威的地位向市场传递了支持企业创新研发活动的信号。结合信号传递理论与声誉理论，企业外部融资的规模主要受限于企业自身研发情况与投资者能够获取的关于企业研发信息的内外不对称，即企业在融资过程中面临着很强的融资约束性。而政府补助可以通过提高企业声誉、减少融资约束，从而增加企业外部融资。

已有文献中，李爱玲（2015）提出政府补助对科技创新企业的融资水平提高有显著促进作用；甄红线（2016）的研究也认为机构投资者由于与普通市场投资者相比更具有规模化和专业性，他们能够通过多种渠道获取企业经营相关信息，并对各种信息进行详细分析，因此他们的投资参与能够有效降低信息不对称，缓解公司的融资约束；李汇东（2013）认为政府补助能够提高企业的股权融资，反而对债权融资的影响不太明显；杨文莺（2020）认为当政府补助增加时，有利于减少逆向选择及道德风险，同时向市场传递良好信号，促使债权人放松贷款政策，同时使企业更容易进行权益融资，即企业外部融资能力得到增强。

结合已有研究，政府作为市场中最有地位的投资者，其给予企业的政府补助更能起到缓解企业融资时存在的内外信息不对称的作用。在此背景下，提出以下假设：

H8.1：政府补助与企业外部融资正相关。

二、研究设计

（一）变量衡量

1. 企业外部融资

在衡量企业外部融资时，一般可以分为股权融资和债务融资两种指标，但通过对目前现有文献的分析，卢馨（2013）指出政府补助对企业债务融资规模的影响并不显著，因此为了得到更为准确的研究结果，本章选择企业股权融资和债务融资之和来衡量企业外部融资。同时考虑为了排除企业规模等对融资金额的影响，选择采用与企业总资产之比来表示企业股权融资和债务融资，即：

企业股权融资（Equity Financing，EF）：EF =（股本 + 资本公积)/总资产

企业债务融资（Debt Financing，DF）：DF = 长期借款本期金额/总资产

企业外部融资（External Financing of Enterprises，EFE）：EFE = 股权融资 + 债务融资

2. 政府补助

上市公司在披露政府补助时，通常会在财务报表附注中披露当期政府补助金额。同时由于各企业会计处理方式的不同，因此企业可能会将

不同项目的政府补助归类于营业外收入或其他综合收益。因此本章在选取政府补助指标时，选择将企业在财务报表附注中披露的其他综合收益与营业外收入相加，得到各企业当期政府补助合计值。同时为避免企业规模的干扰，选择其与企业营业收入的比值作为最终指标。具体计算方式为：

$$政府补助(GS) = 政府补助金额 / 营业收入$$

3. 控制变量

通过对已有文献的梳理，本章选取了控制变量，以排除无关因素对研究结果的干扰。具体包括：企业规模（*Size*），参考李万福（2017）选取企业年末总资产衡量企业规模，并对年末总资产取自然对数；托宾 Q 值（*Q*），参考李汇东（2013）的文章，选取企业托宾 Q 值作为控制变量；盈利能力（*Roe*），企业盈利能力可能会对企业声誉、融资情况等产生影响，参考江轩宇（2017）的研究，选取净资产收益率衡量企业盈利能力作为控制变量；企业成长性（*Growth*），在企业进行外部融资时，企业成长性是外部投资者的重要评判依据，本章参考卢馨（2013）的研究，采用营业收入增长率来对企业成长性进行衡量；上市年限（*Age*），由于不同上市年限的公司创新研发规格不同，参考李万福（2017）的研究，选择对企业上市年限取自然对数作为控制变量；固定资产比例（*Fix*），参考李汇东（2013）的研究，将固定资产与企业总资产的比例作为控制变量；财务杠杆率（*Lev*），参考李万福（2017）的研究，用企业总负债与总资产的比率衡量企业财务杠杆；第一大股东持股比例（*First*），参考顾群（2013）的研究，把第一大股东持股比例作为控制变量。具体变量定义表如表 8 - 1 所示。

表 8 - 1　　　　　　　　　　　变量衡量表

变量类别	变量名称	变量符号	变量说明
因变量	企业外部融资	*EFE*	（股本 + 资本公积 + 长期借款本期金额）/总资产
自变量	政府补助	*GS*	政府补助金额/营业收入，GS_0 为当期政府补助，GS_1 为滞后一期政府补助
	信息披露质量	*IDQ*	*IDQ* 根据信息披露指标体系衡量，*IDQ2* 为深交所评级数据

变量类别	变量名称	变量符号	变量说明
控制变量	企业规模	$Size$	企业总资产的自然对数
	托宾 Q	Q	托宾 Q 值
	盈利能力	Roe	净资产收益率
	企业成长性	$Growth$	营业收入增长率
	上市年限	Age	企业上市年限的自然对数
	固定资产比例	Fix	固定资产/总资产
	财务杠杆率	Lev	总负债/总资产
	第一大股东持股比例	$First$	企业第一大股东持股比例

（二）模型构建与样本选择

1. 模型构建

针对假设 8.1，本节构建政府补助与企业外部融资的回归模型（8－1），同时根据谢小芳（2009），考虑政府补助的滞后效应，分别选用无滞后期（GS_0）、滞后一期（GS_1）的政府补助数据进行分析。

$$EFE = \alpha_0 + \beta_1 GS_0 + \beta_2 GS_1 + \beta_3 Control + \varepsilon \qquad (8-1)$$

2. 样本选择

由于《军工企业股份制改造实施暂行办法》为 2007 年出台，为获取最新的研究数据，因此最终选取 2008～2018 年军工集团上市公司为数据样本，通过对企业数据的搜集，剔除掉近两年上市的信息披露过少的公司，以及 ST 和 *ST 企业，最终选择 84 家公司进行分析。本节所用到的数据全部来源于 CSMAR 数据库及巨潮资讯网。在实证分析过程中，对所选取的数据进行缩尾处理，排除极端值对回归结果的影响。

三、实证结果分析

（一）描述性统计

对样本数据进行描述性统计，结果如表 8－2 所示。企业外部融资最小

值为 -0.192，即企业该年度融资额减少，最大值为 0.647，可以表明军工企业外部融资能力差异较大，各企业外部融资规模各不相同。企业政府补助（政府补助与营业收入的比值）中，最小值接近 0.000，最大值为 0.845，由此可见不同企业之间政府补助规模也存在较大差距。企业规模与企业投资机会的标准差分别达到了 1.287 和 1.401，表明所选取的军工企业在规模和投资机会方面存在较大的差异；企业净资产收益率最高达到 0.570，最低达到 -1.792，可以看出军工企业盈利能力正负两极分化明显；军工企业的成长能力差异尤为明显，企业营业收入增长率最高达到了 76.580，最低达到 -0.972，可以看出在所选取的军工企业中，成长能力存在较大差异，部分企业成长十分迅速；在所选取的企业中，上市年限的标准差为 0.736，表明军工企业上市年限差异不大；企业固定资产比例与财务杠杆率波动情况相近，且二者最大值与最小值极差明显，表明这两个因素不同企业差距较大；企业第一大股东持股比例标准差分别为 0.122，即目前军工上市企业股权水平差异较小。

表 8-2　　　　　　　　　　　模型变量描述性统计

变量	平均值	标准差	最小值	最大值
EFE	0.036	0.100	-0.192	0.647
GS	0.016	0.050	0.000	0.845
Size	22.400	1.287	19.900	26.500
Q	2.174	1.401	0.000	11.270
Roe	0.059	0.126	-1.792	0.570
Growth	0.347	2.980	-0.972	76.580
Age	2.374	0.736	0.000	3.219
Fix	0.179	0.115	0.002	0.653
Lev	0.483	0.187	0.019	0.972
First	0.378	0.122	0.063	0.724

资料来源：CSMAR 数据库、巨潮资讯和上市公司年报，经过整理计算。

（二）回归结果分析

假设 8.1 检验结果如表 8-3 所示。考虑政府补助可能会对企业创新造成滞后影响，采用了当期政府补助、滞后一期政府补助两个变量来判断其对企业外部融资的影响。结果表明，当期政府补助与企业外部融资在5%水平上正相关，系数为0.187。该结果表明当期政府补助越高，企业能够获得的外部融资额也越大，这与假设8.1结果一致，即假设8.1成立。

表8-3　　　　　　　　　　假设8.1的回归结果

变量	EFE	t 值
GS_0	0.187**	2.57
GS_1	− 0.216	− 1.81
Size	0.013***	3.12
Q	− 0.003	− 0.29
Roe	0.016	0.32
Growth	0.005***	3.72
Age	− 0.007	− 1.30
Fix	− 0.024	− 0.62
Lev	− 0.082***	− 3.31
First	− 0.066*	− 1.90
Constant	− 0.151*	− 1.78
N	732	—
R-Squared	0.070	—

注：***、**、*分别表示在1%、5%和10%统计水平上显著。
资料来源：CSMAR数据库、巨潮资讯和上市公司年报，经过回归分析。

第二节　信息披露质量与企业外部融资

一、研究假设

根据有效市场假说，在市场是有效的时候，企业价值会充分反映在股价中，企业在进行信息披露之后，市场上所有投资者都可以及时获得关于企业的有效信息，外部投资者可以在资金有效定价的情况下为企业提供补助及资金支持。结合声誉理论和信号传递理论，信息披露质量通过减少企业内外部信息不对称，降低融资约束，从而提高外部投资者对企业创新研发活动的支持性，进而增加企业融资规模。

已有文献中，张炳发（2020）认为融资约束是政府补助对企业创新影响的中介变量；卢馨（2013）认为，主要是融资约束的存在限制了企业创新研发；顾群（2013）、李树斌（2017）、修国义（2018）等学者认为，信息披露质量的提高通过缓解融资约束增加企业创新。

结合上述文献分析，在有效市场中，企业若具有较高的信息披露质量，更易获得外部投资者的认可和青睐。尤其对于融资需求较高、风险较大的创新活动而言，投资者只能依靠企业自愿性披露的企业信息对企业研发能力进行判断；在信息披露不充分的情况下，投资者不会盲目对企业进行投资。对于军工上市公司而言，信息披露质量越强，外界对其了解和认识程度越高，更有利于获得外部融资。由此提出如下假设：

H8.2：信息披露质量与企业外部融资正相关。

二、研究设计

（一）变量衡量

军工上市公司信息披露质量（IDQ）通过第三章所构建的评价指标体系进行衡量，具体评价方式详见第三章相关内容。外部融资与控制变量均与本章第一节的一致，具体衡量方式可见本章第一节。

（二）模型构建

构建信息披露质量与企业外部融资的回归模型（8-2）验证假设8.2：

$$EFE = \alpha_0 + \beta_1 IDQ + \beta_2 Control + \varepsilon \qquad (8-2)$$

三、实证结果分析

（一）回归结果分析

对假设8.2进行回归分析，结果如表8-4所示。信息披露质量与企业外部融资在 1% 水平上显著，且为正相关，与假设 8.2 结果相同，表明企业信息披露质量的增强可以提高企业的外部融资能力，即企业信息披露质量增强使得市场上的外部投资者可以对企业经营情况有更为清晰的认识，使得企业与投资者之间信息不对称效应减少，从而获得市场投资者的认可与信赖，提高企业外部融资水平。

表 8 - 4   假设 8.2 的回归结果

变量名称	EFE	t
IDQ	0.132 ***	2.64
Size	0.017 ***	3.79
Q	0.002	0.79
Roe	0.012	0.05
Growth	0.004 *	1.69
Age	− 0.006	− 0.90
Fix	− 0.012	− 0.31
Lev	− 0.098 ***	− 3.67
First	− 0.052	− 1.52
Constant	− 0.150 *	− 1.71
N	732	—
R-Squared	0.071	—

注： *** 、 * 分别表示在 1% 和 10% 统计水平上显著。
资料来源：CSMAR 数据库、巨潮资讯和上市公司年报，经过回归分析。

（二）稳健性检验

本章选择更换自变量衡量方式的方法进行稳健性检验。目前较为专业的信息披露质量指标为深交所信息披露评价等级，在稳健性检验时，本章采用深交所发布的上市公司信息披露质量考评结果来代替之前的企业信息披露质量指标进行回归。

深交所信息披露质量评价等级分为 A、B、C、D 四个等级，本章对四个等级进行赋值。具体赋值方式为：若披露等级为 A，则 $IDQ2 = 4$；若评价等级为 B，则 $IDQ2 = 3$；若评价等级为 C，则 $IDQ2 = 2$；若评价等级为 D，则 $IDQ2 = 1$。对假设 8.2 进行检验，具体结果如表 8 - 5 所示。

表 8 – 5　　　　　　　假设 8.2 的回归结果——更换变量的衡量方式

变量名称	EFE	t
IDQ2	0.017 *	1.74
Size	0.013 **	2.25
Q	− 0.002	− 0.60
Roe	0.024	0.38
Growth	0.039 ***	3.50
Age	− 0.005	− 0.73
Fix	− 0.057	− 1.12
Lev	− 0.110 ***	− 2.88
First	− 0.219 ***	− 4.71
Constant	0.048	0.48
N	360	—
R-Squared	0.208	—

注：*** 、** 、* 分别表示在 1% 、5% 和 10% 统计水平上显著。
资料来源：CSMAR 数据库、巨潮资讯和上市公司年报，经过回归分析。

根据表 8 – 5 的结果，信息披露质量与企业外部融资在 10% 的水平上显著正相关，假设 8.2 得到验证，表明主回归结果具有一定的稳健性，军工上市公司信息披露质量越高，能够获得的外部融资越多。

第三节　信息披露质量对政府补助与企业外部融资关系的调节作用

一、研究假设

在前两节研究的基础上，进一步研究信息披露质量对政府补助与企业外部融资间关系的作用。

根据第一节中的假设 8.1，政府补助代表了政府对企业研发活动的认可，可以向市场投资者传递积极信号。而政府作为目前市场中最有影响力的投资者，在选取企业进行补助时，只能通过企业信息披露质量了解企业的经营能力及资产负债等情况。此外，值得注意的是，由于投资者更偏好投资一些资产状况良好、未来有更好发展机会的公司，因此如果公司财务状况越好，这些公司会更倾向于对外进行信息披露。综上而言，企业会计信息披露质量与政府补助存在一定关系。

李万福（2017）认为，对于高科技企业，如果内部控制水平较高、经营环境的监管力度越强，政府创新补助的激励作用会更加明显。根据杨文莺（2020）的研究，接受政府补助比例越高，信息披露质量也更好，同时目前新的政府补助准则也使得会计信息相关性增加；钟树旺（2019）则从媒体关注度的角度说明了对企业信息披露质量的影响，即政府补助的提高会增加媒体关注度，而媒体关注如果客观且公正，那么企业信息披露质量也能够得到提高；贺宝成（2020）认为政府在加强监管后，由于外部违规成本大于企业内部建设成本，因此企业会自觉提高企业信息披露，政府监管的强度越大，企业信息披露质量水平越高。而政府补助的增加又与政府监管效应间接相关联，因此企业信息披露质量在政府补助对企业外部融资的影响机制中发挥一定的作用。

在前面分析的基础上，本章对信息披露质量促进企业外部融资的关键途径进一步分析。首先对于军工上市公司而言，政府补助是对其外部融资产生影响的关键因素，同时，信息披露质量可以改善信息环境，抑制代理成本和信息不对称，因此对于军工企业而言，当其政府补助增加造成企业外部融资能力增强时，若企业信息披露质量得到提高，政府补助对企业外部融资的影响会进一步增强。

结合上述分析，考虑企业信息披露质量在政府补助促进企业外部融资时起到调节变量的作用，根据温忠麟（2005）的方法进行模型的构建，提出如下假设：

H8.3：随着信息披露质量的提高，政府补助对企业外部融资的促进作用增强。

二、研究设计

（一）变量衡量

军工上市公司信息披露质量（*IDQ*）通过第三章所构建的评价指标体

系进行衡量，具体评价方式详见第三章相关内容。外部融资与控制变量均与本章第一节的一致，具体衡量方式可见本章第一节。

（二）模型构建

根据温忠麟（2005）的调节效应检验模型，并结合模型（8-1）及模型（8-2），在模型中添加交乘项构建以下模型对信息披露质量的调节作用进行检验：

$$EFE = \alpha_0 + \beta_1 GS_0 + \beta_2 GS_1 + \beta_3 IDQ + \beta_4 IDQ * GS + \beta_5 Control + \varepsilon$$

$$（8-3）$$

三、实证结果分析

（一）回归结果分析

对假设 8.3 进行回归分析，结果如表 8-6 所示。可以发现当期政府补助与企业信息披露质量的交乘项（$GS_0 \times IDQ$）对企业外部融资显著正相关，即企业信息披露质量具有正向调节效应，信息披露质量的增加可以使政府补助对企业外部融资的促进作用得到增强，假设 8.3 成立。

表 8-6 　　　　　　　　　　假设 8.3 的回归结果

变量名称	EFE	t
GS_0	-3. 121 ***	-2. 65
GS_1	1. 376	0. 85
IDQ	0. 172 ***	3. 03
$Size$	0. 015 ***	3. 48
Q	-0. 002	-0. 68
Roe	0. 018	0. 44
$Growth$	0. 004 ***	3. 62
Age	-0. 006	-1. 11
Fix	-0. 024	-0. 62
Lev	-0. 082 ***	-3. 31

续表

变量名称	EFE	t
First	-0.143^{***}	-3.92
$GS_0 \times IDQ$	4.922^{***}	2.90
$GS_1 \times IDQ$	-2.488	-1.03
Constant	-0.085	-0.94
Observations	732	
R-Squared	0.105	

注：*** 表示在1%统计水平上显著。

资料来源：CSMAR 数据库、巨潮资讯和上市公司年报，经过回归分析。

此外，结合本章第一节与第二节的结论，可以认为军工上市公司信息披露质量不仅可以增强企业的外部融资能力，还可对政府补助与企业外部融资影响产生调节效应，即对于军工企业而言，提高信息披露质量不仅可以直接影响企业外部融资，而且可以正向增强政府补助对企业外部融资的影响，大大提高企业外部融资能力。

（二）稳健性检验

本节对深交所上市公司信息披露评级进行赋值，替代军工上市公司信息披露质量这一自变量对模型的稳健性进行检验，赋值方法可参见本章第二节。如表8-7所示，政府补助与信息披露质量交乘项在1%的水平上显著为正，即信息披露质量起到了正向调节作用，信息披露质量越高，政府补助对企业外部融资的影响更明显，假设8.3得到支持，说明本研究的结果具有一定的稳健性。

表8-7　　　　假设8.3的回归结果——更换变量的衡量方式

变量名称	EFE	t
GS_0	-0.191^{**}	-2.19
GS_1	-0.820	-0.93
$IDQ2$	-0.020^{**}	-1.98
Size	0.012^{**}	2.02
Q	-0.002	-0.25
Roe	0.006	0.09

续表

变量名称	EFE	t
Growth	0.038 ***	7.71
Age	− 0.004	− 0.57
Fix	− 0.058	− 1.14
Lev	− 0.103 ***	− 2.78
First	− 0.135 ***	− 2.78
$GS_0 \times IDQ$	0.186 ***	4.37
$GS_1 \times IDQ$	0.214	0.57
Constant	0.081	0.77
N	360	—
R-Squared	0.204	—

注：*** 、 ** 分别表示在 1% 、5% 统计水平上显著。

资料来源：CSMAR 数据库、巨潮资讯和上市公司年报，经过回归分析。

第四节　本章小结

军工上市公司承担着我国国防科研创新的任务，其研发创新能力不论是对我国的国防安全，还是我国社会的整体稳定都至关重要。本章选取军工上市公司为研究对象，研究了政府补助、信息披露质量对企业外部融资产生的影响，得出以下结论。

（1）政府补助与企业外部融资规模正相关。政府在通过补助方式对企业创新能力及良好表现进行补贴时，代表了政府层面作为一方投资者对企业表现了支持和认可，这会使得市场其他对企业创新水平保持观望和怀疑态度的投资者对企业能力加以信任，从而有效扩大企业外部融资，进而使企业有充足资金进行创新研发。

（2）信息披露质量与企业外部融资正相关，企业提高信息披露水平可以有效提高外界投资者的认可，从而使企业能够获得更多的外部融资。

（3）对于军工上市公司而言，信息披露质量在政府补助对企业外部融资影响过程中发挥了调节变量的作用，即信息披露质量增加时，政府补助与企业外部融资的正向关系更显著。

第九章

上市公司创新行为信息披露与投资效率

创新行为是企业发展的推动力，创新行为信息披露则是外界了解企业创新能力的"窗口"。创新行为信息披露可以有效降低企业与外部之间信息不对称程度，增强披露主体透明度，在一定程度上缓解委托—代理问题，增强外部监督的作用。信息不对称和委托—代理问题的缓解一方面可以有效避免经营者为了追求个人利益而选择投资负净现值项目的风险；另一方面也可以增强投资者信心，为企业吸引更多的投资，进而缓解融资约束。因此本章基于委托—代理理论、信号传递理论和资源基础理论对创新行为信息披露与企业投资效率之间的作用关系进行分析。本章的研究丰富了研究创新行为信息披露与企业投资效率之间的关系研究，可为军工企业的信息披露制度完善提供数据支持。

第一节　创新行为信息披露与投资
效率关系的理论基础

投资是现代企业一项非常重要的经营活动，它是企业实现资源合理配置的一种方式。企业管理层通过合理的投资决策可以在未来时间段内为企业创造出充足的自由现金流和发展资源。投资效率是企业资源配置合理性的评判标准，企业资源配置能力越强，投资效率越高，盈利能力越强，成长速度越快。目前国内企业普遍存在着非效率投资的问题，陈艳（2016）研究了6878家A股上市公司，其中投资不足的企业大约占61.7%，投资不足的金额大约占总资产的5.6%；投资过度的企业大约占38.21%，投资过度的金额大约占总资产额的5.6%。我国上市公司投资不足的问题严重，投资效率水平较低。无论是经济体系的健康发展，还是企业的价值增长都离不开投资效率，因此企业应采取有效措施以避免非效率投资现象的发生。

根据委托—代理理论，现代企业中所有权与经营权分离已经成为一种常态，委托人和代理人之间信息不对称与利益冲突是天然存在的。股东、管理层与债权人之间均有各自的利益追求，股东们期望可以获得更多的剩余价值和更高的股价从而达到股东权益最大化的目的；管理层则期盼获得更多的物质回报与心理满足从而实现自身利益的最大化；对于债权人来说其最大的期望则是债务安全可以按时得到偿还。管理层为了自身利益所寻求的物质与心理满足在很多方面与股东的利益追求是相互冲突的，当这种冲突发生时，管理层可能会依赖信息不对称所形成的信息优势做出伤害股东利益的行为。同样，在管理层与股东利益一致但却与债权人利益发生冲突时，股东和管理层也很可能利用其所获得的信息优势选择风险较大的项目加大债务的风险从而伤害债权人利益。

根据信号传递理论，提高信息披露质量是缓解委托—代理问题的关键手段之一。信息披露行为可以有效降低股东与管理者、企业与债权人之间的信息不对称问题。投资者为了资金安全往往会要求开展企业更加详尽的信息披露，而企业为了吸引投资者也会主动去选择披露一部分信息。

创新是企业发展的驱动力与核心竞争力，但因为其特殊性和机密性一直以来都是企业缄口不言的秘密。韩鹏和岳园园（2015）认为我国企业创新行为披露质量不高，主要原因在于企业担心对创新信息的披露会泄露商业机密。但随着国家不断强调科技创新的重要性，鼓励企业提升自主创新能力，企业的创新能力逐渐被投资者所关注，成为投资者的评判标准之一。创新行为披露相比其他非财务信息更加能给投资者传递正向的信息，方便投资者对企业的实力进行评估和预判，吸引投资者的目光，增强投资者信心。一方面，创新行为信息披露有助于缓解企业受到的融资约束问题，进而对其投资效率产生影响；另一方面，创新行为信息披露降低了信息不对称程度，可以使投资者更好地监督企业创新，增强企业的创新意识，激发企业活力。然而已有文献较少关注创新行为信息披露与投资效率间的关系，因此，本节以军工上市公司为样本，分析军工上市公司创新行为信息披露与投资效率间的关系。

第二节　创新行为信息披露与投资效率的研究假设与研究设计

一、研究假设

由于代理问题和信息不对称问题的存在，企业内部经营者可以获取的信息含量要远高于外部投资者和利益相关者的信息获取量。特别是对于军工类型的企业，公开信息相较一般企业更少且保密性强，研发方面的详细信息一般不会公开披露，这样就无形地提高了企业外部融资和资本使用成本，企业很难从外部融得足够的资金。军工企业的研发项目多、研发周期长，需要长期的费用投入，当企业内部资金不充足又存在融资困难时，就必须放弃一些优质的投资项目，产生非效率投资；并且因为军工行业的保密特殊性，外部利益相关者很难掌握足够的企业经营管理信息来对企业管理者进行有效监督和制约，这样在没有外部压力的情况下决策者可能会谨慎性降低或者偏向自身利益做出不利于公司的更主观的决策，导致企业投资效率低下。

创新行为信息披露有利于提高外部利益相关者对研发创新活动的了解，通过声誉机制加强对企业管理者投资管理的监控，促使管理层理智客观地做出对公司发展有利的决策，提高企业的投资效率，所以本章认为创新行为信息披露能够降低企业的投资不足问题。当企业自身存在投资过度时，提高创新行为信息披露能够降低信息不对称，有利于向外部的利益相关者传递企业经营发展的重要信息，使外部的利益相关者能够及时了解企业的经营现状及发展计划，对管理者可实行更有效的监督，促使企业管理者提高在做出决策时的审慎度，做出更有效的决策，提高资金的使用效率，使企业的投资过度得到缓解。

结合现有文献的研究结果来看，信息披露对投资效率有明显影响。提高缺陷信息披露水平能够提高特定企业的投资效率（张超和刘星，2015）；朱永明和李玲玲（2018）认为提高信息披露质量能够很大程度上缓解信息不对称带来的负面影响，对投资过度和投资不足产生明显的改善作用；袁知柱和张小曼（2020）通过对会计信息可比性的研究，发现提高会计可比性不仅能抑制投资过度，而且能缓解投资不足；程新生等（2012）研究结果显示非财务信息能够有效缓解企业的投资不足。综上本章提出如下假设：

H9.1：军工上市企业创新行为信息披露与其投资效率存在正相关关系；

H9.1a：军工上市企业创新行为信息披露与其投资不足存在负相关关系；

H9.1b：军工上市企业创新行为信息披露与其投资过度存在负相关关系。

二、研究设计

（一）变量衡量

1. 创新行为信息披露

本章采用研发信息单方面指标打分来衡量企业的创新行为信息披露水平。已有关于创新行为信息披露的文献对创新行为信息披露的衡量指标不尽相同，没有统一的测量方法，主要包括构建指标体系和单方面指标两种方式。指标体系虽涵盖的指标多，涉及更多的信息类别，但同时也增大了手工打分测量的误差，主观因素影响较大；而单方面指标衡量的方式聚焦于某一特定指标，信息在财务报表中集中分布，能尽可能在缩小误差的同时达到更高的测量精度。所以本章采取单方面指标测量。

在创新被广泛关注的今天，研发信息能传达出与企业经营现状、核心竞争力、发展方向和上升空间等相关的重要信息，是投资者做出投资决策的关键参考。研发信息已是学者在创新行为信息披露衡量中集中使用的指标（韩鹏，2015；罗亚非，2011；赵文彦，2011）。所以，本章结合法律法规及现有研究，采用研发信息单方面指标来衡量企业的创新行为信息披露水平。

基于相关领域学者们已有的研究成果，结合准则对研发信息的披露要求设立衡量指标。与研发创新相关的信息在信息披露准则中出现的频率和占领的内容篇幅越来越高，《公开发行证券的公司信息披露内容与格式准则第2号——年度报告的内容与格式》从2007年开始逐渐对研发创新、研发成果（包括新产品和新技术等）、研发计划、研发支出及占比、专有设备、专利等有具体的披露要求，到2017年的修订版中对研发项目、新技术、新产品的开发计划等有具体的披露要求。本章按照准则中对研发信息的披露要求以及研发信息披露的由浅入深的机理，再根据会计信息披露要求（客观性和科学性、逻辑性和实用性、可比性与共识性、定性与定量相结合），最终选定研发信息具有代表性的9个方面进行测量。具体的指标构建如表9-1所示。

表9-1　　　　　　　　　　指标构建说明

层级	指标	打分说明		
第一层	技术创新一般性披露	是否有关于企业技术创新的一般性描述	无=0	有=1
	研发活动一般性披露	是否有关于企业研发活动的一般性描述	无=0	有=1
第二层	研发成果披露	是否有关于企业研发成果信息的描述	无=0	有=1
	政府研发补助披露	是否有企业获得政府研发补助信息描述	无=0	有=1
第三层	研发项目明细披露	是否有企业内部具体研发项目的描述	无=0	有=1
	研究专利明细信息披露	是否有企业内部具体专利信息的描述	无=0	有=1
第四层	研发投入信息披露	是否有研发投资具体金额的披露	无=0	有=1
	研发投入占比信息披露	是否有研发投入占比信息的披露	无=0	有=1
	未来的研发计划	是否有关于未来研发计划的披露	无=0	有=1

2. 投资效率

参考韩金珍和余珍（2017）、王少华和刘少梅（2019）、曹亚勇等（2012），本章采用理查德森（Richardson，2006）的残差模型衡量企业投资效率，具体变量及含义在表9-2中进行说明。模型回归后的残差表示非效率投资，残差为正表示存在投资过度，残差为负表示存在投资不足。本章用残差的绝对值衡量企业投资效率的高低程度，残差绝对值越大表示企业投资效率越低。模型如下：

$$\mathrm{Inv}_t = \lambda_0 + \lambda_1 Grow_{t-1} + \lambda_2 Lev_{t-1} + \lambda_3 CaSh_{t-1} + \lambda_4 Age_{t-1} + \lambda_5 Size_{t-1}$$
$$+ \lambda_6 AR_{t-1} + \lambda_7 Inv_{t-1} + \varepsilon_t \tag{9-1}$$

表 9-2　　　　　　　　　　　残差模型中的变量说明

变量	名称	含义
Inv	实际投资支出	构建固定资产、无形资产和其他长期资产所支付的现金/资产总额
CaSh	资金持有量	现金及现金等价物/资产总额
Grow	营业收入增长率	（本年营业收入－上年营业收入）/上年营业收入
Age	企业上市年限	当年与上市日期的年份差值
Lev	资产负债率	总负债/总资产
Size	公司规模	年末总资产的自然对数
AR	个股收益率	基本每股收益
ε	残差	回归模型的残差，用于衡量投资效率

3. 控制变量

本章借鉴赵娜等（2019）、黄宏斌等（2016）、姜国华等（2005）、杨金坤等（2019）的研究，选取如下控制变量：公司规模（Size），使用公司期末资产总额的对数衡量；营业收入增长率（Grow），使用营业收入增长率衡量；总资产收益率（Roa），使用总资产收益率衡量企业的盈利能力；资产负债率（Lev），使用总负债与总资产的比值衡量；股权集中度（First），使用第一大股东持股比例衡量；松弛度（Slack），采用货币资金与短期投资占固定资产的比重衡量。变量含义如表 9-3 所示。

表 9-3　　　　　　　　　　　模型变量说明

变量类型	变量名称	变量代码	变量测量方法
因变量	投资效率	Aee	根据 Richardson 回归残差模型来测量
	投资不足	Un_Aee	Richardson 残差模型计算的残差小于 0 的样本
	投资过度	Ov_Aee	Richardson 残差模型计算的残差大于 0 的样本
中介变量	融资约束	KZ	根据 KZ 指数模型计算获得
自变量	创新行为信息披露	Id	根据企业年报信息披露手动打分获得

变量类型	变量名称	变量代码	变量测量方法
控制变量	公司规模	*Size*	公司当年年末总资产的自然对数
	营业收入增长率	*Grow*	当年营业收入－上一年营业收入/上一年营业收入
	总资产收益率	*Roa*	总资产收益率
	资产负债率	*Lev*	总负债/总资产
	股权集中度	*First*	第一大股东持股比例
	松弛度	*Slack*	（期末货币资金＋期末短期投资）/期末固定资产

（二）模型构建

为了检验创新行为信息披露对投资效率的影响，建立模型 9 – 2。考虑创新行为信息披露发挥作用具有时滞性，采用滞后一期的创新行为信息披露。模型中 *Aee* 表示企业的投资效率；*Id* 表示企业的创新行为信息披露；*Control* 表示控制变量，包括自由现金流、股权集中度、总资产收益率、企业规模、营业收入增长率、上市年限。

$$Aee = \alpha_0 + \alpha_1 Id + \sum \alpha_k Control + \varepsilon_1 \qquad (9-2)$$

（三）样本选择与数据来源

随着《军工企业股份制改造实施暂行办法》在 2007 年出台，军工企业开始进行制度改革进入资本市场。2017 年国务院办公厅发表意见，提出在军工企业股份制改造中要积极引入社会资本参与进来，促进军工行业的协同发展。军工上市公司经过十年的发展在我国资本市场上已初具规模，发挥着特殊而重要的作用。考虑军企改制后有一定的市场适应过程，需要一定时间调整企业的管理和经营，本节选取 2009～2018 年的军工集团下属军工上市公司为研究对象开展研究。由于信息披露产生影响需要时间，采用滞后一期的创新行为信息披露，选取 2008～2017 年的年度报告中的研发信息进行指标打分，投资效率和融资约束对应采用 2009～2018 年的数据。删除数据缺失的样本，对模型中的连续变量进行 1% 的缩尾处理，最后获得 709 个样本。本节的创新行为信息披露数据依据企业年报通过指标打分获得，年报及其他数据均来自 WIND，数据处理部分选用 Stata 和 Spss 软件。

第三节　创新行为信息披露和投资效率的实证检验与结果分析

一、描述性统计

表9－4 为相关变量的描述性统计结果。创新行为信息披露的平均数为 5.3640，军工上市企业的创新行为信息披露水平较低，对于详细深入的研发信息披露较少，最小值为 0，存在研发信息披露极少的公司，但最大值为 10，即存在研发信息披露水平很高的公司，标准差为 2.2590，不同军工上市企业对创新行为信息披露的程度差异明显。投资效率的平均数为 0.0473，大于效率投资的理想残差 0，说明非效率投资在军工上市企业中普遍存在，军工上市企业投资效率仍有很大的进步空间。投资效率的最大值为 0.3550，存在非效率投资很高的企业，最小值为 0.0007，存在资金使用状况良好的企业，标准差为 0.0524，不同企业间投资效率差异较大。其中，存在投资不足的样本有 450 个，约占 63.47%；存在投资过度的样本有 259 个，约占 36.53%，说明军工上市公司面临更多的是投资不足。

表9－4　　　　　　　　　　　　描述性统计

变量	样本量（个）	均值	标准差	最小值	最大值
Aee	709	0.0473	0.0524	0.0007	0.3550
Un_Aee	450	−0.0456	0.0515	−0.3980	−0.0002
Ov_Aee	259	0.0506	0.0558	0.0007	0.3550
Id	709	5.3640	2.2590	0.0000	10.0000
Slack	709	2.8390	6.9060	0.0223	77.2800
Roa	709	0.0258	0.0584	−0.5860	0.2950
Lev	709	2.5910	2.5730	0.8640	53.2700
First	709	38.8400	12.790	12.2100	71.1300
Grow	709	0.2580	0.8340	−0.7170	10.0500
Size	709	22.0800	1.1750	19.8900	26.3700

资料来源：WIND 数据库、上市公司年报，经过整理。

二、回归结果分析

对假设 9.1 进行验证的回归结果如表 9 - 5 所示。全样本的回归结果中创新行为信息披露的系数为 - 0.0045，在 1% 水平上显著，在全样本组中投资效率为 Richardson 回归残差的绝对值，因此当创新行为信息披露（Id）值越大时，投资效率越接近于 0，表明创新行为信息披露可以有效改善企业的非效率投资现象，验证了假设 9.1。

表 9 - 5 假设 9.1 的回归结果

变量	全样本	投资不足	投资过度
Id	- 0.0045 *** (- 4.9329)	0.0041 *** (3.8867)	- 0.0055 *** (- 4.4794)
Slack	- 0.0007 *** (- 3.5292)	0.0008 *** (3.9952)	- 0.0007 (- 1.7528)
Roa	- 0.0582 ** (- 2.4697)	0.0611 ** (2.5793)	- 0.0661 (- 1.4989)
Lev	- 0.0003 (- 1.1710)	- 0.0008 (- 0.8155)	- 0.0011 (- 1.2695)
First	0.0001 (0.5087)	0.0000 (- 0.1297)	0.0001 (0.4007)
Grow	- 0.0018 (- 1.7933)	0.0007 (0.3119)	- 0.0042 *** (- 4.2562)
Size	- 0.0008 (- 0.6377)	0.0042 *** (3.8018)	0.0070 ** (2.3804)
Cons	0.1054 *** (3.4103)	- 0.1732 *** (- 5.5304)	- 0.0464 (- 0.7749)
Year	控制	控制	控制
N	709	450	259
R-Squared	0.0746	0.0807	0.1231

注： *** 、 ** 分别表示在 1% 、 5% 统计水平上显著。

资料来源：WIND 数据库、上市公司年报，经过回归分析。

投资不足样本中，创新行为信息披露与投资效率的相关系数为0.0041，在1%水平上显著。在投资不足组中投资效率为 Richardson 回归所得到的负向残差，创新行为信息披露得分越高投资效率的值越接近于0，即高质量的创新行为信息披露可以有效改善企业投资不足现象，验证了假设9.1a。投资过度样本中，创新披露与投资效率的相关系数为 - 0.0055，在1%的水平上显著负相关。投资过度样本组中投资效率为 Richardson 回归所得到的正向残差，因此当创新披露得分越高投资效率越接近于0，由此证明了假设9.1b，即高质量的创新行为信息披露可以有效改善企业投资过度的情况。

三、内生性检验

由于公司是否进行创新披露具有自我选择性，可能投资效率高的企业本身就更加倾向对外进行创新行为信息披露，因此即便观察到创新行为信息披露得分高的企业投资效率更好，也无法判断这种差异是否真正源于创新披露质量差异，存在样本自选择偏差问题。为了这一内生性问题，本书选择采用倾向得分匹配（PSM）的方法对内生性进行修正，依照创新行为信息披露得分的均值对实验组和控制组进行划分，得分高于均值的样本为实验组，低于均值的样本为控制组。

由表9 - 6可以看出 Lev、First 和 Size 三个变量显著，说明这三个变量对于企业是否有进行创新行为信息披露的倾向有显著影响，因此选择 Lev、First 和 Size 三个变量作为匹配的协变量进行一对四匹配，匹配后共有705个观测值在取值范围中，样本损失较少。采用同样的方法在投资不足与投资过度样本中分别进行匹配，匹配后投资不足组中共获得445个样本，投资过度组中共获得234个样本。

表9 - 6　　　　　　　　　　全样本 Logit 模型回归结果

变量	相关系数	Z 值
Slack	- 0.0060	- 0.51
Roa	- 0.6607	- 0.48

续表

变量	相关系数	Z 值
Lev	0.0851 *	1.77
First	− 0.0183 ***	− 2.95
Grow	0.0324	0.34
Size	0.3896 ***	5.29
Cons	− 8.1203 ***	− 4.91

注： *** 、 * 分别表示在1%和10%统计水平上显著。
资料来源：WIND 数据库、上市公司年报，经过回归分析。

　　全样本匹配后的 ATT 的绝对值为 3.35 > 1.69，在 5% 水平上显著；投资不足样本 ATT 的值为 1.66 > 1.65，在 10% 水平上显著；投资过度样本 ATT 的绝对值为 2.56 > 1.96，在 5% 水平上显著，说明上述样本匹配后的处理效应良好，实验组和得分低于均值的控制组之间投资效率存在显著差异。为了考察分组匹配结果是否较好地平衡了数据，因此进一步对匹配平衡性进行检验，结果如表 9 − 7 所示。表 9 − 7 表明所有协变量的标准差（% 偏差）在匹配后得到了大幅下降，同时 t 检验的结果也证实经过匹配实验组和控制组协变量的均值不存在显著差异。

表 9 − 7　　　　　　　　　　　平衡性检验

变量	匹配前（U）匹配后（M）	均值		% 减少		t 检验	
		实验组	控制组	% 偏差	｜偏差｜	T 值	P 值
全样本							
Lev	U	2.6713	2.5132	6.1	71.5	0.82	0.414
	M	2.5358	2.5809	− 1.7		− 0.32	0.751
First	U	37.677	39.966	− 18	89.7	− 2.39	0.017
	M	37.569	37.804	− 1.8		− 0.25	0.802
Size	U	22.301	21.876	36.7	97.4	4.89	0
	M	22.275	22.265	0.9		0.12	0.904
投资不足样本							
Lev	U	2.4855	2.5426	− 3.5	80.6	− 0.37	0.715
	M	2.4904	2.4793	0.7		0.07	0.948

续表

变量	匹配前（U）	均值		% 减少		t 检验	
	匹配后（M）	实验组	控制组	% 偏差	｜偏差｜	T 值	P 值
First	U	38.037	38.927	-7.1	65.7	-0.76	0.449
	M	38.021	38.326	-2.4		-0.25	0.802
Size	U	22.316	22.021	25.3	98.7	2.69	0.008
	M	22.299	22.303	-0.3		-0.03	0.973
投资过度样本							
Lev	U	2.9717	2.4584	14.2	33.1	1.13	0.26
	M	2.3717	2.715	-9.5		-1.42	0.156
First	U	37.095	41.905	-36.4	50.4	-2.94	0.004
	M	38.322	40.709	-18.1		-1.42	0.157
Size	U	22.275	21.605	59.9	97.3	4.81	0
	M	22.002	22.021	-1.6		-0.14	0.891

资料来源：CSMAR 数据库、WIND 数据库、上市公司年报，经过回归分析。

使用匹配后的样本对假设 9.1 进行内生性检验，结果如表 9-8 所示。可以发现全样本的回归结果中创新行为信息披露（Id）的回归系数为 -0.0043，在 1% 水平上显著；投资不足样本中，创新行为信息披露（Id）的回归系数为 0.0040，在 1% 水平上显著；投资过度样本中，系数为 -0.0049，在 1% 水平上显著，上述结果均与主回归一致，表明本节的回归结果具有一定的稳健性。

表 9-8　　　　　　假设 9.1 内生性检验结果

变量	全样本	投资不足	投资过度
Id	-0.0043*** (-5.0257)	0.0040*** (-3.7774)	-0.0049*** (-4.5365)
Lev	-0.0011* (-2.0390)	-0.0003 (-0.3149)	-0.0034* (-1.8739)
First	0 (-0.2221)	0 (-0.2772)	0 (-0.0323)
Size	-0.0014 (-1.0609)	0.0038** (-2.6368)	0.0055 (-1.4876)

续表

变量	全样本	投资不足	投资过度
Cons	0. 1179 *** （ − 3. 643）	− 0. 1656 *** （ − 4. 2907）	− 0. 0149 （ − 0. 1788）
Year	控制	控制	控制
N	705	445	234
R-Squared	0. 06	0. 0598	0. 1261

注：***、*分别表示在1%和10%统计水平上显著。

第四节　本章小结

第一节研究了创新行为信息披露与投资效率的关系。研究发现，一方面高质量的创新行为信息披露可以有效改善企业的非效率投资，创新行为信息披露可以抑制企业投资过度并改善投资不足。企业创新行为信息披露可以通过降低企业内外部信息不对称，有效解决委托代理关系所产生的逆向选择问题，进而对企业投资过度现象起到了抑制作用。另一方面创新行为信息披露增强企业主体透明度的同时也可以向外界传达出有效正向信息，可以吸引到更多的投资者，降低企业的融资约束，有效避免企业因为资金不足而产生的投资不足现象。

上市公司创新与投资效率
关系研究

　　本专题对上市公司创新与投资效率的关系进行分析，主要包括两部分的内容。首先，基于委托—代理理论、创新理论及先动优势理论，研究政府研发资助、创新投入与投资效率间的关系，明晰政府研发资助与企业非效率投资间的多层次关系及其作用机制。其次，盈余质量是企业信息披露质量的重要体现之一，本专题基于 MM 理论，结合专题二的研究，进一步研究盈余质量如何影响企业创新投入，并从融资约束角度分析二者间的作用路径。

第十章

政府研发资助、创新投入与投资效率

军民融合是我国的重要国家战略，军工上市公司在军民融合深度发展中肩负了保卫国家安全和服务国计民生的重任。一方面，军工上市公司能否作出有效的投资决策关乎资源配置是否有效和企业的运营发展是否顺利，新发展阶段对军工上市公司的投资效率提出了更高的要求；另一方面，军工上市公司的核心竞争力来源于技术创新，在"创新是第一发展力"的背景下，军工上市公司更容易获得充足的政府研发资助。随着国家对军工上市公司的补助力度达到新高度，政府研发资助作为政府补助的一种类别，在作用于创新活动的同时是否会对投资效率产生影响，以及是否通过影响创新投入作用从而影响投资效率是本章关注所在。

本章基于委托—代理理论、创新理论及先动优势理论，通过文献研究、理论分析和实证研究，探究政府研发资助对创新投入及投资效率产生的影响，并对创新投入在政府研发资助和投资效率之间发挥的中介作用进行实证检验。

第一节　政府研发资助与投资效率

政府研发资助属于政府补助的一种类别，现有研究表明政府补助会影响企业的投资效率。虽然目前上市公司投资效率的文献成果颇丰，但选取的样本多为普通 A 股上市公司，而作为国家重点关注对象的军工上市公司的投资效率则少有研究。近年来，随着国家对军工上市公司的重视程度日渐提升，也给其高效运营发展提出了更高的要求。这就意味着军工上市公司必须着眼于资金的有效运作，实现资源合理配置，提高投资效率。本节对政府研发资助对军工上市公司投资效率的影响进行研究，补充了现有研究在军工上市公司方面的空白。

一、研究假设

一种情况是政府研发资助的取得能够对军工上市公司投资效率产生正向影响，这种影响主要通过以下机制实现。

（1）政府研发资助可以通过直接的资金支持改善公司的投资效率。军工上市公司承担着众多重要的研发项目，研发周期长，需要大量而持续的研发投入。公司资金不充足不仅会使得创新研发活动受到影响，其投资决策也会受到干扰，使得公司被迫放弃一些优质投资项目，从而导致非效率投资。政府研发资助能够为公司创新研发活动提供资金支持，分担部分创新的风险，改善企业的资金状况，缓解了投资不足，提高投资效率。

（2）政府研发资助可以通过信号传递机制提高企业的投资效率。政府向企业发放研发补助资金之前，为避免逆向选择问题，需要通过严格的筛查论证程序对企业的各方面条件水平进行综合考评。企业获得了政府发放的研发资助，意味着其技术创新水平和申请的研发项目得到了官方的肯定，向外界传递了企业拥有技术优势的积极信号（郭玥，2018），且获助企业是政府扶持和关注的重点对象，可以降低外部投资者对企业的风险评估（申香华，2014），提高外部投资者信心，使企业融资能力增强，从而缓解投资不足，提高投资效率。

（3）政府对获得研发资助的公司进行监督，外部监督的加强使公司投资效率获得改善。在公司获得创新补助后，政府为避免道德风险问题，会对其项目执行情况进行有效的动态监督管理（郭玥，2018）。这种外部监管能够使企业规范投资行为，抑制投资过度，提高投资效率。

通过以上分析，提出假设如下：

H10.1a：政府研发资助对投资效率有正向影响。

另一种情况是政府研发资助也可能对军工上市公司的投资效率产生负向影响，可能的原因如下。

（1）政府研发资助存在多种发放方式，其中在事前一次性补助的方式下，政府对公司的监督力度不足，企业也存在将补助用于其他用途的可能（张兴龙等，2014）。而军工企业大多为国有企业，各级代理机构既是委托人又是代理人，内部监督动力不足，高管在这种软约束下有低效使用资金扩大投资以构建企业帝国的动机（王建军和刘红霞，2015）。

（2）军工上市公司主要采用盈利性合同，军品市场竞争不足，这在一定程度上弱化了军工上市公司的行为能力，部分军工上市公司在获得补助后会采取扩大成本的行为以寻求更多补贴（罗航和刘江涛，2019），这种情况也可能导致资金使用的无效率和投资效率的降低。

综合以上讨论，提出竞争性的假设如下：

H10.1b：政府研发资助对投资效率有负向影响。

二、研究设计

（一）变量设计

1. 投资效率的衡量

本章对投资效率的衡量借鉴理查森（Richardson，2006）的模型及方法，这种方法近年来被广泛采用（景奎等，2019；于晓红和王玉洁，2019）。该方法不仅能计算各公司不同年度的投资效率水平，还能够区分过度投资与投资不足。模型及变量说明如表 10 – 1 所示。

$$
\begin{aligned}
Invest_{i,t+1} = {} & \lambda_0 + \lambda_1\, Growth_{i,t} + \lambda_2\, Cash_{i,t} + \lambda_3\, Lev_{i,t} \\
& + \lambda_4\, Size_{i,t} + \lambda_5\, Age_{i,t} + \lambda_5\, Ret_{i,t} \\
& + \sum Year + \sum Industry + \varepsilon_{i,t+1}
\end{aligned}
\tag{10 – 1}
$$

表 10 - 1　　　　　　　　　Richardson 模型中的变量说明

变量符号	变量名称	变量含义
$Invest$	新增投资支出	（构建固定资产、无形资产和其他长期资产所支付的现金 + 投资支付的现金 - 处置固定资产、无形资产和其他长期资产而收回的现金 - 折旧和摊销）/期初资产总额
$Growth$	营业收入增长率	（本期营业收入 - 上期营业收入）/上期营业收入
$Cash$	现金持有量	期末货币资金/期末资产总额
Lev	资产负债率	期末资产总额/期末负债总额
$Size$	公司规模	期末资产总额的自然对数
Age	公司上市年限	公司股票首次发行上市年度距样本所在年度的差值
Ret	个股收益率	期末基本每股收益
$Year$	年度	虚拟变量，控制年度的固定影响
$Indus$	行业	虚拟变量，控制行业的固定影响。根据证监会《上市公司行业分类指引》将公司细分到二级行业分类

2. 政府研发资助的衡量

政府研发资助为本章相关模型的解释变量，以公司当年收到政府研发资助和营业收入的比值衡量（朱卫东等，2020）。相关数据来源于公司研究系列下财务报表附注中"政府补助"一项，通过 CSMAR 数据库查找。首先查询样本公司各年度的政府补助，通过明细项目手工整理对企业研究与开发活动有促进作用的部分，得到政府研发资助总额，再用该值除以当年营业收入，得到用于回归模型的解释变量，以符号 Gov 表示。

3. 控制变量

本章参考刘慧龙等（2012）、王娟（2013）及其他研究，选择控制变量如下，取值方法见表 10 - 2。

表 10 - 2　　　　　　　　　　模型变量说明

变量类型	变量符号	变量名称	变量取值方法
被解释变量	$Abseff$	非效率投资	Richardson 模型计算的残差绝对值
	$Undereff$	投资不足	Richardson 模型计算的小于 0 的残差绝对值
	$Overeff$	投资过度	Richardson 模型计算的大于 0 的残差
解释变量	Gov	政府研发资助	当年获得与研究开发有关的政府补助/营业收入

变量类型	变量符号	变量名称	变量取值方法
	Size	公司规模	期末资产总额的自然对数
	CFO	经营性现金流	经营性现金净流量/期末资产总额
	Q	成长性	所有者权益和负债市场价值总额/期末资产总额
	Lev	资产负债率	期末资产总额/期末负债总额
	CR	流动比率	速动资产/流动负债
	TAT	总资产周转率	当年销售收入净额/平均资产总额
控制变量	*Dual*	两职合一	虚拟变量，董事长和总经理为同一人 =1，否则 =0
	Indep	独立董事比例	独立董事人数/董事会总人数
	Mshare	高管持股比例	高管持股总数/总股数
	Shm	股东大会次数	当年公司召开股东大会次数
	*Top*1	股权集中度	第一大股东持股比例
	Audittyp	审计意见类型	虚拟变量，标准无保留意见 =1，否则 =0
	Auditqlt	审计质量	虚拟变量，审计机构为四大或八大 =1，否则 =0

（1）公司规模（*Size*）。企业规模是影响创新的重要因素，规模越大的企业产品生产能力越强，声誉越高，为了企业的持久发展，就越倾向于进行长期投资，通过创新等方式提高企业的风险管理能力。为控制公司规模的影响，选取期末资产总额的自然对数用以衡量。

（2）经营性现金流（*CFO*）。经营性现金流和自由现金流相关，自由现金流充足的公司倾向于过度投资（于晓红等，2017），因此需要在模型中控制这种影响。

（3）成长性（*Q*）。企业的成长性是企业全要素综合生产力，由企业文化、创新能力、核心技术等要素决定。成长性可观的企业一般拥有较高水平的创新投入。成长性指标选取托宾 Q 比率为代理变量。

（4）资产负债率（*Lev*）。资产负债率反映公司的资本结构和公司偿付能力，杠杆较低的企业更能保证持续的研发投入（O'Brien，2003）。因此选取资产负债率作为控制变量。

（5）流动比率（*CR*）。流动比率用以衡量企业流动资产在短期债务到期以前，可以变为现金用于偿还负债的能力。参考张新民等（2017）的研究，选用流动比率作为控制变量，计算方法为流动资产/流动负债。

（6）总资产周转率（*TAT*）。总资产周转率是企业一定时期的销售收入净额与平均资产总额之比，是衡量资产投资规模与销售水平之间配比情况的指标，与投资效率相关。因此将总资产周转率纳入控制变量。

（7）两职合一（*Dual*）。两职合一是指董事长、总经理由同一人担任的情况，这种制度安排会导致过度投资行为的发生（于晓红等，2016）。另外，两职合一情况与公司技术创新具有关联性（徐向艺和汤业国，2013）。因此在模型中需要控制两职合一的影响。

（8）独立董事比例（*Indep*）。作为公司治理的重要部分，独立董事被认为可以发挥较好的监督作用。有证据表明，独立董事可以减少因大股东的利益输送而造成的投资不足问题（刘慧龙等，2012）。另外，独立董事与公司技术创新也存在正相关关系，具体表现为董事会中独立董事占比高的公司技术创新投入明显高于独立董事占比较低的公司（陈昆玉，2010）。为此，回归模型控制了独立董事比例的影响。

（9）高管持股（*Mshare*）。根据王娟（2013）的研究，一方面，高管持股能够降低股东与经理人之间的代理成本，有利于两者共同做出有效的投资决策；另一方面，当高管持股比例增加时，有更大权力控制企业，受到其他股东的监督也会弱化，非效率投资产生的可能性也越高。因此，本章选取高管持股比例作为控制变量之一，以高管持股总数与总股数的比值衡量。

（10）股东大会次数（*Shm*）。根据王娟（2013）的研究，一方面，由于流通股股东在股东大会上几乎没有话语权，难以阻止非流通股股东的过度投资行为，因此召开股东大会次数越多，过度投资的程度越大；另一方面，大股东会通过召开股东大会的方式避免财务危机，讨论如何提高营业业绩，因此股东大会的召开也可能有利于投资效率的提高。因此，本章将上市公司当年股东大会召开次数纳入控制变量。

（11）股权集中度（*Top1*）。大股东持股比例越高，监督收益超过成本的概率越大，就越能对经理人的投资行为形成约束，同时也可能导致大股东通过公司控制权攫取私利（王娟，2013）。股权集中度会对投资效率产生一定影响，模型选取第一大股东持股比例代表股权集中度以控制这种影响。

（12）审计意见类型（*Audittyp*）。审计意见类型是影响投资效率的重要因素之一，非标意见可以抑制公司的过度投资行为从而提高投资效率，但其也会加剧投资不足从而降低投资效率（刘笑霞等，2020）。为此，本章设置虚拟变量用以表示审计意见类型，获得标准无保留意见取值为1，获得其他类型意见取值为0。

（13）审计质量（*Auditqlt*）。提高审计质量同时对过度投资和投资不足具有抑制作用（窦炜等，2015），本章将审计质量这一变量纳入控制变量内。"四大"会计师事务所具有较高的国际声誉和独立性，国内"八大"会计师事务所也能提供较高的审计质量，因此本章以是否由"四大"或"八大"会计师事务所审计作为审计质量的代理变量。

（二）模型构建与样本选择

1. 模型构建

为检验政府研发资助对公司投资效率的影响，建立模型（10 - 2），并使用该模型分别检验政府研发资助对于总体的投资效率、投资过度和投资不足的影响。其中，*Eff* 为被解释变量集合，包含了 *Abseff*、*Overeff* 和 *Undereff* 三个被解释变量；*Controls* 代表控制变量集合，包括上文所述的公司规模、资产回报率等控制变量。

$$Eff_{i,t} = \alpha_0 + \alpha_1\,Gov_{i,t} + \sum \alpha_k\,Controls_{i,t} + \varepsilon_{1i,t} \qquad (10-2)$$

模型控制了公司个体固定效应，并引入公司个体聚类的稳健标准误。

2. 样本选择

本章研究样本为 2008～2019 年军工上市公司。部分公司因 2019 年后实际控制人发生变更或目前暂停上市等缘故不在官网显示，因此本章通过查阅公司历年年报，在该名单中增加应当被纳入样本的公司共 5 家；部分公司因上市时间较晚，存在数据缺失，因此删除 2018 年及往后年份上市的公司 5 家，最终得到 89 家上市公司为初始样本。

公司各年度的数据来源于 CSMAR 数据库和 RESSET 数据库，缺失的数据项通过查找公司年度报告加以补充。此外，对样本作如下处理：（1）部分公司在研究期间内实际控制人发生过变更，因此删除实际控制人不属于

"十大军工集团"的样本；（2）为保证数据有效性，剔除了被冠以 ST 或 * ST 的公司样本；（3）删除存在数据缺失的公司样本。经上述操作，最终获得 625 个样本。为避免数据异常值的影响，对于模型中的连续变量数据按照上下 1% 进行缩尾处理。

三、实证结果分析

（一）描述性统计

表 10 - 3 为模型中主要变量的描述性统计结果。就总体投资效率而言，非效率投资平均值为 0.051，中位数为 0.028，说明非效率投资的问题在军工上市公司中普遍存在。在 625 个公司中，过度投资的公司有 210 个，占比约 33.60%，投资不足的公司有 415 个，占比约 66.40%，可见军工上市公司面临的非效率投资问题更多是投资不足。其中，过度投资的最大值为 0.787，标准差为 0.133；相比之下，投资不足的最小值为 0.266，标准差为 0.040，说明投资过度样本中的各个公司投资效率差异较大，样本中存在投资过度十分严重的公司。政府研发资助最大值为 0.119，最小值接近于 0，中位数为 0.001，小于平均数 0.004，说明样本中各公司接受的政府研发资助数额存在一定差距。

表 10 - 3   主要描述性统计

变量名称	均值	标准差	最小值	中位数	最大值
Abseff	0.051	0.078	0.001	0.028	0.502
Overeff	0.079	0.133	0.001	0.027	0.787
Undereff	0.038	0.040	0.001	0.028	0.266
Gov	0.004	0.010	0.000	0.001	0.119
Size	22.441	1.251	19.889	22.230	26.574
CFO	0.217	0.136	0.010	0.179	0.915
Q	2.251	1.301	0.910	1.816	7.198
Lev	0.467	0.174	0.019	0.486	0.964
CR	2.024	1.256	0.743	1.658	8.219
TAT	0.692	0.350	0.133	0.632	2.035

续表

变量名称	均值	标准差	最小值	中位数	最大值
Dual	0. 056	0. 230	0. 000	0. 000	1. 000
Indep	0. 361	0. 047	0. 300	0. 333	0. 571
Mshare	0. 005	0. 021	0. 000	0. 000	0. 161
Shm	3. 182	1. 464	1. 000	3. 000	10. 000
*Top*1	0. 371	0. 109	0. 102	0. 372	0. 618
Audittyp	0. 989	0. 105	0. 000	1. 000	1. 000
Auditqlt	0. 650	0. 478	0. 000	1. 000	1. 000

资料来源：CSMAR 数据库、RESSET 数据库和上市公司年报，经过整理。

（二）回归结果分析

在回归分析之前，本章对模型（10 - 2）进行 VIF 检验，发现各变量对应 VIF 值均小于 5，可以认为模型中各变量间不存在多重共线性问题，模型不需调整。为验证政府研发资助对公司投资效率的影响，对假设 10.1 进行回归分析，结果如表 10 - 4 所示。

表 10 - 4　　　　　　　　　假设 10.1 回归结果

变量名称	全样本 *Abseff*	投资过度 *Overeff*	投资不足 *Undereff*
Gov	0. 686 * （1. 74）	2. 339 ** （2. 30）	- 0. 490 （ - 0. 97）
Size	0. 004 （0. 60）	0. 005 （0. 25）	- 0. 006 （ - 0. 95）
CFO	- 0. 035 （ - 0. 80）	- 0. 298 ** （ - 2. 19）	0. 034 （1. 08）
Q	- 0. 005 * （ - 1. 69）	- 0. 012 （ - 1. 30）	- 0. 003 ** （ - 2. 14）
Lev	- 0. 063 （ - 0. 95）	- 0. 185 （ - 1. 05）	- 0. 026 （ - 0. 58）
CR	0. 004 （0. 49）	0. 023 （1. 05）	0. 008 （0. 97）

续表

变量名称	全样本 Abseff	投资过度 Overeff	投资不足 Undereff
TAT	− 0. 057 *** （ − 4. 06）	− 0. 079 ** （ − 2. 35）	− 0. 040 ** （ − 2. 49）
Dual	0. 007 （0. 42）	− 0. 132 （ − 1. 17）	− 0. 001 （ − 0. 11）
Indep	− 0. 150 * （ − 1. 78）	− 0. 419 （ − 1. 25）	− 0. 085 ** （ − 2. 21）
Mshare	0. 058 （0. 10）	− 1. 535 （ − 1. 16）	0. 622 * （1. 73）
Shm	0. 004 （1. 39）	0. 016 ** （2. 28）	0. 001 （0. 52）
Top1	0. 059 （1. 56）	0. 236 * （1. 81）	− 0. 002 （ − 0. 06）
Audittyp	0. 024 （1. 57）	0. 150 ** （2. 02）	− 0. 002 （ − 0. 23）
Auditqlt	− 0. 013 （ − 1. 65）	− 0. 008 （ − 0. 40）	− 0. 006 （ − 1. 06）
Constant	0. 033 （0. 24）	0. 011 （0. 03）	0. 223 （1. 56）
N	625	210	415
R-Squared	0. 075	0. 279	0. 120

注：*** 、** 、* 分别表示在1% 、5% 和10% 统计水平上显著。
资料来源：CSMAR 数据库、RESSET 数据库和上市公司年报，经过整理。

在全样本中，政府研发资助与非效率投资在10% 水平上正相关，系数为0.686。具体来看，在投资过度样本中，政府研发资助与过度投资在5% 水平上正相关，系数为2.339；在投资不足样本中，政府研发资助与投资不足负相关，系数为 − 0.490，但是并不显著。回归结果说明，政府研发资助没有像预期一样对军工上市公司的投资效率产生正向影响，反而和非投资效率呈现出正相关关系，假设10.1 不成立。具体来看，政府研发资助与投资过度正相关，与王克敏等（2017）、李刚等（2017）、许罡（2014）等研究一致；政府研发资助与投资不足负相关但关系不显著，可以佐证赵静和郝颖（2014）提出的政府补助对投资不足的缓解具有非对称性的结论。政府研发资助投资不足存在负相关关系但不显著，两者之间的关系有待进一步检验。

（三）稳健性检验

1. 替换因变量

本章使用 *Richardson* 模型对企业的投资效率进行计算时采用营业收入增长率衡量企业成长性。为了检验结果的稳健性，本章参考谢佩洪和汪春霞（2017）的做法，将 *Richardson* 模型中企业成长性变量替换为托宾 *Q* 值，并对投资效率重新计算。计算完成后使用模型（10 – 2）进行回归分析，结果如表 10 – 5 所示。在全样本中，非效率投资与政府研发资助在 10% 显著水平上正相关，系数为 0.658；过度投资与政府研发资助在 1% 显著水平上正相关，系数为 2.949；投资不足与政府研发资助系数为 – 0.583，但不显著。以上结果同样说明了政府研发资助与非效率投资存在正相关关系，加剧了投资过度但对投资不足具有不显著的缓解效果。

表 10 – 5　　　　　　　　假设 10.1 稳健性检验——替换因变量

变量名称	全样本 *Abseff*	投资过度 *Overeff*	投资不足 *Undereff*
Gov	0.658 * (1.68)	2.949 *** (2.92)	– 0.583 (– 1.33)
Size	0.004 (0.48)	– 0.001 (– 0.05)	– 0.008 (– 1.44)
CFO	– 0.032 (– 0.74)	– 0.289 ** (– 2.13)	0.033 (1.05)
Q	– 0.006 ** (– 2.07)	– 0.009 (– 0.90)	– 0.005 *** (– 3.48)
Lev	– 0.065 (– 0.97)	– 0.109 (– 0.67)	– 0.032 (– 0.70)

续表

变量名称	全样本 *Abseff*	投资过度 *Overeff*	投资不足 *Undereff*
CR	0.004 (0.48)	0.033* (1.69)	0.006 (0.77)
TAT	−0.055*** (−3.99)	−0.072** (−2.18)	−0.037** (−2.46)
Dual	0.007 (0.44)	−0.141 (−1.22)	0.000 (0.03)
Indep	−0.149* (−1.77)	−0.551** (−2.11)	−0.084** (−2.23)
Mshare	0.003 (0.01)	−1.851 (−1.45)	0.537 (1.38)
Shm	0.004 (1.38)	0.015** (2.27)	0.001 (0.87)
Top1	0.059 (1.54)	0.188 (1.46)	−0.002 (−0.08)
Audittyp	0.026 (1.61)	0.158** (2.27)	−0.001 (−0.11)
Auditqlt	−0.013* (−1.68)	−0.002 (−0.10)	−0.007 (−1.14)
Constant	0.052 (0.36)	0.142 (0.32)	0.283** (2.11)
N	625	205	420
R-Squared	0.076	0.279	0.134

注：***、**、*分别表示在1%、5%和10%统计水平上显著。

资料来源：CSMAR数据库、RESSET数据库和上市公司年报，经过整理。

2. 修正投资效率模型的系统性偏差

采用 Richardson 模型计算公司投资效率得出的结果会认为所有公司都存在非效率投资情况。为修正模型的固有问题，本章借鉴刘凤委和李琦（2013）及李延喜等（2015）的方法，将样本按模型（10 − 1）计算出的投资效率结果按大小分为三组，将中间一组视作投资有效率的样本并剔除，将投资效率最大组和投资效率最小组分别作为投资过度组和投资不足组，进行回归结果如表 10 − 6 所示。

表 10 – 6　　　　假设 10.1 稳健性检验——修正投资效率模型的系统性偏差

变量名称	全样本 *Abseff*	投资过度 *Overeff*	投资不足 *Undereff*
Gov	0.875 ** (2.10)	2.348 ** (2.31)	− 0.562 (− 1.30)
Size	0.009 (0.97)	0.005 (0.25)	0.002 (0.25)
CFO	− 0.079 (− 1.49)	− 0.303 ** (− 2.21)	0.007 (0.13)
Q	− 0.006 (− 1.54)	− 0.012 (− 1.27)	− 0.003 (− 1.45)
Lev	− 0.079 (− 0.84)	− 0.185 (− 1.05)	0.006 (0.07)
CR	0.007 (0.84)	0.025 (1.12)	0.010 (0.94)
TAT	− 0.065 *** (− 3.30)	− 0.078 ** (− 2.30)	− 0.072 *** (− 2.82)
Dual	0.000 (0.02)	− 0.131 (− 1.16)	− 0.003 (− 0.28)
Indep	− 0.183 * (− 1.79)	− 0.418 (− 1.25)	− 0.105 (− 1.37)
Mshare	− 0.626 (− 1.40)	− 1.575 (− 1.19)	0.307 (0.93)
Shm	0.007 (1.60)	0.017 ** (2.28)	0.002 (0.92)
*Top*1	0.075 (1.51)	0.237 * (1.82)	− 0.020 (− 0.32)
Audittyp	0.051 *** (4.00)	0.149 ** (2.01)	0.025 * (1.88)
Auditqlt	− 0.019 * (− 1.73)	− 0.008 (− 0.41)	− 0.015 (− 1.34)
Constant	− 0.052 (− 0.27)	0.007 (0.02)	0.076 (0.41)
N	417	208	209
R-Squared	0.112	0.281	0.183

注：*** 、** 、* 分别表示在 1% 、5% 和 10% 统计水平上显著。
资料来源：CSMAR 数据库、RESSET 数据库和上市公司年报，经过整理。

全样本中，非效率投资与政府研发资助在 5% 水平上正相关，系数为 0.875；投资过度样本中，过度投资与政府研发资助在 5% 水平上正相关，系数为 2.348；投资不足与政府研发资助系数为 -0.562，但不显著，与回归结果一致。

第二节　政府研发资助与创新投入

在创新驱动与军民融合的大环境下，政府对军工行业的补助力度和政策支持达到了新高度，这对军工企业提高创新能力意义重大。但是这些补助发挥作用如何呢？作为政府补助的一个类别，政府研发资助旨在鼓励军工企业投身意义重大的技术创新活动。其初衷是为企业提供研发资金，分担创新风险，以达到推动企业积极开展技术创新活动，提升创新绩效的效果。现有研究表明，政府研发资助对于企业的创新投入同时具有激励效应和挤出效应。一方面，军工企业的技术创新活动相比其他企业来说更为复杂（李从容等，2021），政府的研发资助可以为企业创新活动提供充足的资金，使其不必承担过多创新失败的风险；另一方面，政府研发资助可能代替了原本用于研发投入的资金，挤出了创新投入。因此，目前尚不能确定高额的补助是否对军工企业的创新投入产生正向的影响。

一、研究假设

政府研发资助会对企业创新投入产生激励效应或挤出效应，其具体影响效果与行业性质密切相关。由于军工企业的核心竞争力在于技术创新，军工行业企业创新投入力度普遍较大（李从容等，2021），其技术创新活动需要巨额的前期研发投入，也使得技术溢出的损失更加严重（孔昭君和张宇萌，2021）。政府研发资助可以为军工上市公司技术创新活动提供部分资金，使其不必承担过多创新失败及技术溢出的风险，从而刺激公司增加创新投入，推进创新活动的进展。

此外，有研究表明政府研发资助和创新投入之间呈倒"U"型关系，即政府研发资助在起初会对创新投入起明显的激励效应，超过最优补贴值后转而会产生挤出效应（刘虹等，2012）。虽然近年来政府对军工上市公司的研发资助力度逐渐增大，但是与创新投入的规模相比，政府研发资助不足以产生挤出创新投入的效果。

基于以上叙述，提出如下假设：

H10.2：政府研发资助激励了创新投入。

二、研究设计

（一）变量衡量

创新投入可分为资金投入和人力投入，分别用研发投入和研究人员数量衡量。由于研发投入相对来说更加易于控制，因此本章选用研发投入作为创新投入的衡量方法，并采用公司研发投入占营业收入的比值衡量创新投入（谢小芳，2009），以符号 RD 表示。虽然也有部分学者直接使用研发投入的自然对数来衡量创新投入（李从容等，2021），但是本章认为使用研发投入相对营业收入的比值可以消除公司规模的影响，使得结果更加可靠。研发投入数据来源于 CSMAR 数据库，为降低缺失值带来的影响，通过查阅公司年报对缺失值进行补充。

政府研发资助变量及其他控制变量与前文相同，详细参见本章第一节内容，本节不再重复。

（二）模型构建

为检验政府研发资助对公司创新投入的影响，建立模型（10 – 3）如下。$Controls$ 代表控制变量集合，包括上文所述的公司规模、资产回报率等控制变量。

$$Gov_{i,t} = \beta_0 + \beta_1 RD_{i,t} + \sum \beta_k Controls_{i,t} + \varepsilon_{2i,t} \qquad (10-3)$$

模型控制了公司个体固定效应，并引入公司个体聚类的稳健标准误。样本选择及数据来源同本章第一节，本节不再重复。

三、实证结果分析

（一）描述性统计

表 10-7 为模型中创新投入（RD）的描述性统计结果。创新投入最大值为 0.5667，最小值接近于 0，中位数同样小于平均值，可见公司之间的创新投入水平各异，部分公司创新投入水平较小。

表 10-7　　　　　　　　　　　　创新投入（RD）描述性统计

变量名称	样本量	均值	标准差	最小值	中位数	最大值
RD	625	0.0467	0.0633	0.0000	0.0345	0.5667

资料来源：CSMAR 数据库、RESSET 数据库和上市公司年报，经过整理。

（二）回归结果分析

在回归分析之前，本章对模型（10-3）进行 VIF 检验，发现各变量对应 VIF 值均小于 5，可以认为模型中各变量间不存在多重共线性问题，模型不需调整。为验证政府研发资助对公司创新投入的影响，对假设 10.2 进行回归分析，结果如表 10-8 所示。

表 10-8　　　　　　　　　　　　假设 10.2 回归结果

变量名称	全样本 RD	投资过度 RD	投资不足 RD
Gov	0.452 *** (2.90)	0.304 * (1.81)	0.340 * (1.74)
Size	0.006 *** (3.30)	0.004 (1.33)	0.008 *** (3.76)
CFO	-0.004 (-0.27)	-0.026 (-1.25)	0.011 (0.57)
Q	-0.000 (-0.12)	-0.003 (-1.30)	0.000 (0.21)
Lev	-0.014 (-0.68)	0.016 (0.68)	-0.047 * (-1.82)

变量名称	全样本 RD	投资过度 RD	投资不足 RD
CR	0.005 (1.39)	0.008 ** (2.33)	− 0.001 (− 0.34)
TAT	− 0.021 *** (− 3.04)	− 0.026 *** (− 3.51)	− 0.014 (− 1.29)
Dual	− 0.005 (− 0.66)	− 0.001 (− 0.08)	− 0.010 (− 1.01)
Indep	0.030 (1.22)	0.039 (1.55)	− 0.004 (− 0.12)
Mshare	− 1.183 (− 1.60)	− 0.538 ** (− 2.53)	− 0.946 (− 1.41)
Shm	− 0.000 (− 0.20)	0.001 (1.11)	− 0.000 (− 0.63)
Top1	− 0.012 (− 0.70)	− 0.042 ** (− 2.23)	− 0.008 (− 0.31)
Audittyp	0.018 (1.18)	0.025 *** (2.66)	0.023 (1.13)
Auditqlt	0.001 (0.18)	0.003 (0.97)	− 0.001 (− 0.18)
Constant	− 0.094 ** (− 2.15)	− 0.058 (− 0.86)	− 0.113 ** (− 2.18)
N	625	210	415
R-Squared	0.225	0.304	0.168

注：*** 、** 、* 分别表示在1%、5%和10%统计水平上显著。

资料来源：CSMAR 数据库、RESSET 数据库和上市公司年报，经过整理。

在全样本中，政府研发资助和创新投入系数为 0.452，在 1% 水平上正相关；在投资过度样本和投资不足样本中，政府研发资助也与创新投入在 10% 的水平上正相关，系数分别为 0.304 和 0.340。由此可认为，政府研发资助激励了军工上市公司的创新投入，对创新活动产生了正向的影响，假设 10.2 成立，该结果与苏子逢和张笑（2020）、孔昭君和张宇萌（2021）对军工企业的研究结果一致。

（三）稳健性检验

1. 替换因变量

采用本章第一节中稳健性检验的方法，更换投资效率的计量方式，对假设 10.2 进行稳健性检验。检验结果如表 10-9 所示。全样本中，创新投入与政府研发资助在 1% 显著水平上正相关，系数为 0.452；投资过度样本中，创新投入与政府研发资助在 5% 显著水平上正相关，系数为 0.377；投资不足样本中，创新投入与政府研发资助在 10% 显著水平上正相关，系数为 0.369，与回归结果一致。

表 10-9　　　　　　　　　假设 10.2 稳健性检验——替换因变量

变量名称	全样本 RD	投资过度 RD	投资不足 RD
Gov	0.452 *** (2.89)	0.377 ** (2.31)	0.369 * (1.82)
Size	0.006 *** (3.32)	0.004 (1.18)	0.008 *** (3.74)
CFO	-0.004 (-0.28)	-0.025 (-1.22)	0.012 (0.58)
Q	-0.000 (-0.06)	-0.003 (-1.46)	0.000 (0.18)
Lev	-0.014 (-0.67)	0.015 (0.75)	-0.046 * (-1.77)
CR	0.005 (1.38)	0.009 ** (2.22)	-0.001 (-0.33)
TAT	-0.021 *** (-3.05)	-0.025 *** (-3.48)	-0.014 (-1.30)
Dual	-0.005 (-0.66)	-0.001 (-0.10)	-0.009 (-0.98)
Indep	0.030 (1.22)	0.032 (1.08)	-0.002 (-0.07)
Mshare	-1.180 (-1.60)	-0.523 ** (-2.46)	-0.919 (-1.36)

变量名称	全样本 RD	投资过度 RD	投资不足 RD
Shm	-0.000 (-0.19)	0.002 (1.25)	-0.000 (-0.36)
Top1	-0.012 (-0.70)	-0.043** (-2.30)	-0.006 (-0.25)
Audittyp	0.018 (1.18)	0.024** (2.42)	0.023 (1.13)
Auditqlt	0.001 (0.17)	0.003 (0.83)	-0.000 (-0.02)
Constant	-0.095** (-2.17)	-0.055 (-0.76)	-0.112** (-2.20)
N	625	205	420
R-Squared	0.225	0.315	0.167

注：***、**、*分别表示在1%、5%和10%统计水平上显著。

资料来源：CSMAR数据库、RESSET数据库和上市公司年报，经过整理。

2. 修正投资效率模型的系统性偏差

采用本章第一节中稳健性检验的方法，修正投资效率模型的系统性偏差，对假设10.2进行稳健性检验。检验结果如表10-10所示。全样本中创新投入在1%水平上与政府研发资助正相关，系数为0.449；过度投资样本中，创新投入在10%显著水平上与政府研发资助正相关，系数为0.304；投资不足样本中，创新投入与政府研发资助在10%显著水平上正相关，系数为0.270。

表10-10　　　　假设10.2稳健性检验——修正投资效率模型的系统性偏差

变量名称	全样本 RD	投资过度 RD	投资不足 RD
Gov	0.449*** (3.28)	0.304* (1.81)	0.270* (1.85)
Size	0.006** (2.53)	0.004 (1.33)	0.006** (2.12)

续表

变量名称	全样本 RD	投资过度 RD	投资不足 RD
CFO	− 0.001 (− 0.05)	− 0.026 (− 1.24)	0.049 (1.61)
Q	− 0.002 (− 1.12)	− 0.003 (− 1.30)	− 0.001 (− 0.34)
Lev	− 0.002 (− 0.11)	0.016 (0.68)	− 0.030 (− 0.88)
CR	0.007 (1.64)	0.008 ** (2.32)	− 0.001 (− 0.20)
TAT	− 0.019 *** (− 2.82)	− 0.026 *** (− 3.50)	− 0.014 (− 1.45)
Dual	− 0.002 (− 0.20)	− 0.001 (− 0.08)	− 0.012 (− 1.05)
Indep	0.050 * (1.72)	0.039 (1.55)	0.027 (0.49)
Mshare	− 1.281 (− 1.54)	− 0.539 ** (− 2.53)	− 1.796 (− 1.23)
Shm	0.000 (0.35)	0.001 (1.09)	− 0.000 (− 0.13)
Top1	− 0.023 (− 1.22)	− 0.042 ** (− 2.23)	− 0.028 (− 0.87)
Audittyp	0.018 *** (3.31)	0.025 ** (2.66)	0.028 (1.55)
Auditqlt	0.002 (0.42)	0.003 (0.96)	0.000 (0.06)
Constant	− 0.093 * (− 1.75)	− 0.058 (− 0.86)	− 0.091 (− 1.31)
N	417	208	209
R-Squared	0.260	0.304	0.254

注：***、**、*分别表示在1%、5%和10%统计水平上显著。

资料来源：CSMAR 数据库、RESSET 数据库和上市公司年报，经过整理。

第三节 创新投入与投资效率

创新投入也称研发投入，可分为资金投入和人力投入，现有研究中的研发投入一般指的是研发资金投入（关勇军，2012）。当前，围绕企业研发投入的研究可分为分析投入的影响因素和考察投入的效率效果两方面（杜瑞和李延喜，2018）。目前关于创新投入与投资效率两者之间关系的研究成果相对较少，关于军工上市公司创新投入与投资效率的研究更是少有。本节对军工上市公司创新投入与投资效率之间的关系进行研究，丰富了该领域的研究成果。

一、研究假设

创新投入能通过增强内源融资能力、吸引外部融资、吸引机构投资者持股及分析师跟踪等方式提高投资效率，具体机制如下。

（1）创新能够使得公司经营状况改善，内源融资能力增强，从而提高投资效率。公司通过创新投入不断开发新技术及新产品，获得了技术优势和成本优势，使得销售收入增加，成本有效减少（谢小芳等，2009），形成的利润留存是内源融资的主要部分（周宇亮和张彩江，2016），也就增强了内源融资能力。内源融资能力的提升使得企业有更多的资金投资于优质项目，从而缓解投资不足，提高投资效率。

（2）创新投入较大的公司受到投资者青睐，使公司更容易获得外部融资，尤其是股权融资，从而提高投资效率。在股权融资中，公司创新活动具有高风险、高收益的特征和投资者追求高回报、承担高风险的效用函数特征相一致，创新投入较大的公司能够以新技术新产品的潜在高额回报吸引投资者（张一林等，2016），从而获得外部融资，改善投资不足，提高投资效率。

（3）公司增加创新投入能吸引机构投资者持股，机构投资者持股有助于公司投资效率的提高。创新投入能够使得公司形成利润增长点，使得公司股价提升，进而吸引机构投资者的投资（齐岳和李晓琳，2019）。机构投资者之间具有以业务往来和利益关系为基础的关系网络，能够帮助传播公司投资项目的相关信息；机构投资者持股也会传递出该公司具有投资价值的信号，减少公司与外部投资者的信息不对称，有利于公司及时获得外部融资，从而缓解投资不足（唐松莲等，2015）。同时，机构投资者为维护自己的投资权益，有动力积极参与公司治理及发挥监督功能（叶松勤和徐经长，2013），通过改善代理问题以抑制过度投资行为，提高投资效率。

（4）创新投入引起分析师跟踪，分析师扮演的外部监督角色能够敦促公司提高投资效率。由于创新活动能使公司率先进入新的业务领域，形成新的价值增长点，因此公司的创新投入会引起分析师的跟踪（徐欣和唐清泉，2010），且创新投入越多，分析师跟踪越多（杨亭亭和许伯桐，2019）。分析师同时也是约束企业管理者的外部监督人，更强的外部监督使得管理者勤勉工作并规范行为，积极识别投资机会，改善投资不足并抑制过度投资行为的发生（江新峰和张东旭，2014）。

基于以上叙述，提出如下假设：

H10.3：创新投入对投资效率有正向影响。

二、研究设计

（一）变量衡量

本节所用变量同上文，详细请参见第十章第一节和第二节，本节不再重复。

（二）模型构建及样本选择

为检验公司创新投入对投资效率的影响，建立模型（10-4），并使用该模型分别检验创新投入对于总体的投资效率、投资过度和投资不足的影响。其中，Eff 为被解释变量集合，包含了 $Abseff$、$Overeff$ 和 $Undereff$ 三个被解释变量；$Controls$ 代表控制变量集合，包括上文所述的公司规模、资产回报率等控制变量。

$$Eff_{i,t} = \lambda_0 + \lambda_1 RD_{i,t} + \sum \lambda_k Controls_{i,t} + \varepsilon_{3i,t} \qquad (10-4)$$

三、实证结果分析

（一）回归结果分析

在回归分析之前，本章对模型（10-4）进行 VIF 检验，发现各变量对应 VIF 值均小于 5，可以认为模型中各变量间不存在多重共线性问题，模型不需调整。为验证创新投入对投资效率的影响，对假设 10.3 进行回归分析，结果如表 10-11 所示。

表 10-11　　　　　　　　　假设 10.3 回归结果

变量名称	全样本 Abseff	投资过度 Overeff	投资不足 Undereff
RD	-0.396* (-1.96)	-1.399* (-1.94)	-0.268** (-2.25)
Size	0.006 (0.88)	0.015 (0.70)	-0.003 (-0.54)
CFO	-0.035 (-0.83)	-0.319** (-2.49)	0.036 (1.14)
Q	-0.004* (-1.70)	-0.016* (-1.81)	-0.003** (-2.49)
Lev	-0.080 (-1.25)	-0.294* (-1.79)	-0.040 (-0.93)
CR	0.003 (0.54)	0.009 (0.65)	0.008 (0.97)
TAT	-0.067*** (-4.49)	-0.126** (-2.58)	-0.043*** (-2.66)
Dual	0.009 (0.50)	-0.071 (-0.90)	-0.003 (-0.37)
Indep	-0.116 (-1.43)	-0.203 (-0.66)	-0.092** (-2.24)
Mshare	-0.361 (-0.62)	-0.357 (-0.39)	0.428 (1.07)

续表

变量名称	全样本 *Abseff*	投资过度 *Overeff*	投资不足 *Undereff*
Shm	0.004 (1.39)	0.020*** (2.69)	0.001 (0.45)
*Top*1	0.057 (1.51)	0.203* (1.69)	−0.004 (−0.14)
Audittyp	0.029* (1.77)	0.135** (2.33)	0.003 (0.44)
Auditqlt	−0.012 (−1.65)	−0.004 (−0.24)	−0.007 (−1.06)
Constant	0.009 (0.07)	−0.080 (−0.19)	0.187 (1.32)
N	625	210	415
R-Squared	0.085	0.284	0.139

注：***、**、*分别表示在1%、5%和10%统计水平上显著。

资料来源：CSMAR 数据库、RESSET 数据库和上市公司年报，经过整理。

在全样本中，非效率投资和创新投入在10%水平上负相关，系数为−0.396；在投资过度样本中，投资过度和创新投入在10%水平上负相关，系数为−1.399；投资不足和创新投入在5%水平上负相关，系数为−0.268。由此认为，创新投入对投资效率有正向影响，能够同时改善投资过度和投资不足，假设10.3成立。

（二）稳健性检验

1. 替换因变量

采用本章第一节中稳健性检验的方法，更换投资效率的计量方式，对假设10.3进行稳健性检验。检验结果如表10-12所示。全样本中创新投入与非效率投资在10%水平上负相关，系数为−0.403；投资过度样本中，创新投入与过度投资在10%水平上负相关，系数为−1.352；投资不足的样本中，创新投入与投资不足在5%水平上负相关，系数为−0.282。

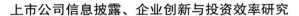

表 10 - 12　　　　　　　　假设 3 稳健性检验——替换因变量

变量名称	全样本 Abseff	投资过度 Overeff	投资不足 Undereff
RD	− 0. 403 * (− 1. 98)	− 1. 352 * (− 1. 85)	− 0. 282 ** (− 2. 36)
Size	0. 006 (0. 78)	0. 011 (0. 50)	− 0. 005 (− 0. 97)
CFO	− 0. 033 (− 0. 77)	− 0. 308 ** (− 2. 41)	0. 035 (1. 11)
Q	− 0. 006 ** (− 2. 04)	− 0. 012 (− 1. 16)	− 0. 006 *** (− 3. 99)
Lev	− 0. 081 (− 1. 25)	− 0. 248 (− 1. 55)	− 0. 048 (− 1. 10)
CR	0. 003 (0. 54)	0. 012 (0. 95)	0. 006 (0. 74)
TAT	− 0. 066 *** (− 4. 42)	− 0. 121 ** (− 2. 45)	− 0. 041 ** (− 2. 65)
Dual	0. 009 (0. 51)	− 0. 066 (− 0. 83)	− 0. 002 (− 0. 23)
Indep	− 0. 116 (− 1. 43)	− 0. 297 (− 1. 13)	− 0. 090 ** (− 2. 32)
Mshare	− 0. 420 (− 0. 71)	− 0. 161 (− 0. 17)	0. 330 (0. 76)
Shm	0. 004 (1. 39)	0. 018 ** (2. 60)	0. 001 (0. 80)
Top1	0. 057 (1. 49)	0. 182 (1. 53)	− 0. 004 (− 0. 14)
Audittyp	0. 031 * (1. 88)	0. 126 ** (2. 43)	0. 004 (0. 65)
Auditqlt	− 0. 013 * (− 1. 68)	− 0. 000 (− 0. 00)	− 0. 007 (− 1. 12)
Constant	0. 024 (0. 18)	0. 008 (0. 02)	0. 245 * (1. 84)
N	625	205	420
R-Squared	0. 088	0. 264	0. 153

注： *** 、 ** 、 * 分别表示在 1%、5% 和 10% 统计水平上显著。
资料来源：CSMAR 数据库、RESSET 数据库和上市公司年报，经过回归分析。

2. 修正投资效率模型的系统性偏差

采用本章第一节中稳健性检验的方法，修正投资效率模型的系统性偏差，对假设 10.3 进行稳健性检验。检验结果如表 10 - 13 所示。全样本中，创新投入与非效率投资在 10% 水平上负相关，系数为 - 0.483；投资过度样本中，创新投入与过度投资在 10% 水平上负相关，系数为 - 1.400；投资不足的样本中，创新投入与投资不足在 5% 水平上负相关，系数为 - 0.334，与回归结果一致。

表 10 - 13　　　假设 10.3 稳健性检验——修正投资效率模型的系统性偏差

变量名称	全样本 *Abseff*	投资过度 *Overeff*	投资不足 *Undereff*
RD	- 0.483 * (- 1.80)	- 1.400 * (- 1.94)	- 0.334 ** (- 2.13)
Size	0.011 (1.23)	0.016 (0.71)	0.005 (0.64)
CFO	- 0.077 (- 1.49)	- 0.324 ** (- 2.52)	0.021 (0.37)
Q	- 0.007 (- 1.63)	- 0.016 * (- 1.78)	- 0.004 * (- 1.89)
Lev	- 0.099 (- 1.09)	- 0.294 * (- 1.80)	- 0.003 (- 0.04)
CR	0.006 (0.93)	0.010 (0.76)	0.011 (1.03)
TAT	- 0.077 *** (- 3.93)	- 0.125 ** (- 2.55)	- 0.076 *** (- 2.95)
Dual	0.008 (0.35)	- 0.070 (- 0.89)	- 0.006 (- 0.56)
Indep	- 0.130 (- 1.26)	- 0.201 (- 0.65)	- 0.104 (- 1.36)
Mshare	- 1.046 * (- 1.96)	- 0.390 (- 0.43)	- 0.164 (- 0.34)
Shm	0.007 * (1.67)	0.020 *** (2.68)	0.002 (0.85)
*Top*1	0.069 (1.46)	0.204 * (1.70)	- 0.033 (- 0.63)

变量名称	全样本 *Abseff*	投资过度 *Overeff*	投资不足 *Undereff*
Audittyp	0. 058 *** (3. 15)	0. 133 ** (2. 32)	0. 024 (1. 56)
Auditqlt	− 0. 017 (− 1. 65)	− 0. 004 (− 0. 25)	− 0. 016 (− 1. 36)
Constant	− 0. 077 (− 0. 42)	− 0. 084 (− 0. 20)	0. 040 (0. 22)
N	417	208	209
R-Squared	0. 117	0. 286	0. 202

注：***、**、*分别表示在1%、5%和10%统计水平上显著。

资料来源：CSMAR 数据库、RESSET 数据库和上市公司年报，经过回归分析。

第四节　政府研发资助、创新投入与投资效率

现有文献表明政府研发资助、创新投入与投资效率两两之间存在影响关系，但未对三者的关系展开研究。理论上，政府研发资助具有通过影响创新投入作用于投资效率的可能性，这条间接影响路径未被提及。其次，学界对非军工行业企业投资效率研究较多，但目前还没有文献对军工上市公司投资效率问题进行探究。随着军民融合的推进，国家对军工上市公司日渐重视，研究军工上市公司投资效率具有重要意义。

对此，本节做出如下改进。第一，探究政府研发资助、创新投入和投资效率三者之间的关系，补充投资效率的影响因素及影响路径。第二，以军工上市公司为研究对象，探究军工上市公司投资效率状况及政府研发资助的经济后果。

一、研究假设

创新投入通过增强内源融资能力、吸引外部融资、吸引机构投资者持股及分析师跟踪几种方式对公司投资效率产生正向影响，政府研发资助对

创新投入也具有激励效应。因此推测，政府研发资助除了对公司投资效率产生直接影响外，同样也能够通过创新投入的中介作用从而间接对投资效率产生正向影响。

由此提出如下假设：

H10.4：政府研发资助能通过激励创新投入从而提高投资效率。

综上所述，本章构建如图10－1所示的概念模型。

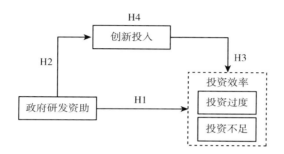

图 10－1　概念模型

二、研究设计

本节所用变量同上文，详细请参见第十章第一节和第二节，本节不再重复。

为验证政府研发资助是否通过影响创新投入间接作用于投资效率，即检验创新投入是否具有中介效应，构建模型（10－5）如下。

$$Eff_{i,t} = \gamma_0 + \alpha'_1 Gov_{i,t} + \gamma_1 RD_{i,t} + \sum \gamma_k Controls_{i,t} + \varepsilon_{4i,t} \quad (10-5)$$

模型控制了公司个体固定效应，并引入公司个体聚类的稳健标准误。样本选择及数据来源同第十章第一节，本节不再重复。本章构建的中介效应模型关系如图10－2所示。

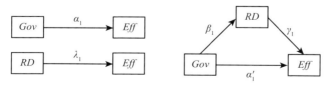

图 10－2　中介效应模型关系

如图 10 - 2 所示，系数 α_1 为总效应，代表未加入中介变量创新投入之前，解释变量政府研发资助对被解释变量投资效率的影响；系数 λ_1 为创新投入对投资效率的影响；系数 α_1' 为直接效应，代表加入中介变量创新投入后，解释变量对被解释变量投资效率的影响；系数 β_1、γ_1 为间接效应，代表解释变量政府研发资助通过中介变量创新投入对被解释变量投资效率的影响，衡量的是中介效应的大小。总效应中包含了直接效应和间接效应，三种效应之间的关系为 $\alpha_1 = \alpha_1' + \beta_1\gamma_1$。为检验创新投入的中介效应，本章采用温忠麟和叶宝娟（2014）的中介效应检验程序，如图 10 - 3 所示。

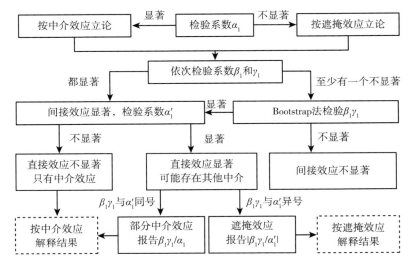

图 10 - 3　中介效应检验程序

检验步骤如下：

（1）检验系数 α_1 是否显著。若显著，则判断可能存在中介效应，检验继续进行；若不显著，则考虑是否存在遮掩效应，检验同样继续进行。当 α_1 不显著时，与温忠麟等（2004）不同的是，考虑到遮掩效应，无论 α_1 是否显著，检验程序都要继续进行。

（2）检验系数 β_1 和 γ_1。若两者都显著，则可以认定创新投入的间接效应显著，转到步骤（4）；若两者至少有一个不显著，进行步骤（3）。

（3）使用 Bootstrap 法直接检验 $\beta_1\gamma_1 = 0$。如显著，认为间接效应显

著，进行下一步；如不显著，可以认为中介效应不存在，检验结束。

（4）检验系数 α_1'。若 α_1' 不显著，则可以认为只存在中介效应而不存在直接效应，表明政府研发资助对投资效率不能直接产生影响，其作用需要通过创新投入传导。若 α_1' 显著，可认为直接效应显著，进行步骤（5）。

（5）比较判断 $\beta_1 \gamma_1$ 与 α_1' 的符号关系。如两者符号相同，即间接效应和直接效应作用方向一致，说明创新投入发挥了部分中介作用；两者符号相反，即间接效应和直接效应作用方向相反，则说明创新投入产生了遮掩效应。

值得一提的是，检验步骤中提到的遮掩效应区别于一般的中介效应，是指两个变量之间影响的总效应被"遮掩变量"削弱的现象（唐建荣等，2021）。出现中介效应时，直接效应 α_1' 和间接效应 $\beta_1 \gamma_1$ 符号相同，根据 $\alpha_1 = \alpha_1' + \beta_1 \gamma_1$，总效应的绝对值 $|\alpha_1|$ 会大于直接效应的绝对值 $|\alpha_1'|$；而出现遮掩效应时，直接效应 α_1' 和间接效应 $\beta_1 \gamma_1$ 符号相反，根据 $\alpha_1 = \alpha_1' + \beta_1 \gamma_1$，总效应的绝对值 $|\alpha_1|$ 将小于直接效应的绝对值 $|\alpha_1'|$。因此，即使总效应 α_1 不显著，考虑到遮掩效应的情况，间接效应依然可能存在，这就是步骤（1）中无论 α_1 是否显著，检验都需要继续进行的原因。

虽然该步骤不需要检验模型（10-4）中的系数 λ_1，即创新投入对投资效率的影响，但目前尚没有文献研究两者之间的关系，不能确定两者是否相关。由于创新投入的中介效应成立的理论前提之一是创新投入能够作用于投资效率，为使结论严谨，本章依然选择对模型（10-4）进行检验，以保证创新投入和投资效率之间有显著关系。

三、实证结果分析

（一）回归分析

为验证政府研发资助是否能通过创新投入影响投资效率，对假设 10.4 进行回归分析，结果如表 10-14 所示。

表 10 - 14　　　　　　　　　　假设 10.4 回归结果

变量名称	全样本 *Abseff*	投资过度 *Overeff*	投资不足 *Undereff*
Gov	0.889 ** (2.10)	2.845 ** (2.43)	- 0.402 (- 0.80)
RD	- 0.449 ** (- 2.18)	- 1.666 ** (- 2.10)	- 0.259 ** (- 2.20)
Size	0.007 (0.94)	0.012 (0.58)	- 0.004 (- 0.61)
CFO	- 0.037 (- 0.87)	- 0.341 *** (- 2.85)	0.037 (1.18)
Q	- 0.005 * (- 1.78)	- 0.018 * (- 1.99)	- 0.003 ** (- 2.31)
Lev	- 0.070 (- 1.08)	- 0.159 (- 0.96)	- 0.038 (- 0.89)
CR	0.006 (0.86)	0.037 * (1.70)	0.008 (0.95)
TAT	- 0.066 *** (- 4.37)	- 0.122 *** (- 2.79)	- 0.043 *** (- 2.69)
Dual	0.005 (0.30)	- 0.134 (- 1.33)	- 0.003 (- 0.43)
Indep	- 0.136 (- 1.60)	- 0.354 (- 1.11)	- 0.086 ** (- 2.18)
Mshare	- 0.473 (- 0.76)	- 2.431 * (- 1.93)	0.378 (0.89)
Shm	0.004 (1.38)	0.019 *** (2.81)	0.001 (0.45)
*Top*1	0.054 (1.45)	0.166 (1.38)	- 0.004 (- 0.12)
Audittyp	0.032 ** (2.47)	0.192 ** (2.66)	0.004 (0.53)
Auditqlt	- 0.013 (- 1.65)	- 0.002 (- 0.11)	- 0.006 (- 1.08)
Constant	- 0.009 (- 0.06)	- 0.085 (- 0.22)	0.193 (1.35)
N	625	210	415
R-Squared	0.096	0.335	0.142

注：*** 、** 、* 分别表示在1%、5%和10%统计水平上显著。

资料来源：CSMAR 数据库、RESSET 数据库和上市公司年报，经过回归分析。

在全样本中，非效率投资与创新投入在 5% 的水平上负相关，系数为 −0.449；非效率投资与政府研发资助在 5% 的水平上正相关，系数为 0.889，相比表 10 − 4 中的 Gov 系数 0.686 有所增大。根据中介效应检验程序，通过表 10 − 8 中 Gov 的系数 0.452 与表 10 − 11 中 RD 的系数 −0.396 乘积计算出间接效应为 −0.179，表 10 − 14 中 Gov 的系数 0.889 代表直接效应。政府研发资助通过创新投入作用于非投资效率的间接效应为负，而政府研发资助与非效率投资的直接效应为正，间接效应和直接效应符号相反，间接效应遮掩了部分直接效应的影响，使得总效应 0.686 小于直接效应 0.889，可以认为政府研发创新投入在政府研发资助和投资效率之间发挥了遮掩效应，遮掩了部分政府研发资助对投资效率的负向关系。虽然结果表明政府研发资助通过激励创新投入对投资效率产生积极影响，能够支持假设 10.4，但总体而言政府研发资助与投资效率依然呈现负相关关系。

就不同类型的非效率投资来看，投资过度样本中，过度投资与创新投入在 5% 的水平上负相关，系数为 −1.666；过度投资与政府研发资助仍在 5% 的水平上正相关，系数为 2.845。表 10 − 8 中 Gov 的系数 0.304 和表 10 − 11 RD 的系数 −1.399 乘积为 −0.425，与表 10 − 14 中 Gov 的系数 2.845 符号方向相反，创新投入的遮掩效应成立。

在投资不足样本中，投资不足与创新投入在 5% 的水平上负相关，系数为 −0.259；投资不足与政府研发资助相关系数为 −0.402，但是并不显著。根据中介效应检验程序，表 10 − 8 的投资不足样本中政府研发资助与创新投入在 10% 水平显著，结合表 10 − 14 的检验结果，可以认为虽然政府研发资助对投资不足的直接效应不显著，但是创新投入在政府研发资助和投资不足之间发挥了中介效应，即对于存在投资不足的公司来说，政府研发资助能够通过刺激创新投入改善投资不足。

政府研发资助对投资不足的直接效应不显著可能是现阶段国有军工企业融资渠道相对单一（张旭等，2014），其他融资方式占比相对较小，即使政府研发资助的信号传递机制发挥作用，从其他融资渠道获得的资金也较为有限，对投资不足的缓解作用效果不明显。另外，军工企业创新研发项目不确定性高、失败风险大、回报周期长，需要稳定高额资金支持（陆瑶等，2017），而政府研发资助对本就存在投资不足情况的军工上市公司的资金支持作用有限，改善公司资金状况效果不明显。

综上，政府研发资助通过刺激创新投入提高了公司投资效率。这在投资过度样本中表现为遮掩效应，在投资不足样本中则体现为中介效应。

（二）稳健性检验

1. 替换因变量

采用本章第一节中稳健性检验的方法，更换投资效率的计量方式，对假设 10.4 进行稳健性检验。检验结果如表 10－15 所示。

表 10－15　　　　　　　　假设 10.4 稳健性检验——替换因变量

变量名称	全样本 *Abseff*	投资过度 *Overeff*	投资不足 *Undereff*
Gov	0.863 ** （2.04）	3.606 *** （3.32）	－0.483 （－1.11）
RD	－0.454 ** （－2.18）	－1.746 ** （－2.26）	－0.269 ** （－2.27）
Size	0.006 （0.83）	0.005 （0.25）	－0.006 （－1.06）
CFO	－0.034 （－0.80）	－0.333 *** （－2.86）	0.036 （1.16）
Q	－0.006 ** （－2.18）	－0.015 （－1.56）	－0.005 *** （－3.79）
Lev	－0.072 （－1.10）	－0.083 （－0.56）	－0.044 （－1.03）
CR	0.006 （0.85）	0.049 ** （2.65）	0.006 （0.75）
TAT	－0.065 *** （－4.32）	－0.116 *** （－2.68）	－0.041 *** （－2.69）
Dual	0.005 （0.31）	－0.144 （－1.40）	－0.002 （－0.30）

续表

变量名称	全样本 Abseff	投资过度 Overeff	投资不足 Undereff
Indep	−0.135 (−1.59)	−0.496** (−2.11)	−0.085** (−2.22)
Mshare	−0.532 (−0.84)	−2.764** (−2.41)	0.290 (0.64)
Shm	0.004 (1.38)	0.018*** (2.88)	0.001 (0.83)
Top1	0.054 (1.43)	0.114 (1.09)	−0.004 (−0.14)
Audittyp	0.034** (2.54)	0.200*** (2.95)	0.005 (0.66)
Auditqlt	−0.013* (−1.68)	0.003 (0.19)	−0.007 (−1.13)
Constant	0.008 (0.06)	0.046 (0.11)	0.253* (1.88)
N	625	205	420
R-Squared	0.097	0.343	0.158

注：***、**、*分别表示在1%、5%和10%统计水平上显著。
资料来源：CSMAR数据库、RESSET数据库和上市公司年报，经过回归分析。

根据表10-15，全样本中将政府研发资助和创新投入同时加入模型中后，非效率投资同政府研发资助在5%水平上显著正相关，系数为0.863，与创新投入在5%水平上负相关，系数为−0.454。计算可得直接效应与间接效应符号相反，创新投入的遮掩效应成立。投资过度样本中，政府研发资助和创新投入同时存在时，过度投资同两者分别在1%显著水平上正相关、在5%显著水平上负相关，系数分别为3.606和−1.746。计算可得直接效应与间接效应符号相反，创新投入的遮掩效应成立。投资不足样本中，政府研发资助和创新投入同时存在时，投资不足与创新投入在5%水平上负相关，相关系数为−0.269，根据中介效应检验程序，创新投入的中介作用成立。

2. 修正投资效率模型的系统性偏差

采用本章第一节中稳健性检验的方法，修正投资效率模型的系统性偏差，对假设 10.4 进行稳健性检验。检验结果如表 10 - 16 所示。

表 10 - 16   假设 10.4 稳健性检验——修正投资效率模型的系统性偏差

变量名称	全样本 Abseff	投资过度 Overeff	投资不足 Undereff
Gov	1. 138 ** （2. 44）	2. 855 ** （2. 44）	- 0. 476 （- 1. 12）
RD	- 0. 586 ** （- 2. 15）	- 1. 668 ** （- 2. 11）	- 0. 320 ** （- 2. 13）
Size	0. 012 （1. 32）	0. 012 （0. 59）	0. 004 （0. 51）
CFO	- 0. 079 （- 1. 55）	- 0. 346 *** （- 2. 88）	0. 023 （0. 40）
Q	- 0. 007 * （- 1. 71）	- 0. 017 * （- 1. 96）	- 0. 004 * （- 1. 67）
Lev	- 0. 080 （- 0. 89）	- 0. 158 （- 0. 96）	- 0. 004 （- 0. 05）
CR	0. 011 （1. 40）	0. 038 * （1. 78）	0. 010 （0. 92）
TAT	- 0. 076 *** （- 3. 78）	- 0. 121 *** （- 2. 75）	- 0. 077 *** （- 2. 98）
Dual	- 0. 001 （- 0. 04）	- 0. 133 （- 1. 32）	- 0. 007 （- 0. 60）
Indep	- 0. 154 （- 1. 48）	- 0. 352 （- 1. 11）	- 0. 096 （- 1. 20）
Mshare	- 1. 377 ** （- 2. 46）	- 2. 474 * （- 1. 97）	- 0. 268 （- 0. 52）
Shm	0. 007 * （1. 70）	0. 019 *** （2. 81）	0. 002 （0. 91）
Top1	0. 062 （1. 37）	0. 167 （1. 40）	- 0. 029 （- 0. 49）

续表

变量名称	全样本 *Abseff*	投资过度 *Overeff*	投资不足 *Undereff*
Audittyp	0.062 *** (5.04)	0.190 ** (2.65)	0.034 ** (2.17)
Auditqlt	−0.018 * (−1.72)	−0.002 (−0.11)	−0.015 (−1.34)
Constant	−0.106 (−0.56)	−0.090 (−0.23)	0.047 (0.26)
N	417	208	209
R-Squared	0.135	0.338	0.208

注：*** 、 ** 、 * 分别表示在 1%、5% 和 10% 统计水平上显著。
资料来源：CSMAR 数据库、RESEET 数据库和上市公司年报，经过回归分析。

根据表 10 - 16，全样本中将政府研发资助和创新投入同时纳入模型后非效率投资与政府研发资助在 5% 水平上正相关，系数为 1.138；非效率投资与创新投入在 5% 的水平上负相关，系数为 −0.586。计算可得直接效应与间接效应符号相反，创新投入的遮掩效应成立。投资过度样本中，政府研发资助和创新投入同时存在于模型中时，过度投资仍与政府研发资助在 5% 水平上正相关，系数为 2.855；过度投资与创新投入在 5% 的水平上负相关，系数为 −1.668。计算可得直接效应与间接效应符号相反，创新投入的遮掩效应成立。投资不足样本中，政府研发资助和创新投入同时存在时，投资不足与创新投入在 5% 水平上负相关，相关系数为 −0.320，根据中介效应检验程序，创新投入的中介作用成立，由此同样可得出与回归分析一致的结论。

第五节　本章小结

本章以 2008～2019 年 A 股军工上市公司为研究对象，通过文献研究、理论分析和实证研究，探究政府研发资助、创新投入和投资效率三者之间的关系，以及政府研发资助通过创新投入对投资效率产生影响的机制。本章结论如下。

（1）政府研发资助与军工上市公司的投资效率负相关，这种关系体现在了投资过度的公司样本中。由于在部分补助发放方式下，政府对公司的监督力度不足，公司管理者可能根据自己的偏好低效使用资金，导致投资效率受损。此外，军工企业主要采用盈利性合同，军品市场缺乏竞争，部分企业存在扩大成本寻求补贴的行为，也容易导致非效率投资。在投资不足样本中，政府研发资助对投资不足起到了一定的改善作用，但是作用并不显著。

（2）政府对军工上市公司的研发资助能够正向影响公司的创新投入。军工行业核心竞争力在于技术创新，创新投入力度普遍较大，且军工上市公司的技术创新活动投入大、风险高、周期长，因此政府研发资助可以为企业技术创新活动提供充足的资金，分担创新风险及技术溢出风险，对创新投入产生激励效应。

（3）军工上市公司的创新投入能够对投资效率产生正向影响，对投资过度和投资不足都起到了缓解作用。创新投入能够提高公司内源融资能力并吸引外部投资以缓解融资不足；创新投入的增加还有可能吸引机构投资者持股以及分析师跟踪，使得外部监督加强，从而抑制过度投资问题的发生。

（4）政府研发资助能够通过刺激创新投入从而提高军工上市公司的投资效率，这在投资过度的公司样本中表现为遮掩效应，在投资不足的公司样本中表现为中介效应。对于存在过度投资的公司来说，政府研发资助通过创新投入作用于投资效率的间接效应能够部分遮掩政府研发资助和投资效率之间的负向关系；对于存在投资不足的公司来说，虽然政府研发资助对投资效率的正向影响并不显著，但政府研发资助能通过激励创新投入改善投资不足。

第十一章

盈余质量、融资约束和企业创新投入

党的十九大报告提出，必须深化国防科技工业改革，形成深度军民融合发展格局。要实现这一目标，必须依靠创新的推动，打造国防工业发展的新核心。只有通过自主创新，不断发展，才有可能实现"科技强军"的企业使命。良好的企业会计信息（盈余质量）有利于降低企业的信息不对称程度，吸引外部投资者的关注，减少企业融资约束，有效缓解军工企业投资不足，从而促进企业的创新投入。本章采用军工上市公司作为研究样本，基于委托代理理论、MM 理论等有关理论，基于现有文献，对盈余质量、融资约束进行衡量，探究盈余质量、融资约束与企业创新三者之间的关系。

第一节　盈余质量与创新投入

已有研究表明，会计信息质量可以提高投资效率（李青原，2009；任春艳，2012）代理成本在其中发挥重要作用（周春梅，2009）；非财务信息披露可以通过吸引外部融资来提高投资效率，尤其是显著减少了投资不足（程新生等，2012）。

从我国资本市场的实际情况看，我国国企内部股权高度集中，控股股东可通过各种手段"掏空"上市公司利益（卢闯，2010），这些代理问题的存在使企业产生非效率投资的问题（周春梅，2009）。而且与其他投资相比，研发投入经济风险更高，代理问题影响更为严重。收益的滞后性与其不确定性（郑毅等，2018）使管理层要在削减研发投入、增加当期利润，与加大研发投入、获取未来收益之间做出选择（袁东任等，2015）。而管理层与股东在高风险的研发投入上存在偏好差异（Low，2009），大股东同样承担了研发的经济风险，就会选择保守的战略，表现在倾向于引进、购买等利用式创新模式，而非自主研发的探索式创新（唐清泉等，2011）。

比德尔和希拉里（Biddle and Hilary，2006）发现公司财报质量越高，投资效率就会越高；威尔第（Verdi，2006）发现盈余质量可以提高公司的投资效率；布须曼等（Bushman et al. ，2010）发现，会计谨慎程度越高投资效率较高；比蒂等（Beatty et al. ，2010）发现高质量的会计信息有助于提高投资效率；李青原（2009）对中国上市公司的研究表明会计信息质量越高公司投资效率越高，上市公司会计信息质量会对公司投资行为产生积极影响。当公司盈余质量较高时，企业就会面临更小的融资约束，可以筹集到更多的外部资金用于企业的研发投入。

一、研究假设

企业 R&D 投资的收益率波动是投资固定资产的 4 倍（Kothari，2002）。由此可见，创新投入风险极大。正是由于创新行为的高风险，由于信息不对称和代理问题的存在，外部投资者不会轻易对企业进行投资，这将导致企业在外部资金获取上受到的限制较大；而企业创新往往需要大量资金来支撑保证其顺利进行并完成，企业依赖有限的自有资金进行创新投入，会导致企业的研发投入较低，这时就需要外部资金的支持。

根据委托—代理理论，企业充分向企业外部人员披露内部人员掌握的信息，降低信息不对称性，这将提高企业外部人员对企业进行投资的信心，企业就可以以较低的成本获得来自外部人员的投资。以往关于盈余质量与企业投资的研究发现，盈余质量可以通过降低外部投资者对企业内部风险的评估来降低企业进行融资的成本。企业盈余质量的提升，可以降低企业外部人员的信息劣势，减少信息不对称，降低融资成本，这使得企业可以获得更多的外部投资。企业资金足够的话，其研发投入也会增大。综上所述，本章提出第一个假设：

H11.1：盈余质量与企业研发投入正相关。

二、研究设计

（一）变量衡量

1. 盈余质量的衡量

本章采用科塔里等（Kothari et al.，2005）提出的琼斯（Jones）修正模型来衡量个股盈余管理的程度。通过对比希利（Healy）模型、迪安杰洛（Deangelo）模型和琼斯模型，发现修正的琼斯模型对于盈余质量的衡量更为完善。首先使用公式（11 - 1）来估计各变量的系数，再根据得到的系数利用公式（11 - 2）计算可操纵性盈余管理（EM）。

$$TA_{it}/Asset_{it-1} = \alpha_1/Asset_{it-1} + \alpha_2 \Delta REV_{it}/Asset_{it-1} + \alpha_3 PPE_{it}/Asset_{it-1}$$

$$（11-1）$$

$$EM = TA_{it}/Asset_{it-1} - \left[\alpha_1/Asset_{it-1} + \alpha_2 (\Delta REV_{it} - \Delta REC_{it})/Asset_{it-1} \right.$$
$$\left. + \alpha_3 PPE_{it}/Asset_{it-1} \right]$$

$$（11-2）$$

其中，TA 为总应计项目，它等于营业利润减去经营活动产生的现金净流量；$Asset$ 为总资产；ΔREV 为销售收入的增长；ΔREC 为应收账款的增长；PPE 为固定资产。EM 的绝对值的倒数为盈余质量的衡量指标，其值越大，说明盈余质量越高。

2. 创新投入的衡量

本章以企业年报中披露的当年研发投入的自然对数代表企业的创新投入水平，以符号 $R\&D$ 表示。

3. 控制变量

借鉴解维敏、唐清泉和陆姗姗（2009），温军和冯根福（2012），卢馨、郑阳飞和李建明（2013），唐跃军和左晶晶（2014），以及江轩宇、申丹琳和李颖（2017）等对企业创新影响因素的研究，本章选取以下控制变量。

（1）企业规模（$Size$）。由于规模的不同导致企业创新投入的表现不同，本章选择公司规模作为控制变量。参考解维敏等（2009）的研究，使用公司总资产自然对数作为衡量企业规模的指标。

（2）流动资产周转率（Laz）。营运能力代表企业进行日常经营活动的潜力，潜力越高，企业就有更大的发展前景，更愿意进行研发投入。参考温军和冯根福（2012）的研究，本章采用对企业营运能力进行衡量，进而控制其对企业创新水平的影响。

（3）流动比率（LDB）。由于创新投入未来收益率波动大，且需要长期的投入，因此企业的偿债能力对企业创新水平有重要影响，因此参考温军和冯根福（2012）的研究，本章采用流动比率来综合衡量企业的偿债能力。

（4）股权集中度（$First$）。当企业股权集中度较高时，控股股东在经营过程中易形成"一言堂"的局面，投资决策易受控股股东主观影响，不利于投资效率的提升。本章采用第一大股东持股比例来衡量股权集中度。

（5）独立董事比例（OUT）。独立董事的存在便于企业获取外部信息和专业问题的咨询，同时还可以提升企业内部监督水平。周泽将和刘中燕（2016）研究指出企业董事会中独立董事的存在，降低了投资现金流敏感度，能够有效促进自身投资效率的提升。本章采用"OUT = 独立董事人数/董事人数"来计算企业独立董事比例。

具体变量定义如表 11-1 所示。

表 11-1　　　　　　　　　　　模型变量说明

变量类型	变量符号	变量名称	变量取值方法
被解释变量	$R\&D$	创新投入	当年研发投入的自然对数
中介变量	KZ	融资约束	根据 KZ 指数模型计算获得（具体见第十章第二节）
解释变量	$AbsEM$	盈余质量	根据 Jones 修正模型计算

变量类型	变量符号	变量名称	变量取值方法
控制变量	*Size*	公司规模	期末资产总额的自然对数
	First	股权集中度	第一大股东持股比例
	OUT	独立董事比例	独立董事人数/董事人数
	Laz	流动资产周转率	主营业务收入/平均流动资产
	LDB	流动比率	年末流动资产/年末流动负债

（二）模型构建及样本选择

为检验军工上市公司盈余质量对创新投入的影响，建立模型（11-3）如下。其中，Control 代表控制变量集合，包括上面所述的控制变量。模型控制了公司个体固定效应，并引入公司个体聚类的稳健标准误。

$$R\&D = \chi_0 + \chi_1 AbsEM + \sum \chi_k Control + \varepsilon_1 \qquad (11-3)$$

本章选取 2010~2017 年 A 股军工上市公司作为研究对象。根据分析盈余质量在企业对外披露后才会对融资约束和投资效率产生影响，企业盈余质量选用 2009~2016 年的年报数据，企业融资约束和企业创新投入采用对应 2010~2017 年的数据测量。样本经过以下程序进行筛选：①剔除金融行业的上市公司；②删除数据缺失的上市公司；③对样本进行 1% 的 Winsorize 处理。经过以上程序进行筛选共获得 636 个样本数据。本章中解释变量和被解释变量所涉及的指标及控制变量数据来自国泰安数据库。本章数据处理采用 Stata 和 Spss 软件。

三、实证结果分析

（一）描述性统计

表 11-2 为模型中主要变量的描述性统计结果。样本企业 *R&D* 的平均值为 18.245，标准差为 0.933，最大值为 22.268，最小值为 14.630，说明军工企业间的创新投入水平差异较大。企业盈余质量（*AbsEM*）均值为

81.259，标准差为366.686，最大值为8967.113，最小值为0.028，这说明样本企业之间的盈余质量差别较大。

表 11 - 2　　　　　　　　　　主要变量描述性统计

变量名称	均值	标准差	最小值	最大值
R&D	18.245	0.933	14.630	22.268
AbsEM	81.259	366.686	0.028	8967.113
Size	22.368	1.248	19.970	26.438
FSR	37.458	12.275	6.290	72.380
OUT	0.360	0.044	0.250	0.600
Laz	1.085	0.652	0.030	5.214
LDB	2.082	2.140	0.118	36.699

资料来源：CSMAR 数据库、上市公司年报，经过整理。

（二）回归结果分析

为验证军工上市公司盈余质量对公司创新的影响，对假设 11.1 进行回归分析，结果如表 11 - 3 所示。企业盈余质量与公司创新间的系数为 0.164，在 5% 的水平上显著，表明企业盈余质量与公司创新显著正相关，即军工上市公司盈余质量的提高，会促进企业研发投入强度的提升。本章的假设 11.1 得到验证。

表 11 - 3　　　　　　　　　　假设 11.1 回归结果

变量名称	R&D	t 值
AbsEM	0.164 **	0.058
Size	0.359 ***	0.028
First	0.003	0.003
OUT	0.370	0.761
Laz	0.108 **	0.052
LDB	0.063 ***	0.017
Constant	9.723 ***	0.680
Year	控制	—
N	634	—
R-Squared	0.226	—

注：*** 、** 分别表示在 1%、5% 统计水平上显著。
资料来源：CSMAR 数据库、上市公司年报，经过回归分析。

（三）稳健性检验结果分析

1. 替换自变量

采用自变量滞后两年的盈余质量作为工具变量验证模型的稳健性。假设 11.1 检验结果如表 11 - 4 所示。根据表 11 - 4 第（1）列的结果，滞后两期的盈余管理与研发投入的系数为 0.156，在 5% 的水平上显著，与主回归结果一致，说明本研究的结果具有一定的稳健性。

表 11 - 4　　　　　　　　　　　　假设 11.1 稳健性检验

变量名称	（1）	（2）
	盈余质量滞后两期	变更研发投入衡量方式
AbsEM	0.156 **	0.113 **
	(0.654)	(0.415)
Size	0.427 ***	- 0.001 **
	(0.032)	(0.131)
First	0.004	- 1.780
	(0.003)	(0.012)
OUT	0.517	0.088 **
	(0.869)	(0.034)
LDB	0.059 ***	0.003 **
	(0.018)	(0.002)
Constant	8.292 ***	0.006 ***
	(0.759)	(0.001)
Year	控制	0.0411
N	552	(0.032)
R-Squared	0.263	控制

注：***、** 分别表示在 1%、5% 统计水平上显著。
资料来源：CSMAR 数据库、上市公司年报，经过回归分析。

2. 替换因变量衡量指标

参照解维敏和方红星（2011）、倪骁然和朱玉杰（2016）的研究，使用企业研发投入占期末总资产的百分比代替企业研发投入的自然对数，采用原有模型进行验证。根据表 11 - 4 第（2）列的结果，盈余质量与研发投入相关系数为 0.113，且在 5% 的水平上显著正相关，说明本研究的结果具有一定的稳健性。

第二节　盈余质量与融资约束

MM 理论认为在完美的资本市场中，企业的外部资本和内部资本基本不存在差别，优序融资理论认为信息不对称导致外部融资的成本较高，产生融资约束，且融资约束的程度与信息不对称的程度正相关。解决信息不对称问题及降低代理成本的方法之一是提高公司的会计信息质量水平。由于公司内部信息多于外部，产生信息不对称，使投资者会通过要求得到更多的回报来弥补可能带来的投资损失，加重了企业融资约束程度。

会计信息质量水平提高，将在一定程度上减轻信息不对称程度（张纯等，2009），进而降低外部融资成本（Diamond and Verrecchia，1991；Healy et al.，1999；Botosan，1997）。切尼和路易斯（Chaney and Lewis，1995）发现当企业管理层和潜在投资者之间存在信息不对称时，盈余质量会影响外部投资者对企业盈利能力的判断，高估企业的回报，认为企业值得投资，从而降低融资成本，影响企业的投资行为（纪慧丽等，2019）。

一、研究假设

MM 理论认为在资本市场状态良好、处于完美的情况下，企业完全可以动用内外部资金，这两者之间没有什么差别（Modigliani and Miller，1958）。然而，由于资本市场中存在信息不对称、委托—代理等问题，导致企业获得外部资本的难度高于内部资本，从而产生融资约束。优序融资理论（Myers et al.，1984）指出，企业融资约束程度与信息不对称程度正相关。公司的信息不对称程度在很大程度上由会计信息质量决定。信息披露水平的提高能够显著降低企业的信息不对称，进而降低企业的外部融资成本（Leuz et al.，2000）。因此，企业会计信息质量即盈余质量越高，就会显著降低企业内外部信息不对称程度，在其他条件一定时公司获得外部资金就会越多，融资约束越小。

通过理论与文献分析，高水平盈余质量更加有利于加强企业内外部之间的信息交流，使企业向投资者展现自身的核心竞争力和未来发展前景，更能提升企业在资本市场上的企业形象，有利于降低融资成本，扩大外部融资渠道和融资总量，有效降低融资约束，故提出如下假设：

H11.2：盈余质量可有效降低企业融资约束水平。

二、研究设计

（一）变量衡量

本书采用 KZ 指数来测量企业融资约束水平。目前衡量融资约束使用最多的方法当属 KZ 指数和 SA 指数，考虑 SA 指数取决于企业的规模和成立时间，军工企业上市时间较短，且大部分为国家控股，企业规模受国家影响较大，因此由 SA 指数测量出的融资约束会表现失真。同时学者葛鹏等（2017）通过对比 SA 指标和 KZ 指标测量的结果，发现 KZ 指标更适合中国的经济及市场的运行状况。因此本书采用 KZ 指数来测量企业融资约束水平。

KZ 指数是利用公式（11-4）进行 ordered logit 回归获得。

$$KZ\,指数 = \alpha_1\,经营现金流/总资产 + \alpha_2\,现金股利/总资产$$
$$+ \alpha_3\,现金/总资产 + \alpha_4\,资产负债率 + \alpha_5 Tobin's\ Q \quad (11-4)$$

KZ 指数的计算遵循以下步骤：

第一步，将企业的经营性净现金流/上期总资产（CF_{it}/A_{it-1}）、现金股利/上期总资产（CD_{it}/A_{it-1}）、现金持有/上期总资产（C_{it}/A_{it-1}）、资产负债率（LEV_{it}）和 Tobin's Q（Q_{it}）按年度进行分类计算。如果 CF_{it}/A_{it-1} 低于中位数则 KZ_1 取 1，否则 KZ_1 取 0；企业如果没有发放现金股利，则 KZ_2 取 1，否则 KZ_2 取 0；如果 C_{it}/A_{it-1} 低于中位数则 KZ_3 取 1，否则 KZ_3 取 0；如果 LEV_{it} 高于中位数则 KZ_4 取 1，否则 KZ_4 取 0；如果 Q_{it} 高于中位数则 KZ_5 取 1，否则 KZ_5 取 0。

第二步，计算 KZ 指数，令 $KZ = KZ_1 + KZ_2 + KZ_3 + KZ_4 + KZ_5$。

第三步，利用 Stata 来对 KZ、CF_{it}/A_{it-1}、CD_{it}/A_{it-1}、C_{it}/A_{it-1}、LEV_{it}、Q_{it} 进行 ordered logit 回归，估计出各个特征的系数。

第四步，得到模型的回归结果之后，各个公司的 KZ 指数就可以通过回归结果计算出来。KZ 指数越大，意味着公司融资约束程度越高。

本书数据结果如公式（11 - 5）所示，公式中各项系数的数值与魏志华（2014）等的研究模型非常相似。最后，利用公式（11 - 5）来测量企业融资约束水平，KZ 指数值越大，企业融资约束程度越高。

$$KZ\ 指数 = -0.021 \times 经营现金流/总资产 - 39.63 \times 现金股利/总资产$$
$$-0.79 \times 现金/总资产 + 0.10 \times 资产负债率$$
$$+0.20 \times Tobin's\ Q \tag{11-5}$$

盈余质量变量及其他控制变量与前面相同，详细参见本章第一节内容，本节不再重复。

（二）模型构建及样本选择

为检验军工上市企业盈余质量对公司融资约束的影响，建立模型（11 - 6）如下。Control 代表控制变量集合，包括上文所述的公司规模、股权集中度等控制变量。

$$KZ = \gamma_0 + \gamma_1 AbsEM + \gamma_k Control + \varepsilon_1 \tag{11-6}$$

模型控制了公司个体固定效应，并引入公司个体聚类的稳健标准误。样本选择及数据来源同第十一章第一节，本节不再重复。

三、实证结果分析

（一）描述性统计

表 11 - 5 为模型中创新投入（RD）的描述性统计结果。

表 11 - 5   融资余额数（KZ）描述性统计

变量名称	均值	标准差	最小值	最大值
KZ	0.443	0.232	- 0.413	1.820

资料来源：CSMAR 数据库、上市公司年报，经过回归分析。

企业融资约束（KZ）平均水平为 0.443，这表明军工企业面临的融资约束状况依然严峻，最大值为 1.820，最小值为 -0.413，标准差为 0.232，表明该市场的上市公司所面临的融资约束水平差异较大。

（二）回归分析

为验证军工上市公司盈余质量对企业融资约束的影响，对假设 11.2 进行回归分析，结果如表 11-6 所示。由回归结果可知，企业盈余质量与融资约束程度显著水平为 5%，系数为 -0.169，这表明企业盈余质量对融资约束程度有显著的负向影响，即我国军工上市企业盈余质量越高，则其所受到的融资约束就会越小。因此，验证了本章所提出的假设 11.2。

表 11-6　　　　　　　　　　假设 11.2 回归结果

变量名称	KZ	t 值
$AbsEM$	-0.169**	0.025
$Size$	-0.011	0.008
FSR	0.003***	0.001
OUT	-0.193	0.211
Laz	-0.014	0.014
LDB	0.0128***	0.00
$Constant$	0.646***	0.188
$Year$	控制	—
N	634	—
R-Squared	0.040	—

注：$***$、$**$ 分别表示在 1%、5% 统计水平上显著。
资料来源：CSMAR 数据库、上市公司年报，经过回归分析。

（三）稳健性检验

1. 替换自变量

采用自变量滞后两年的盈余质量作为工具变量验证模型的稳健性。假设 11.2 检验结果如表 11-7 所示。滞后两期的盈余管理与研发投入相关系数为 -0.577，且在 5% 的水平上显著，与主回归结果一致，说明本研究的结果具有一定的稳健性。

2. 替换因变量

参照解维敏和方红星（2011）、倪骁然和朱玉杰（2016）的研究，使用企业研发投入占期末总资产的百分比代替企业研发投入的自然对数，采用原有模型进行验证。根据表 11 - 7 第（2）列的结果，盈余质量与研发投入相关系数为 - 0.0569，且在 5% 的水平上显著负相关，说明本研究的结果具有一定的稳健性。

表 11 - 7　　　　　　　　　　假设 11.2 稳健性检验

变量名称	（1）	（2）
	替换自变量	替换因变量
AbsEM	- 0.577 ** (0.00639)	- 0.0569 ** (0.340)
Size	- 0.0118 (0.00770)	- 0.0194 * (0.0107)
FSR	0.00276 *** (0.000764)	0.00396 *** (0.00100)
OUT	- 0.185 (0.211)	- 0.0947 (0.276)
Laz	- 0.0142 (0.0144)	- 0.0161 ** (0.0192)
LDB	0.0128 *** (0.00456)	0.0234 *** (0.00784)
Constant	0.661 *** (0.187)	0.726 *** (0.259)
Year	控制	控制
N	634	342
R-Squared	0.040	0.086

注：*** 、** 、* 分别表示在 1%、5% 和 10% 统计水平上显著。
资料来源：CSMAR 数据库、上市公司年报，经过回归分析。

第三节　盈余质量、融资约束与企业创新投入

虽然针对盈余管理的影响因素和企业创新影响因素的研究不在少数，且学术界对于融资约束影响企业创新投入已经有了丰富的研究成果，但尚

无学者针对军工上市公司盈余质量、融资约束与企业创新三者之间的关系展开讨论。盈余质量可以反映现在企业的状况，也可以预测企业的发展前景，企业创新投入是企业未来发展意向的一大重要表现，但是却少有学者对盈余质量与企业创新投入的关系进行研究。

创新已经成为一种新型的经济驱动力，通过探究盈余质量、融资约束与研发投入之间的关系，一方面可以帮助政策制定者制定恰当的政策，缓解企业研发投入的融资约束；另一方面可以提高企业进行披露的自主性，帮助外部投资者掌握更多信息，改善投资效率，进而提高企业创新投入。

一、研究假设

军工上市公司的信息披露面临保密要求，其对创新等涉及核心技术内容的披露可能会更谨慎。外部投资者在无法对军工上市公司的创新行为做出准确判断时，对其的投资可能会更为谨慎，导致军工上市公司创新投入所面临的融资约束问题加剧。

外部融资会促进企业的 R&D 投资，但是公司内部人员不会将自己掌握的信息告知外部投资者，两者之间存在信息不对称问题，企业获取融资需付出更高的成本，加重了企业外部融资的融资约束程度。盈余质量是衡量真实业绩和管理层努力程度的一个重要指标，起到帮助降低代理成本，监督公司控股股东的作用。

已有研究指出，企业在受到融资约束时，会计信息质量虽然并不能显著提升企业当期投资效率，但是会对企业滞后期的无效率投资产生显著的负向影响。有学者研究发现非财务信息能够显著作用企业投资效率，并且外部融资在两者之间起到中介桥梁作用，能够有效降低投资不足，故提出如下假设：

H11.3：融资约束在盈余质量与企业创新投入之间发挥中介作用。

二、研究设计

本节所用变量同上文，详细请参见本章第一节和第二节，本节不再重复。

为验证融资约束是否在盈余质量与企业创新投入之间发挥中介作用，本节参考温忠麟（2004）关于中介效应的研究，结合袁东任和汪炜（2015）的研究，构建模型如下：

$$R\&D = \lambda_0 + \lambda_1 AbsEM + \lambda_2 KZ + \sum \lambda_k Control + \varepsilon \qquad (11-7)$$

其中，Control 代表控制变量集合，包括上文所述的公司规模、股权集中度等控制变量。模型控制了公司个体固定效应，并引入公司个体聚类的稳健标准误。样本选择及数据来源同本章第二节，本节不再重复。

三、实证结果分析

（一）回归分析

为验证融资约束是否在盈余质量与企业创新投入之间发挥中介作用，对假设 11.3 进行回归分析，结果如表 11-8 所示。企业盈余质量与研发投入强度的系数为 0.098，在 5% 的水平上显著；融资约束与研发投入强度的系数为 -0.207，在 5% 的水平上显著，中介效应得到检验，融资约束起到部分中介效应。

表 11-8 假设 11.3 回归结果

变量名称	R&D	t 值
AbsEM	0.098 **	0.008
KZ	-0.207 **	0.01
Size	0.359 **	0.028
FSR	0.00315	0.003
OUT	0.374	0.762
Laz	0.109 **	0.052
LDB	0.0625 ***	0.017
Constant	9.709 ***	0.687
Year	控制	—
N	634	—
R-Squared	0.226	—

注：*** 、** 分别表示在 1%、5% 统计水平上显著。
资料来源：CSMAR 数据库、上市公司年报，经过回归分析。

（二）稳健性检验

1. 替换自变量

采用自变量滞后两年的盈余质量作为工具变量验证模型的稳健性。假设 11.3 检验结果如表 11 - 9 所示。根据表 11 - 9 第（1）列的结果，滞后两期的盈余管理进行验证所得结果均与主回归结果一致，说明本研究的结果具有一定的稳健性。

表 11 - 9　　　　　　　　　　　假设 11.3 稳健性检验

变量名称	替换自变量	替换因变量
AbsEM	0. 157 **	0. 114 **
	（0. 655）	（0. 042）
KZ	－ 0. 201 **	－ 0. 228 **
	（0. 163）	（0. 007）
Size	0. 427 ***	－ 0. 001 **
	（0. 032）	（0. 001）
FSR	0. 00356	－ 0. 268 **
	（0. 003）	（0. 000）
OUT	0. 519	0. 009
	（0. 871）	（0. 034）
LDB	0. 059 ***	0. 003 **
	（0. 018）	（0. 002）
Constant	8. 286 ***	0. 006 ***
	（0. 771）	（0. 001）
Year	控制	0. 0395
N	552	（0. 032）
R-Squared	0. 263	控制

注：***、**分别表示在 1%、5% 统计水平上显著。
资料来源：CSMAR 数据库、上市公司年报，经过回归分析。

2. 替换因变量

参照解维敏和方红星（2011）、倪骁然和朱玉杰（2016）的研究，使用企业研发投入占期末总资产的百分比代替企业研发投入的自然对数，采用原有模型进行验证。根据表 11 - 9 第（2）列的结果，替换因变量进行验证所得结果均与主回归结果一致，说明本研究的结果具有一定的稳健性。

第四节　本章小结

要实现深化国防科技工业改革，形成军民融合深度发展格局这一目标，必须依靠创新这一驱动力，打造国防工业发展的新核心。只有通过自主创新，才能在竞争中赢得不败之地，才能最终实现"科技强军"的企业使命。本章的研究结论如下。

（1）军工上市公司盈余质量与企业创新投入之间存在着显著的正相关关系。企业的盈余质量越高，会计信息的使用者获取信息的成本就会降低并且效率得到提升，从而帮助企业获得更多的外部资金，有效缓解了企业的融资约束。企业拥有足够的资金来源，保障企业研发活动的顺利进行，从而提高企业的创新发展水平。同时，根据委托—代理理论，管理层为了自身的利益，拒绝进行那些风险高、周期长、目前看不到回报的研发活动，但是能够通过降低信息不对称，从而在一定程度上减小管理层的投机行为，促使管理层作出更有利于企业长远发展的决策，从而促进企业创新水平的提高。

（2）企业盈余质量越高，面临的融资约束就会越低。企业盈余质量对融资约束的影响主要依靠两方面，一方面可以扩大企业的融资渠道，另一方面可以降低企业的融资成本。军工企业盈余质量的提高使企业在获得各种融资与投资时更加便利。同时高水平的盈余质量能够加强外部投资者对企业未来发展状况的信心，使投资者愿意投资获得长远的利益。企业可以通过提高盈余质量这种成本较低的方法去获得更多的外部投资，从而有效缓解企业融资约束。

（3）融资约束在盈余质量和企业创新投入之间起部分中介作用。当前我国军工上市公司大多处于自主创新阶段，新上市的军工企业受融资约束困扰较大，在面对回报高的投资项目时可能没有余力。企业将自身盈余质量传递给外部利益相关者，可以降低企业的融资约束，既可以扩大投资来源又可以减少融资成本，能够避免因企业投资不足而不得不放弃的创新投入项目，提高企业的创新投入。

上市公司信息披露、创新行为与投资效率

　　本专题将信息披露、创新行为与投资效率三者纳入同一框架进行研究。投资效率影响着企业未来发展，也影响着社会经济的增长，是企业和投资者关注的重点。军工上市公司由于其所有权性质、企业结构、经营业务等特殊性，在信息披露方面更为敏感谨慎，由此造成的信息不对称情况更加严重；军工上市公司承担着国防科研任务，研发创新是其发展核心驱动力，信息披露可以缓解信息不对称进而缓解融资约束、减少道德风险，由此可能对创新行为和投资效率产生影响。创新行为也可能通过增加创新成果产出、提高企业的竞争力及吸引外部监管来影响投资效率。因此，探究军工上市公司信息披露、创新行为与投资效率三者之间的关系对于军工企业推动创新行为及提高投资效率具有重要的理论意义与现实意义。

第十二章

信息披露、创新行为
与投资效率关系的理论基础

本专题基于信号传递理论、先动优势理论、委托—代理理论与预期理论对军工上市公司信息披露、创新行为与投资效率三者间的关系进行研究。本章对具体的理论进行梳理与分析。

第一节 信号传递理论

信号传递理论由经济学家斯宾塞（Spence）于 1973 年提出并运用于劳动力市场，之后被引入信贷、保险和财务等领域。当资本市场完美时，市场达到一种完全竞争均衡状态，在这种竞争激励下，信息供给方为信息需求方提供非常的、全面的信息，信息需求方能够了解和掌握所有的产品信息，此时信息双方之间并没有任何交流阻碍（Modigliani and Miller，1958；Balakrishnan et al. ，2014）。但是目前国内资本市场发展并不完美，存在着信息不对称问题及交易成本问题（韩美妮和王福胜，2017）。信号传递理论的核心是，当发生信息不对称状况时，信息披露向投资者传递了企业的信号，进而会影响投资者对于公司的认知并影响其投资决策（Spence，1973；Connelly et al. ，2011）。为了获得更多的资金支持企业必须向投资者传递真实而有利的信号，如公开社会责任信息、提高审计质量及与具有品牌价值的组织建立伙伴关系等来吸引投资者。

企业内外部存在的信息不对称使得信号的传递发挥作用。信息不对称根据发生的时间不同主要包括事前与事后两种类型。事前信息不对称可能会引起逆向选择问题，如果投资者对企业信息不了解，则难以正确评价企业运营现状与未来发展，即使是表现良好的企业也难以成功吸引投资者并获得充足投资。事后信息不对称可能会引起道德风险问题，企业内部人员具有外部人员没有的信息优势，可能会为了自己的利益而不顾及企业及投资人的利益。

市场上的企业内外部信息不对称情况普遍，而信号传递能够减轻信息不对称情况，为投资者传递更好的投资信号，投资者和委托人也能通过披露的信息更好地监督管理层，使其进行更审慎的投资决策，减少非效率投资。进而缓解代理问题带来的委托人利益受损、逆向选择带来的市场失灵问题与道德风险问题（Spence，2002）。同时，创新活动常面临的融资约束问题也能通过信息披露得到改善，信号的传递使投资者更了解创新活动，减少投资者因对创新活动不确定性的预期而产生的逆向选择问题，进而能够促进企业创新行为。

第二节　先动优势理论

罗宾逊和福内尔（Robinson and Fornell，1985）提出先动优势，认为先动优势的来源包括技术专有与技术领导，科技创新使企业拥有其他企业所没有的专有技术，使得企业在技术方面拥有领导地位。先动企业有着不对称优势，早期进入企业确保了技术领先，并创造了竞争对手可能永远无法追赶的技术差距，随着他们在新的研究过程和技术方面的发展，先动企业可以加速保持这种优势（Kerin et al.，1992）。对于那些非先动的企业来说，此时行业内存在技术壁垒，为了与先动企业在市场进行竞争，其不得不花费更多资源。利伯曼和蒙哥马利（Lieberman and Montgomery，1988）将先发优势定义为先动企业获得正向的经济利润的能力，先动产生不对称，使得特定企业能够领先于竞争对手，一旦产生这种不对称，公司可以利用其地位，增加其利润的规模性或持久性。凭借先动优势，企业可以获得声誉、技术等无形资产，尽早进入市场，获得巨大利润，拥有良好竞争优势，利于企业发展。当企业拥有受法律保护的专利或独特的不为其他企业所了解的技术时，有可能对与其竞争的企业造成妨碍或心理压力，进而获得竞争优势（张春玲，2008）。

对于以研发为重心的军工企业来说，增加创新投入，提高自身的创新能力，掌握行业领先的技术，将会显著提升企业的核心竞争力。投资者通常认为一个先动企业在产品创新、技术创新方面都会比一个后动企业具有更高的生存能力，所以具有先动优势的企业更容易吸引投资者进行投资，从而降低外部融资的成本。同时，技术领先也能够为企业创造更多价值，创新成果实现的收益可以使企业获得更好的投资收益。

第三节　委托—代理理论

伯乐和米恩斯（Berle and Means，1932）首先指出所有权、经营权分离导致股东、经理利益不一致，而这正是投资过度问题的根源。詹森和梅克林（Jensen and Meckling，1976）认为享受经营成果和承担风险的分离，势必导致经理的决策偏离股东利益而倾向于实现自身利益。詹森（Jensen，1986）认为经理人为了追求企业规模扩大而带来的各种利益，会尽可能利用企业的自由现金流投资，甚至投资负净现值的项目，由此导致投资过度。

在委托—代理的关系中，经理人员的两种动机可能导致非效率投资。一种是过度投资动机，通常被称为"帝国建设"，其根本目的是满足追逐权力、薪酬的欲望；另一种表现形式是企业经理人员对努力与风险的厌恶，或者说是对"平静生活"的向往，这往往会导致企业的生产、投资等各方面能力的下降。经理人和股东之间存在着利益冲突，导致管理层可能倾向自己利益而未充分考虑投资者及公司的利益（Eisenhardt，1989；张悦玫等，2017），产生代理成本。在委托—代理的关系中，信息披露将企业内部信息传递到外部，在委托—代理关系中起监督作用，降低公司的代理成本，发挥减少非投资效率的作用。

第四节　预期理论

预期理论由凯恩斯（Keynes，1936）提出，他强调未来的不确定性对于人们的经济行为的决定性影响作用，"预期"反映了公众对未来经济走势的理解和判断，会影响人们的消费和投资行为，进而影响宏观经济的表现。"预期"建立在信息基础上，通过对信息进行搜集、分析、推断、演绎后形成"预期"（杨宜勇，2018）。在实际购买行为之前，顾客形成对特定服务或产品的初始期望，可以理解为顾客的预期以及他们对服务或产品供应商的能力的信心；在消费期间，顾客对整体表现的看法逐渐形成，然后顾客通过将感受到的产品表现与先前对服务的期望相比，以确定这些期望得到确认的程度（Coye，2004）。根据预期理论，如果决策者预期自己将获得收益，其会选择规避风险的投资方案，如果决策者预期自己将面临损失，其会选择追求风险的投资方案。投资者要求高收益的原因是为避免损失（Barberis，1998）。

投资者对企业创新的预期取决于创新行为信息披露的程度，企业披露创新信息，展示企业良好的未来发展，这种良好信号被投资者获取后会影响投资者的预期（韩鹏和岳园园，2016）。信息披露能够向投资者传递企业信息，降低投资者对创新活动不确定性风险的预期，做出更理智的投资决策，从而缓解外部融资的资金约束，缓解投资不足。管理层在收益不确定情况下有可能进行风险追求，投资负净现值的项目；而提高信息披露质量能够缓解信息不对称，使外部投资者和股东更好地监督企业投资决策，抑制投资过度。

第十三章

信息披露、创新行为
与投资效率研究假设及设计

第一节 研究假设的提出

一、信息披露与投资效率

当前我国企业内外部之间存在信息不对称问题，对于有保密要求的军工上市公司来说，信息不对称的情况较为严重。信息不对称问题的存在会导致代理问题、道德风险问题、逆向选择问题，进而引发企业非效率投资行为。根据预期理论（Keynes，1936），投资者在进行投资前会综合考虑企业投资的安全性、未来发展潜力及自身对项目的投资期望收益，由于企业与外部投资者之间产生信息不对称，投资者获取的信息质量与企业披露的信息质量存在差异，投资者较难掌握投资项目的核心信息，投资者可能不愿意对企业进行投资，或可能通过要求得到更多的回报来弥补由于信息不对称可能带来的投资损失（肖珉，2010）。企业运营发展需要稳定的现金支持，当企业外部融资受限，企业内部融资又没有足够的现金流时，企业可能放弃优质的净现值大于零的投资项目，导致投资不足。同时，企业内部与外部之间的信息不对称不利于投资者对企业管理者监督和制约。管理者有着过度自信的倾向（张悦玫，2017），根据预期理论（Keynes，1936），管理层在收益不确定情况下有可能进行风险追求，进而导致投资净现值为负的项目，且管理层在没有外部压力情况下容易降低投资的审慎性，导致投资过度。

根据信号传递理论（Spence，2002），信息披露可以缓解信息不对称问题，对企业非效率投资问题有显著影响（Biddle et al.，2009；曹亚勇等，2012）。根据预期理论（Keynes，1936），投资者充分获得企业信息，意识到企业良好前景，会加大其投资意愿，降低公司股权融资成本或减少股权融资约束程度。信息披露通过改善契约和监督，降低道德风险和逆向选择，增加企业投资效率（Healy and Palepu，2001；Biddle and Hilary，2006；李青原等，2010）。

根据信号传递理论，信息披露会向投资者传递真实而有利的信号，提升社会公众及外部投资者对企业的信任程度，进而能够吸引外部关注；军工上市公司以创新为发展的重要推动力，具有技术优势，信息的传递能够在一定程度上将技术优势转化为市场竞争优势。投资者通过信息披露获得更为充分的与企业发展前景相关的信息，投资意愿得到加强，进而公司股权融资成本和股权融资约束的程度降低，使企业以较低成本融入外部资金，从而缓解投资不足。另外，信息披露能够向利益相关者传递信息，进而加强股东和外部投资者对管理层投资行为的监督，降低企业管理者由于自身存在信息优势、倾向于实现自身利益而损害投资者利益的道德风险和投机行为，能够缓解代理问题，进而抑制企业的过度投资（Biddle and Hilary，2006；张纯和吕伟，2009）。

信息披露对投资效率的影响路径见图13-1。

综合上述理论分析及研究成果，提出如下假设：

H13.1：军工上市公司信息披露与投资效率正相关，与非效率投资负相关；

H13.1a：军工上市公司信息披露与投资不足负相关；

H13.1b：军工上市公司信息披露与投资过度负相关。

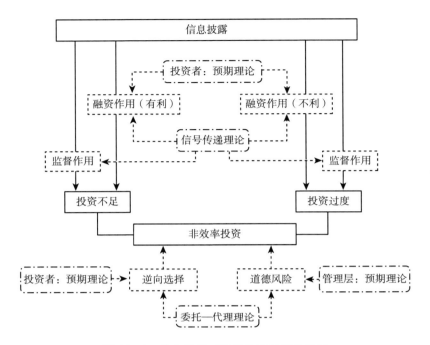

图 13 – 1　信息披露对投资效率的影响途径

二、信息披露与创新行为

　　军工上市公司的创新行为需要稳定、持续的资金支持，但军工上市公司的信息披露相对模糊，信息不对称现象严重。根据委托—代理理论（Jensen and Meckling，1976），投资者处于信息沟通环节中的弱势群体，无法掌握企业未来发展的核心信息，一方面，投资者不愿意将资金投进企业项目或是要求更高回报（韩美妮和王福胜，2016），许多企业难以获取足够资金满足创新的需要，且难以保证资金持久的投入（卢馨等，2013），企业创新面临着较高的融资约束（Lambert et al.，2007），会出现逆向选择问题；另一方面，公司创新行为具有长期性、复杂性和不确定性，在投资者无法获取充足信息管控创新活动时，管理层可能为规避风险选择非创新项目，创新动力不足（王健忠，2018），出现道德风险。

　　信息披露可通过缓解融资约束、监管创新动力、提高企业声誉来促进企业创新行为，表现为信息披露的融资、监督、激励作用。根据信号传递理论（Spence，2002）及预期理论（Keynes，1936），信息披露向外界传递企业信息，使投资者了解企业创新状况，能够有效降低投资者对创新项目的恐惧心理，同时增强投资者对创新项目未来发展能力的期望，使得投资者更愿意投资于有发展潜力的高新技术企业及创新项目，使企业在较低融资成本的情况下获得更多的外部融资，有效缓解企业面临的融资约束。根据信号传递理论（Spence，2002），信息披露可以帮助消除信息不对称，使得投资者有效获取企业信息，有效监督创新活动，增加企业创新动力（Balakrishnan et al.，2014）。信息披露展示企业发展水平，提高外界声誉及竞争力并形成市场效应，促使企业进一步扩大研发规模进行创新活动（张文菲和金祥义，2018）。信息披露对创新行为的影响路径见图13 - 2。

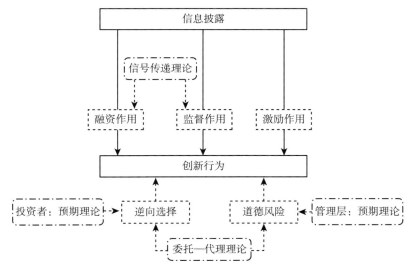

图13 - 2　信息披露对创新行为影响路径

综合上述理论分析及研究成果，提出如下假设：

H13.2：军工上市公司的信息披露与其创新行为存在正相关关系。

H13.2a：投资不足的军工上市公司的信息披露与其创新行为存在正相关关系。

H13.2b：投资过度的军工上市公司的信息披露与其创新行为存在正相关关系。

三、信息披露、创新行为与投资效率

综合前面的分析，根据委托—代理理论（Jensen and Meckling，1976），逆向选择问题及道德风险问题影响企业投资效率及创新行为。根据预期理论（Keynes，1936）及信号传递理论（Spence，2002），信息披露可以减轻信息不对称问题，信息披露增加，投资者提高其对企业信心、增加其向企业投资意愿，降低非效率投资及创新行为面临的融资约束；管理者由于外部监管增加，更加慎重地选择投资项目、减少利己而损害企业利益的机会主义行为，降低非效率投资及创新行为面临的道德风险。同时，信息披露向外界传达企业良好前景，形成声誉进而促进企业加大创新活动。

创新行为受到信息披露的影响，同时也会影响投资效率。根据先动优势理论（Robinson and Fornell，1985），先动为企业带来重要的不对称的优势，先动企业可抢先获取或建立诸如技术资源、专利、日积月累的知识和经验等。企业的先动创新行为可以帮助企业确立领导地位并在激烈的竞争中获胜，赢得声誉及竞争力（张春玲，2008）。因而企业十分关注其创新行为，增加研发支出，并希望尽快申请专利，获得创新先动优势。创新行为是企业核心竞争力的重要组成部分，持续的创新行为带来企业的可持续发展（陈玲，2019）。创新行为对投资效率有着直接的促进作用。创新成果可以实现收益，使企业可以获得良好的投资效果（陈凯华等，2013），但创新行为成果收益的不确定性也可能使投资效率存在不确定性（温军和冯根福，2012）。创新行为对投资效率也起到间接的促进作用。由于先动优势理论，创新行为将使先动者拥有更好的竞争优势，有助于提高企业的风险承担能力，进而提高企业的投资效率（刘园等，2018）。创新行为中介效应作用影响路径见图13－3。

综上，提出如下假设：

H13.3：军工上市公司创新行为在信息披露与投资效率中发挥中介作用；

H13.3a：军工上市公司创新行为在信息披露与缓解投资不足中发挥中介作用；

H13.3b：军工上市公司创新行为在信息披露与抑制投资过度中发挥中介作用。

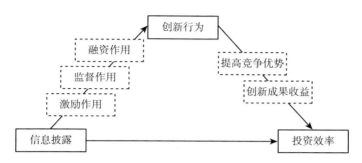

图 13 - 3　创新行为中介效应作用影响路径

第二节　变量选取

本章采用第三章所构建的评价指标体系对军工上市公司信息披露质量进行评价，具体内容可见第三章。

一、创新行为指标衡量

研究衡量企业创新行为的途径主要有两种，即创新投入和创新产出。其中，创新投入指从创新行为的投入阶段技术创新指标。测量方法主要包括研发投入与研发投入强度。研发投入强度主要有五种形式：研发投入的自然对数、研发投入占营业收入比例、研发投入占企业主营业务收入比例、研发投入占企业总资产比例和研发投入的人均值（朱向琳等，2020）。任海云和冯根福（2018）用 R&D 支出与营业收入的比值衡量企业技术创新。王健忠（2018）利用企业的创新投入自然对数来衡量企业创新，并在稳健性检验中用专利的申请数量作为替代变量。刘建国（2017）用研发支出占企业营业收入比重的对数来表示创新投入。本书使用 R&D 投资决策虚拟变量和 R&D 强度（即企业 R&D 支出/营业收入）作为企业创新行为的测度指标。

创新产出指从创新行为的产出阶段技术创新指标。创新产出的衡量方式主要分为两类，一是企业发明专利授权数量，二是企业专利申请数量。另外，由于专利申请（授权）跨期较长、样本企业数据缺失等原因，研究者常用其他形式衡量研发产出。高照军和武常岐（2014）采用企业专利申请数量和企业发明专利授权数量作为创新绩效的衡量方式。刘建国（2017）采用新产品销售收入与营业收入比重的对数来表示。李春涛等（2020）选取专利申请数量度量企业创新能力，并对专利数量采取加 1 后取自然对数进行处理。

本书将参考王健忠（2018）、倪骁然和朱玉杰（2016）的研究，采用直接表示法，运用研发投入的对数来表示创新投入。此方法数据容易获得，专利申请数量等数据缺失情况在数据库中缺失较多。

二、投资效率指标衡量

从现有文献来看，投资效率主要的衡量方法有三种。

（1）投资—现金流敏感性模型（Fazzari et al.，1988）。起源于法扎里（Fazzari）对公司面临的融资约束问题的衡量。企业内部管理者与外部投资者之间存在信息不对称，造成内外部融资成本差异，使企业投资依赖于内部现金流，因此产生投资—现金流敏感性。沈弋等（2020）运用此方法研究发现慈善捐赠能够通过优化外部融资环境缓解投资—现金流敏感性。

（2）投资—投资机会敏感性模型。喻坤等（2014）运用此方法研究发现国有与非国有企业之间的融资约束差异在货币政策的冲击下日渐强化，相比国有企业具有更多扶持性信贷补助，非国有企业信贷融资约束日益严重，因此投资效率也持续下降。

（3）残差度量方法。最经典的模型是理查森（Richardson）模型，其方法基于 MM 理论，理查森（2006）将过度投资定义为超出企业资本保持和净现值为正值的新投资后的投资支出。理查森（2006）认为：企业的新投资支出由两部分组成，一部分是预期投资支出，它与企业的成长机会、融资约束、行业等因素有关；另一部分是企业的非正常投资支出，它可以是正的或负的，正的为过度投资，负的为投资不足。这种方法可以直接衡量特定公司和具体年度的企业投资效率（李青原，2009），同时在对企业预期投资水平进行估计时只需要企业的财务指标变量，对于上市公司易于获得。

国内许多学者基于理查森（2006）的残差度量模型开展投资效率影响因素的研究，如王克敏等（2017）通过研究发现对于受产业政策鼓励较多的公司而言，其收到的政府研发资助与长期负债更多，政府研发资助和长期负债与投资效率之间存在负相关关系且更为显著，企业存在更为严重的过度投资情况。韩东平和张鹏（2015）基于民营上市公司，探索宽松货币政策对不同管理能力的公司投资效率的影响，发现外部管理能力相对较强的公司在宽松货币政策下具有获得更多用以扩大投资的信贷资金的优势，从而导致其投资效率下降。已有研究发现法治环境、紧缩货币政策下短期债权治理水平和商业信用的治理作用（张亦春等，2015）都能够有效地促进上市公司投资效率。

参考魏明海和柳建华（2007）、袁建国等（2009）、王克敏等（2017）、韩东平和张鹏（2015）、曹亚勇等（2012）的研究，本书的投资效率衡量方法借鉴理查森（2006）的残差模型，模型如式（13-1）所示，相关变量含义在表13-1中进行说明。残差值表示非效率投资，残差为正表示投资过度，残差为负表示投资不足；残差绝对值越大表示企业非效率投资的程度越高。模型如下：

$$Inv_t = \lambda_0 + \lambda_1 Growth_{t-1} + \lambda_2 Lev_{t-1} + \lambda_3 CaSh_{t-1} + \lambda_4 Age_{t-1}$$
$$+ \lambda_5 Size_{t-1} + \lambda_6 AR_{t-1} + \lambda_7 Inv_{t-1} + \varepsilon \qquad (13-1)$$

表13-1　　　　理查森（Richardson）回归残差模型变量说明

变量代码	变量名称	变量测量方法
INVEST	投资效率	理查森（Richardson）残差模型的残差值
Inv	投资支出	固定资产、长期投资和无形资产的净值改变量/总资产
Growth	营业收入增长率	主营业务收入增长率
Lev	资产负债率	资产负债率 = 负债总额/总资产

变量代码	变量名称	变量测量方法
Cash	现金持有	货币资金/总资产
Age	公司上市年数	(t - 上市年份 + 1) 自然对数
Size	公司规模	公司年末总资产的自然对数
AR	股票收益率	考虑现金红利再投资的年个股回报率 - 考虑现金红利再投资的综合年市场回报率流通市值加权平均法
Year	年份	年份虚拟控制变量

三、控制变量

本书参考李万福等（2011）、比德尔（Biddle，2009）的研究，选取控制变量如表13－2所示。

表 13－2　　　　　　　　　　变量设计与说明

变量类型	变量名称	变量代码	衡量方法说明
自变量	信息披露	IDQ	根据自建企业信息披露指标体系打分获得
因变量	投资效率	INVEST	Richardson 残差模型计算残差的绝对值
	投资不足	UNDER	Richardson 残差模型计算的小于 0 的残差绝对值
	投资过度	OVER	Richardson 残差模型计算的大于 0 的残差
中介变量	创新行为	INNO	研发投入金额的自然对数
控制变量	独立董事比例	Indep	独立董事人数/董事人数
	高管持股数量	Man	高管持股数量
	股权集中度	Con	第一大股东持股比例
	是否支付现金股利	Divi	若公司当年支付现金股利，Divi 取 1，否则取 0
	债务杠杆	Lev	总负债/所有者权益
	流动比率	Cr	流动资产/流动负债
	是否亏损	Loss	若公司当年发生亏损，Loss 取 1，否则取 0
	有形资产占比	Tang	固定资产/总资产
	资产松弛度	Slack	货币资金/固定资产
	经营性现金流占比	Cfos	经营性净现金流量/营业收入

（1）独立董事比例（*Indep*）。已有研究认为独立董事更为客观地对公司治理提出意见，可以提升企业内部监督水平，对创新与投资决策有积极意义。该指标用独立董事人数／董事人数衡量。

（2）高管持股数量（*Man*）。高管的持股数量会影响到其进行投资决策的审慎程度，进而影响投资效率。

（3）股权集中度（*Con*）。比德尔（Biddle，2009）、李万福等（2011）认为股权越集中，股东越可能通过控制权去影响公司投资决策。该指标用第一大股东持股比例衡量。

（4）是否支付现金股利（*Divi*）。是否支付现金股利会影响股票市场价格，影响公司筹集资本的能力，进而对投资产生影响。如公司支付现金股利取 1，反之取 0。

（5）债务杠杆（*Lev*）。企业债务杠杆高，可能会抑制研发投入和新增投资。该指标用总负债／所有者权益衡量。

（6）流动比率（*Cr*）。流动比例能够衡量企业资产的变现能力，资产的变现能力越强，投资所需资金越不易受到约束。该指标用流动资产／流动负债衡量。

（7）是否亏损（*Loss*）。发生亏损的公司难以维系投资所需资金，必然影响新增投资，该指标如公司发生亏损取 1，不发生亏损取 0。

（8）有形资产占比（*Tang*）。实物资产能够增加公司投资的资金来源，进而影响投资活动。有形资产占比用固定资产／总资产衡量。

（9）资产松弛度（*Slack*）。比德尔（Biddle，2009）认为资产的松弛度影响新增投资。松弛度越高越不容易受到融资约束。指标用货币资金／固定资产来衡量。本书实证分析中对该指标进行了 min-max 标准化处理。

（10）经营性现金流占比（*Cfos*）。企业进行投资的内部资金来源主要来自经营活动产生的现金流量，指标直接影响公司新增投资。经营性现金流用经营性净现金流量／营业收入衡量。

第三节　模型的构建与样本选择

一、模型的构建

为探索信息披露对投资效率的影响，建立模型（13 - 2），模型中 *INVEST* 表示企业的投资效率，*IDQ* 表示企业的信息披露质量，*Control* 表示控制变量，包括独立董事比例、高管持股数量、股权集中度、是否支付现金股利、债务杠杆、流动比率、有形资产占比、松弛度、经营性现金流。

$$INVEST_t = \alpha_0 + \alpha_1 IDQ_{t-1} + \sum \alpha_k Control_t + \varepsilon_1 \qquad (13-2)$$

为了检验信息披露对创新行为的影响，建立模型（13 - 3）。*INNO* 表示创新行为，*IDQ* 表示企业的信息披露，*Controlvariable* 表示控制变量。

$$INNO_t = \beta_0 + \beta_1 IDQ_{t-1} + \sum \beta_k Controlvariables_t + \varepsilon_2 \qquad (13-3)$$

为检验创新行为在信息披露对投资效率影响中的中介作用，本书借鉴温忠麟和叶宝娟（2014）对中介变量的检验程序，并结合本书具体研究内容，建立模型（13 - 4），变量含义与上文相同。

$$INVEST_t = \gamma_0 + \gamma_1 IDQ_{t-1} + \gamma_2 INNO_t + \sum \gamma_k Control_t + \varepsilon_3$$

$$(13-4)$$

本书对创新行为的中介效应的检验采用温忠麟和叶宝娟（2014）的中介效应检验程序，程序如图 13 - 4 所示。

二、样本选择与数据来源

本书选取 2008 ~ 2019 年 *A* 股军工上市公司为样本进行实证研究。整理步骤如下：（1）整理出截至 2021 年 1 月，十大军工集团旗下的 *A* 股上市

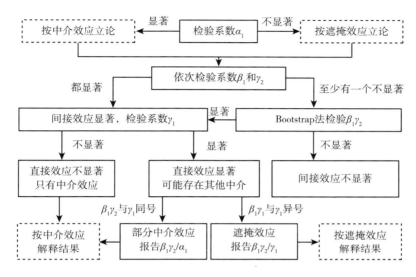

图 13 - 4 中介效应检验程序

公司名单；（2）5 家公司于 2018 年及以后上市，在本书研究时间区间内上市时间较短，予以剔除；（3）有部分企业在时间区间内经过资产重组不再属于军工集团，所以不属于军工上市公司的时间区间也进行了剔除；（4）剔除被冠以 ST（*ST）的公司样本；（5）加入 2019 年后因实际控制人变更而未在官网中显示的公司，进行剔除缺失值处理，最后得到 615 个样本数据。

解释变量主要依据选取的信息披露指标对样本中公司的信息披露情况进行手动评分，信息披露相关情况主要来自巨潮资讯、上交所网站、深交所网站。被解释变量及控制变量所涉及数据来自 RESSET 数据库和 CSMAR 数据库。数据处理采用 Excel、Stata 和 Spss 等软件。

第十四章

信息披露、创新行为与投资效率实证检验及结果分析

第一节　描述性统计与相关性分析

一、描述性统计

表 14-1 展示了第十三章变量的描述性统计结果。2008~2019年军工上市公司信息披露质量平均得分率 0.679，标准差 0.075，平均值与中位数也比较接近，说明信息披露总体水平较为集中，军工上市公司信息披露总体质量水平较高，但最小值为 0.460，最大值为 0.880，说明个别公司信息披露水平与整体水平存在较大差距。投资效率残差绝对值平均数为 0.033，中位数为 0.023，说明有部分公司非投资效率显著高于平均水平；投资过度样本平均数 0.044，中位数为 0.021，说明有部分投资过度的公司非投资效率显著高于平均水平；投资不足样本绝对值的平均值为 0.028，中位数为 0.024，说明有部分投资不足的公司非投资效率显著高于平均水平。全样本中，投资不足样本占总体的 64.55%，说明军工上市公司面临更多的是投资不足。研发投入对数极差也较大，说明军工上市公司创新水平差距较大。

表 14-1 主要变量描述性统计

变量	样本量	平均值	中位数	标准差	最小值	最大值
INVEST	615	0.033	0.023	0.041	0.0003	0.311
OVER	218	0.044	0.021	0.073	0.0001	0.526
UNDER	397	0.028	0.024	0.023	0.0002	0.142
INNO	615	18.511	18.372	1.513	11.432	22.425
IDQ	615	0.679	0.685	0.075	0.460	0.880
Slack	615	3.632	1.420	5.740	0.087	34.440
Cfos	615	-0.070	0.00003	1.152	-22.681	7.090
Con	615	0.371	0.370	0.113	0.081	0.724
Cr	615	4.849	1.856	4.350	0.355	29.983
Indep	615	0.365	0.333	0.051	0.250	0.667
Man	615	4.776	0.001	25.547	0.000	226.754
Tang	615	0.105	0.081	0.105	0.004	0.581
Lev	615	0.736	0.431	1.870	0.001	4.380
Loss	615	0.126	0.000	0.332	0.000	1.000
Divi	615	0.748	1.000	0.434	0.000	1.000

资料来源：巨潮资讯、上交所网站、深交所网站、RESSET 数据库和 CSMAR 数据库，经过整理。

二、相关性检验分析

表 14-2 显示了主要变量方差膨胀因子（VIF）的检验结果，VIF 越大，变量之间的共线性越严重，当 0 < VIF < 10，一般不存在多重共线性。本章中变量的 VIF 均小于 2，解释变量之间不存在多重共线性问题。

表 14 – 2 主要变量方差膨胀因子（VIF）检验结果

变量	VIF
Divi	1. 37
INNO	1. 37
IDQ	1. 23
Loss	1. 23
Slack	1. 22
Tang	1. 17
Cr	1. 13
Indep	1. 06
Con	1. 06
Cfos	1. 06
Man	1. 06
Lev	1. 05
Mean VIF	1. 17

资料来源：巨潮资讯、上交所网站、深交所网站、RESSET 数据库和 CSMAR 数据库，经过整理。

表 14 – 3 显示了相关性检验的结果。如表所示，变量之间的相关系数的绝对值均小于 0.7，不存在严重的多重共线性问题。其中信息披露与投资效率残差绝对值存在较强的负相关关系，系数为 – 0.117，显著性水平为 1%，投资效率残差绝对值越小，投资效率越高，可以初步看出信息披露对缓解非效率投资有一定的正向影响，即信息披露质量越高，投资效率越高，与假设 13.1 的预期相一致；信息披露与创新行为存在较强的正相关关系，系数 0.341，即可以初步看出信息披露质量越高，越能促进创新行为，与第十三章中的假设 13.2 的预期相一致。

表14-3

主要变量相关系数矩阵

变量	INVEST	INNO	IDQ	Tang	Lev	Slack	Cfos	Loss	Divi	Con	Inde	Man	Cr
INVEST	1.000												
INNO	-0.140***	1.000											
IDQ	-0.117***	0.341***	1.000										
Tang	0.014	-0.306***	-0.142***	1.000									
Lev	-0.066*	0.034	-0.066*	0.068*	1.000								
Slack	0.05	0.279***	0.079**	-0.210***	-0.069*	1.000							
Cfos	-0.03	-0.034	-0.035	0.06	0.02	-0.225***	1.000						
Loss	-0.018	-0.056	-0.185***	0.045	0.093**	-0.003	0.037	1.000					
Divi	-0.064	0.205***	0.295***	-0.161***	-0.133***	-0.015	0.001	-0.140***	1.000				
Con	0.059	0.029	-0.039	0.047	-0.027	0.005	0.023	-0.117***	0.341***	1.000			
Indep	-0.051	0.149***	0.017	-0.155***	0.080**	0.054	0.025	0.014	-0.306***	-0.142***	1.000		
Man	0.029	0.163***	0.134***	-0.027	-0.046	-0.036	0.01	-0.066*	0.034	-0.066*	0.068*	1.000	
Cr	-0.002	0.179***	0.019	-0.189***	-0.077**	0.244***	-0.01	0.05	0.279***	0.079**	-0.210***	-0.069*	1.000

注: ***、**、* 分别表示在1%、5%和10%统计水平上显著。
资料来源：巨潮资讯、上交所网站、深交所网站、RESSET数据库和CSMAR数据库，经过整理。

第二节　实证结果分析

一、信息披露与投资效率分析

首先，对全部样本进行数据检验，然后根据投资效率残差情况将全部样本分为投资不足组和投资过度组，再分别对投资不足组企业和投资过度组企业的数据进行数据检验，以对比分析不同非投资类型下信息披露与投资效率的关系，结果如表 14 – 4 所示。

表 14 – 4　　　　　　　信息披露与投资效率关系检验

变量	全样本	投资过度	投资不足
IDQ	-0.070^{***} (-2.90)	-0.180^{**} (-2.52)	-0.044^{***} (-2.69)
Tang	-0.001 (-0.07)	-0.075 (-1.40)	0.025^{**} (2.11)
Lev	-0.001 (-1.63)	-0.019^{**} (-2.40)	-0.001 (-1.33)
Slack	0.021 (1.44)	0.026 (0.46)	0.018^{*} (1.83)
Cfos	-0.001 (-0.41)	0.003 (0.48)	-0.001 (-0.86)
Loss	-0.007 (-1.33)	-0.028^{*} (-1.68)	-0.003 (-0.74)
Divi	-0.006 (-1.43)	-0.022 (-1.60)	0.001 (0.34)
Con	0.0002 (1.49)	0.0008^{*} (1.79)	-0.0001 (-0.79)
Indep	-0.0461 (-1.37)	-0.128 (-1.39)	0.0288 (1.19)
Man	0.0001 (1.33)	0.0001 (0.36)	0.0001^{**} (2.13)

续表

变量	全样本	投资过度	投资不足
Cr	− 0.00002 (− 0.98)	− 0.00007 (− 0.31)	0.000002 (0.18)
Constant	0.095 *** (4.37)	0.224 *** (3.43)	0.047 *** (3.15)
N	615	221	394
R-Squared	0.037	0.107	0.052

注：***、**、*分别表示在1%、5%和10%统计水平上显著。

资料来源：巨潮资讯、上交所网站、深交所网站、RESSET 数据库和 CSMAR 数据库，经过回归。

全样本检验中，信息披露系数为 − 0.070，显著性为1%，投资效率绝对值越小，非投资效率程度越低。全样本回归中，信息披露质量的提高可以降低非效率投资，即信息披露质量越高，企业投资效率越高。第十三章中假设13.1得到支持；在投资不足样本中，信息披露系数为 − 0.044，显著性为1%，即信息披露与投资效率残差绝对值存在显著的负相关关系，投资效率残差绝对值越小，投资不足的程度越低，说明军工上市公司信息披露水平越高，越能缓解投资不足，假设 13.1a 得到支持；在投资过度样本中，信息披露系数为 − 0.180，显著性为5%，即信息披露与投资效率绝对值存在显著的负相关关系，绝对值越小，投资过度的程度越低，说明军工上市公司信息披露水平越高，越能抑制投资过度，假设 13.1b得到支持。

以上结果与张纯和吕伟（2009）、李青原（2009）、荆龙姣（2017）等的研究结论相似。信息披露对投资不足及投资过度均起到正面影响，可以减轻军工上市公司非效率投资状况。军工上市公司面临投资不足时，信息披露质量的提高有利于向投资者传递企业发展、投资相关的有利信息，增强投资信心，有利于企业吸引外部融资、缓解融资约束，使其有充足资金投入到可获得正向净收益的项目中。另外，信息披露能使投资者和股东更好地监督管理层，缓解投资不足，提高投资效率；面临投资过度时，信息披露通过加强投资者和股东的监督作用，抑制道德风险，督促企业更加审慎地做出投资决定。

二、信息披露与创新行为分析

对信息披露与创新行为的回归也先对全部样本进行数据检验，再分别对投资不足组企业和投资过度组企业的数据进行数据检验，以对比分析不同非投资类型下信息披露与创新行为的关系。

全样本检验中，表14 – 5 中信息披露系数为5.163，显著性为1%，说明信息披露与创新行为存在显著的正相关关系，信息披露质量越高，越能促进创新行为，假设13.2 得到支持。在投资不足样本中，信息披露系数为4.684，显著性为1%，即信息披露与创新行为存在显著的正相关关系，说明投资不足的军工上市企业信息披露水平越高，越能促进创新行为，假设13.2a 得到支持。在投资过度样本中，信息披露系数为6.218，显著性为1%，说明投资过度的军工上市公司信息披露水平越高，越能促进创新行为，假设13.2b 得到支持。

表 14 – 5　　　　　　　　信息披露与创新行为关系检验

变量	全样本	投资过度组	投资不足组
IDQ	5.163 *** (7.02)	6.218 *** (4.51)	4.684 *** (5.66)
Tang	– 2.024 *** (– 3.79)	– 0.450 (– 0.43)	– 2.676 *** (– 4.52)
Lev	0.082 *** (2.97)	0.596 *** (3.86)	0.060 ** (2.33)
Slack	2.588 *** (5.95)	1.906 * (1.74)	3.094 *** (6.42)
Cfos	0.0332 (0.74)	– 0.0567 (– 0.53)	0.0341 (0.70)
Loss	0.216 (1.27)	0.452 (1.37)	0.173 (0.92)
Divi	0.406 *** (2.93)	0.739 *** (2.80)	0.191 (1.22)

变量	全样本	投资过度组	投资不足组
Con	0.006 (1.32)	−0.014 (−1.59)	0.015 *** (2.83)
Indep	2.878 *** (2.80)	1.632 (0.91)	2.721 ** (2.25)
Man	0.007 *** (3.59)	−0.013 ** (−1.99)	0.010 *** (5.21)
Cr	0.002 *** (3.03)	−0.001 (−0.34)	0.002 *** (2.89)
Constant	13.420 *** (20.09)	13.240 *** (10.52)	13.660 *** (18.24)
N	615	218	397
R-Squared	0.270	0.259	0.368

注：***、**、*分别表示在1%、5%和10%统计水平上显著。

资料来源：巨潮资讯、上交所网站、深交所网站、RESSET数据库和CSMAR数据库，经过回归。

以上结果与李树斌等（2017）、韩美妮和王福胜（2017）研究相似，创新行为需要持续的资金支持，投资者对创新投入的风险预期较高，高质量的信息披露能够向投资者传递良好的投资信号，缓解逆向选择问题，提高企业外部融资能力，进而促进企业创新。

三、信息披露、创新行为与投资效率分析

根据表14-6，在全样本检验中，信息披露系数为 -0.046，显著性为10%，研发投入系数为 -0.005，显著性为1%。根据中介效应检验程序（温忠麟和叶宝娟，2014），全样本回归中，军工上市公司创新行为在信息披露与投资效率之间发挥中介作用，假设13.3得到支持。在投资不足样本中，信息披露系数为 -0.036，显著性为5%，研发投入系数 -0.002，显著性10%，说明投资不足的军工上市公司创新行为在信息披露与缓解投资不足中发挥中介作用，假设13.3a得到支持。在投资过度样本中，信息披

露系数为 - 0.122，显著性为 10%，研发投入系数为 - 0.005，显著性为 10%，说明投资过度的军工上市公司创新行为在信息披露与抑制投资过度中发挥中介作用，第十三章中的假设 13.3b 得到支持。

表 14 - 6　　　　信息披露、创新行为与投资效率分析关系检验

变量	全样本	投资过度	投资不足
INNO	- 0.005 *** (- 3.44)	- 0.005 * (- 1.73)	- 0.002 * (- 1.94)
IDQ	- 0.046 * (- 1.87)	- 0.122 * (- 1.91)	- 0.036 ** (- 2.09)
Tang	- 0.010 (- 0.59)	- 0.059 (- 1.26)	0.024 * (1.95)
Lev	- 0.001 (- 1.22)	- 0.014 * (- 1.97)	- 0.0006 (- 1.18)
Slack	0.032 ** (2.22)	0.036 (0.74)	0.024 ** (2.36)
Cfos	- 0.001 (- 0.31)	0.002 (0.32)	- 0.001 (- 0.82)
Loss	- 0.006 (- 1.16)	- 0.019 (- 1.28)	- 0.002 (- 0.48)
Divi	- 0.005 (- 1.02)	- 0.010 (- 0.80)	0.001 (0.16)
Con	0.0003 * (1.68)	0.001 * (1.93)	- 0.00003 (- 0.31)
Indep	- 0.033 (- 0.99)	- 0.094 (- 1.19)	0.032 (1.29)
Man	0.0001 * (1.83)	0.0001 (0.21)	0.0001 *** (2.60)
Cr	- 0.00001 (- 0.56)	- 0.0001 (- 0.26)	0.00001 (0.44)
Constant	0.156 *** (5.59)	0.254 *** (3.69)	0.076 *** (3.67)
N	615	218	397
R-Squared	0.055	0.121	0.065

注：*** 、 ** 、 * 分别表示在 1%、5% 和 10% 统计水平上显著。

资料来源：巨潮资讯、上交所网站、深交所网站、RESSET 数据库和 CSMAR 数据库，经过回归。

全样本、投资不足样本与投资过度样本中，第十三章中的假设 13.2 创新行为与信息披露系数为正，假设 13.3 投资效率与创新行为系数为负，假设 13.1 中投资效率与信息披露系数为负，即根据检验程序，系数 $\beta_1\gamma_2$ 与 α_1 同号，创新行为对军工上市企业的信息披露与投资效率起部分中介效应；创新行为对军工上市公司的信息披露与抑制投资过度起部分中介效应；创新行为对军工上市公司的信息披露与缓解投资不足起部分中介效应。

第三节　稳健性检验

一、替换信息披露衡量方式

为了增强回归结果的可靠性，本章采取 KV 指数替代信息披露评分再次对三个假设重新进行回归，参照徐寿福和徐龙炳（2015）的做法，采用金和韦雷基亚（Kim and Verrecchia，2001）的方法度量信息披露质量。本章采用式（14 - 1）计算 KV 指数：

$$\ln|(P_t - P_{t-1})/P_{t-1}| = \lambda_0 + \lambda(Vol_t/Vol_0 - 1) + \varepsilon \qquad (14-1)$$

KV 的取值由式（14 - 1）中 λ 数值而得出：KV = $\lambda \times 1000000$。式（14 - 1）中，P_t 是第 t 日收盘价，Vol_t 是第 t 日交易股数，Vol_0 是年度平均日交易量。KV 指数能够反映市场对交易量信息的依赖继而反映公司的信息披露程度，KV 指数越高表明上市公司信息披露质量越低。替换变量后，三个假设回归的结果如表 14 - 7 至表 14 - 9 所示。

表 14 - 7　　　　　　替换信息披露假设 13.1 的回归结果

变量	全样本	投资过度	投资不足
KV	0. 023 *** （2. 60）	0. 058 ** （2. 20）	0. 013 ** （2. 07）
Tang	0. 005 （0. 30）	- 0. 044 （- 0. 83）	0. 027 ** （2. 27）

续表

变量	全样本	投资过度	投资不足
Lev	− 0.001 （ − 1.63）	− 0.019 ** （ − 2.33）	− 0.001 （ − 1.32）
Slack	0.015 （1.04）	0.002 （0.04）	0.015 （1.55）
Cfos	− 0.001 （ − 0.40）	0.002 （0.42）	− 0.001 （ − 0.85）
Loss	− 0.006 （ − 1.12）	− 0.028 （ − 1.62）	− 0.002 （ − 0.48）
Divi	− 0.011 ** （ − 2.40）	− 0.034 *** （ − 2.61）	− 0.001 （ − 0.47）
Con	0.000 （1.57）	0.001 * （1.81）	− 0.000 （ − 0.69）
Indep	− 0.047 （ − 1.39）	− 0.113 （ − 1.22）	0.025 （1.04）
Man	0.000 （0.74）	0.000 （0.47）	0.000 （1.48）
Cr	− 0.000 （ − 1.01）	− 0.000 （ − 0.17）	0.000 （0.11）
Constant	0.039 ** （2.58）	0.073 * （1.71）	0.014 （1.25）
N	614	221	393
R-Squared	0.034	0.100	0.046

注：***、**、*分别表示在1%、5%和10%统计水平上显著。

资料来源：巨潮资讯、上交所网站、深交所网站、RESSET 数据库和 CSMAR 数据库，经过回归。

表 14 − 8　　　　　　　　　替换信息披露假设 13.2 的回归结果

变量	全样本	投资过度组	投资不足组
KV	1.579 *** （5.81）	1.613 *** （3.13）	1.536 *** （5.04）
Tang	− 2.150 *** （ − 3.98）	− 1.020 （ − 0.96）	− 2.662 *** （ − 4.46）

续表

变量	全样本	投资过度组	投资不足组
Lev	0.077 ***	0.530 ***	0.057 **
	(2.76)	(3.35)	(2.19)
Slack	2.582 ***	1.857	3.126 ***
	(5.86)	(1.65)	(6.44)
Cfos	0.027	−0.047	0.019
	(0.59)	(−0.42)	(0.38)
Loss	0.158	0.371	0.126
	(0.92)	(1.10)	(0.66)
Divi	0.547 ***	1.034 ***	0.267 *
	(3.98)	(4.00)	(1.71)
Con	0.003	−0.019 **	0.013 **
	(0.55)	(−2.06)	(2.30)
Indep	2.795 ***	1.112	2.870 **
	(2.69)	(0.61)	(2.35)
Man	0.008 ***	−0.011	0.011 ***
	(3.68)	(−1.62)	(5.22)
Cr	0.002 ***	−0.002	0.001 ***
	(2.68)	(−0.38)	(2.60)
Constant	16.25 ***	16.99 ***	16.07 ***
	(34.64)	(20.14)	(29.49)
N	614	218	396
R-Squared	0.253	0.223	0.360

注：*** 、** 分别表示在 1%、5% 统计水平上显著。

资料来源：巨潮资讯、上交所网站、深交所网站、RESSET 数据库和 CSMAR 数据库，经过回归。

表 14 – 9　　　　　　　**替换信息披露假设 13.3 的回归结果**

变量	全样本	投资过度	投资不足
INNO	−0.006 ***	−0.009 ***	−0.003 ***
	(−4.90)	(−2.99)	(−3.33)
KV	0.033 ***	0.064 ***	0.019 ***
	(3.71)	(2.83)	(2.96)

续表

变量	全样本	投资过度	投资不足
Tang	− 0.008 (− 0.49)	− 0.039 (− 0.86)	0.023 * (1.86)
Lev	− 0.001 (− 1.10)	− 0.012 * (− 1.72)	− 0.001 (− 1.05)
Slack	0.031 ** (2.17)	0.022 (0.45)	0.026 ** (2.54)
Cfos	− 0.000 (− 0.29)	0.001 (0.25)	− 0.001 (− 0.83)
Loss	− 0.005 (− 0.96)	− 0.018 (− 1.23)	− 0.001 (− 0.17)
Divi	− 0.007 (− 1.63)	− 0.015 (− 1.34)	− 0.002 (− 0.49)
Con	0.000 * (1.71)	0.001 * (1.74)	− 0.000 (− 0.10)
Indep	− 0.029 (− 0.87)	− 0.080 (− 1.02)	0.032 (1.33)
Man	0.000 (1.47)	0.000 (0.23)	0.000 ** (2.32)
Cr	− 0.000 (− 0.49)	− 0.000 (− 0.15)	0.000 (0.52)
Constant	0.142 *** (5.52)	0.205 *** (3.32)	0.068 *** (3.48)
N	614	218	396
R-Squared	0.071	0.139	0.077

注：*** 、 ** 、 * 分别表示在1%、5%和10%统计水平上显著。

资料来源：巨潮资讯、上交所网站、深交所网站、RESSET 数据库和 CSMAR 数据库，经过回归。

　　根据表 14 – 7 至表 14 – 9，采用 KV 指数回归的结果与前面自行构建的信息披露评分的结果一致，同样证明了信息披露质量的提高可以降低非效率投资；信息披露质量越高，越能促进创新行为；创新行为对军工上市企业的信息披露与投资效率起部分中介效应。稳健性检验结果证明本书实证结果可靠。

二、替换投资效率计算方法

本书使用理查森（Richardson）模型对企业的投资效率进行计算时采用主营业务收入增长率衡量企业成长性。为了检验结果的稳健性，本章参考谢佩洪和汪春霞（2017）、代昀昊和孔东民（2017）的做法，将理查森（Richardson）模型中企业成长性变量替换为托宾 Q 值，并对投资效率重新计算。回归结果如表 14 - 10 至表 14 - 12 所示，采用替换后投资效率回归的结果与前面的结果一致，证明本书实证结果可靠。

表 14 - 10　　　　　　　替换投资效率假设 13.1 的回归结果

变量	全样本	投资过度组	投资不足组
IDQ	-0.110^{***} (-4.45)	-0.257^{***} (-2.91)	-0.073^{***} (-6.43)
Tang	-0.020 (-1.10)	-0.110^{*} (-1.83)	0.013 (1.54)
Lev	-0.001 (-0.66)	-0.018 (-1.35)	0.000 (0.61)
Slack	-0.006 (-0.43)	-0.007 (-0.07)	0.002 (0.24)
Cfos	0.000 (0.17)	0.034 (0.66)	-0.000 (-0.17)
Loss	-0.003 (-0.49)	-0.020 (-0.90)	0.001 (0.25)
Divi	-0.011^{**} (-2.37)	-0.032^{*} (-1.82)	-0.001 (-0.61)
Con	0.000 (1.27)	0.001 (1.04)	-0.000 (-0.73)
Indep	-0.075^{**} (-2.17)	-0.147 (-1.17)	-0.002 (-0.13)
Man	0.000 (1.47)	0.000 (0.23)	0.000^{**} (2.32)

续表

变量	全样本	投资过度组	投资不足组
Cr	0.000 (1.01)	0.000 (1.05)	− 0.000 (− 0.02)
Constant	0.144 *** (6.42)	0.315 *** (4.06)	0.082 *** (7.94)
N	612	157	455
R-Squared	0.063	0.150	0.118

注: *** 、 ** 、 * 分别表示在1%、5%和10%统计水平上显著。

资料来源：巨潮资讯、上交所网站、深交所网站、RESSET 数据库和 CSMAR 数据库，经过回归。

表 14 – 11　　　　　　　　替换投资效率假设 13.2 的回归结果

变量	全样本	投资过度组	投资不足组
IDQ	5.163 *** (7.02)	5.732 *** (3.27)	4.896 *** (6.19)
Tang	− 2.024 *** (− 3.79)	− 0.825 (− 0.69)	− 2.426 *** (− 4.12)
Lev	0.082 *** (2.97)	0.497 * (1.90)	0.069 *** (2.67)
Slack	2.588 *** (5.95)	2.229 (1.06)	2.795 *** (6.40)
Cfos	0.0332 (0.74)	0.216 (0.21)	0.0380 (0.90)
Loss	0.216 (1.27)	0.233 (0.53)	0.273 (1.49)
Divi	0.406 *** (2.93)	0.783 ** (2.22)	0.244 * (1.66)
Con	0.00640 (1.32)	− 0.00299 (− 0.28)	0.00882 * (1.66)
Indep	− 0.075 ** (− 2.17)	− 0.147 (− 1.17)	− 0.002 (− 0.13)
Man	0.007 *** (3.59)	− 0.004 (− 0.79)	0.012 *** (5.20)

续表

变量	全样本	投资过度组	投资不足组
Cr	0.002 *** (3.03)	−0.002 (−0.26)	0.002 *** (3.10)
Constant	13.42 *** (20.09)	12.57 *** (8.17)	13.85 *** (19.15)
N	612	157	455
R-Squared	0.270	0.206	0.334

注：***、**、*分别表示在1%、5%和10%统计水平上显著。

资料来源：巨潮资讯、上交所网站、深交所网站、RESSET数据库和CSMAR数据库，经过回归。

表 14 – 12　　　　　　　　替换投资效率假设13.3的回归结果

变量	全样本	投资过度组	投资不足组
IDQ	−0.081 *** (−3.19)	−0.210 ** (−2.31)	−0.059 *** (−5.12)
INNO	−0.006 *** (−4.25)	−0.008 ** (−2.00)	−0.003 *** (−4.11)
Tang	−0.031 * (−1.75)	−0.116 * (−1.96)	0.006 (0.75)
Lev	−0.000 (−0.16)	−0.014 (−1.04)	0.000 (1.13)
Slack	0.009 (0.57)	0.011 (0.11)	0.009 (1.43)
Cfos	0.001 (0.30)	0.036 (0.70)	0.0001 (0.01)
Loss	−0.002 (−0.28)	−0.018 (−0.82)	0.001 (0.54)
Divi	−0.009 * (−1.89)	−0.025 (−1.44)	−0.001 (−0.29)
Con	0.000 (1.52)	0.001 (1.01)	−0.000 (−0.42)
Indep	−0.058 * (−1.69)	−0.118 (−0.94)	0.005 (0.29)

续表

变量	全样本	投资过度组	投资不足组
Man	0.000 (1.63)	0.000 (0.93)	0.000 (0.97)
Cr	0.000 (1.01)	0.000 (1.05)	-0.000 (-0.02)
Constant	0.221*** (7.73)	0.419*** (4.51)	0.120*** (8.75)
N	612	157	455
R-Squared	0.090	0.173	0.151

注：***、**、*分别表示在1%、5%和10%统计水平上显著。

资料来源：巨潮资讯、上交所网站、深交所网站、RESSET数据库和CSMAR数据库，经过回归。

三、工具变量法

企业非效率投资的影响因素较多，由于难以观测因素或不可观测量因素的存在，可能导致遗漏变量的内生性问题，为控制这一内生性问题，本章采用工具变量法进行处理。

借鉴江轩宇等（2017）、李慧云等（2020）的研究，选取同行业军工上市公司信息披露质量均值作为工具变量，而所选取的工具变量需满足外生性与相关性的条件。军工上市公司信息披露质量与同行业的其他军工上市公司信息披露相关，但同行业军工上市公司的信息披露却无法对企业自身的非效率投资产生影响，说明军工上市公司信息披露质量行业均值（IV）满足外生性条件。同时，对所选取的工具变量进行弱工具变量检验，结果显示F，统计量为13.893（超过10），F统计量的P值为0.0002，在1%的水平上显著，说明本书所选择的工具变量符合相关性的要求。使用两阶段最小二乘法（2SLS）对三个假设进行检验，检验结果如表14-13所示。

表 14 – 13　　　　　　　　　　　　　工具变量检验结果

变量	假设 1	投资过度	投资不足	假设 2	假设 3
IDQ	– 0. 261 ** (– 2. 15)	– 0. 641 * (– 1. 79)	– 0. 211 * (– 1. 81)	0. 447 *** (4. 85)	– 0. 229 ** (– 2. 16)
INNO	—	—	—	—	– 0. 4951 * (1. 65)
Tang	– 0. 137 (– 1. 10)	– 0. 034 *** (– 2. 79)	0. 058 (1. 22)	– 0. 204 ** (– 2. 03)	– 0. 162 (– 1. 42)
Lev	– 0. 122 (– 0. 44)	– 0. 042 (– 1. 13)	– 0. 005 (– 0. 47)	– 0. 162 (– 0. 55)	– 0. 239 (– 0. 84)
Slack	– 0. 030 (– 0. 25)	– 0. 027 ** (– 2. 34)	– 0. 001 (– 0. 40)	– 0. 075 (– 0. 85)	– 0. 027 (– 0. 26)
Cfos	– 0. 009 (– 0. 31)	0. 004 (0. 60)	0. 002 (1. 18)	0. 021 (0. 66)	– 0. 007 (– 0. 27)
Loss	0. 451 * (1. 66)	– 0. 028 (– 0. 49)	– 0. 017 (– 1. 46)	0. 481 (1. 63)	0. 433 * (1. 72)
Divi	– 0. 162 (– 0. 63)	0. 017 (0. 37)	0. 015 (1. 06)	– 0. 437 (– 1. 33)	– 0. 123 (– 0. 51)
Con	0. 011 (0. 81)	0. 048 (1. 57)	– 0. 000 * (– 0. 47)	0. 012 (0. 73)	0. 010 (0. 73)
Inde	0. 732 (0. 77)	– 1. 204 * (– 1. 75)	0. 393 ** (1. 06)	– 0. 658 (– 0. 73)	0. 350 (0. 39)
Man	0. 020 (– 0. 87)	0. 221 (1. 17)	0. 002 ** (2. 20)	– 0. 055 (– 0. 71)	0. 022 (0. 35)
Cr	– 0. 012 (– 1. 50)	– 0. 015 (– 0. 41)	– 0. 007 (– 0. 71)	– 0. 010 (– 1. 31)	– 0. 012 (– 1. 64)
Constant	– 15. 969 *** (– 2. 77)	1. 722 * (1. 91)	– 0. 313 (– 1. 53)	– 4. 897 (– 0. 99)	– 0. 800 (– 0. 09)
N	321	105	108	321	321
R-Squared	0. 065	0. 179	0. 021	0. 275	0. 152

注: *** 、 ** 、 * 分别表示在 1% 、5% 和 10% 统计水平上显著。

资料来源: 巨潮资讯、上交所网站、深交所网站、RESSET 数据库和 CSMAR 数据库, 经过回归。

根据表 14 - 13 的结果，对于假设 13.1，军工上市公司信息披露与其非效率投资之间的系数为 - 0.261，且在 5% 的水平上显著，说明军工上市公司信息披露质量与其非效率投资显著负相关。对于假设 13.2，军工上市公司信息披露与创新行为之间的系数为 0.447，在 1% 的水平上显著，说明军工上市公司信息披露质量与其创新行为显著正相关。对于假设 13.3，军工上市公司信息披露系数为 - 0.229，且在 5% 的水平上显著，创新行为系数为 - 0.495，且在 10% 的水平上显著，根据温忠麟和叶宝娟（2014）的中介效应检验程序，说明创新行为在军工上市公司信息披露与非效率投资之间存在部分中介效应。使用工具变量对内生性问题进行控制后，军工上市公司信息披露质量仍与其非效率投资显著负相关，而创新行为仍发挥部分中介效应，说明本书检验结果较为稳健。

第四节　本章小结

本书以 2008～2019 年军工上市公司为样本，分析创新行为、信息披露与投资效率的关系，得到以下结论。

（1）军工上市公司信息披露水平与投资效率正相关；与投资不足和投资过度负相关。即信息披露水平越高，越能抑制企业投资过度，缓解企业投资不足，企业投资效率越高。军工上市公司面临投资不足时，信息披露质量的提高有利于向投资者传递企业发展、投资相关的有利信息，增强投资信心，有利于企业吸引外部融资、缓解融资约束，使其有充足资金投入到可获得正向净收益的项目中。另外，能加强投资者与股东对管理层的监督，减少其因风险厌恶和追求平静生活而造成的投资不足，提高投资效率。面临投资过度时，信息披露通过加强投资者和股东对管理层监督作用，抑制道德风险，督促企业更加审慎地做出投资决定从而抑制投资过度。

（2）军工上市公司信息披露水平与创新行为正相关；信息披露水平越高，越能促进创新行为，投资不足的军工上市公司与投资过度的军工上市公司信息披露水平和创新行为均呈正相关。创新行为需要持续和稳定的资金支持，投资者对创新投入的风险预期较高，较多的信息披露能够向投资者传递良好的投资信号，缓解逆向选择问题，提高企业外部融资能力，通过缓解企业创新的融资压力来对企业创新产生积极影响。同时，信息披露也能缓解企业内外部的信息不对称，所以信息披露使企业内外部更好地监督其创新活动。

（3）军工上市公司创新行为在信息披露与投资效率之间发挥中介作用；创新行为对信息披露与投资过度起部分中介效应，对信息披露与投资不足起部分中介效应。企业创新行为主要通过提升企业竞争力与实力，进而提高风险承受能力，创新成果可以实现收益来提高企业投资效率。创新行为需要持续稳定的资金支持，才能获得收益。但对投资不足的企业来说，企业本身面临较强的融资约束，而企业的创新行为和投资效率都会因融资约束而受到限制，所以通过创新行为提高企业实力和创新行为实现收益的效用都会受到抑制，造成创新行为对投资效率的影响十分有限，进而创新行为对信息披露与投资不足的中介效应不显著。

主要参考文献

［1］白默：《美国会计信息披露的同业互查机制——动态博弈框架内的分析及政策含义》，载于《辽宁经济》2005 年第 9 期。

［2］白晓宇：《上市公司信息披露政策对分析师预测的多重影响研究》，载于《金融研究》2009 年第 4 期。

［3］蔡吉甫：《会计信息质量与公司投资效率——基于 2006 年会计准则趋同前后深沪两市经验数据的比较研究》，载于《管理评论》2013 年第 4 期。

［4］曹亚勇、王建琼、于丽丽：《公司社会责任信息披露与投资效率的实证研究》，载于《管理世界》2012 年第 12 期。

［5］曹阳、易其其：《政府补助对企业研发投入与绩效的影响——基于生物医药制造业的实证研究》，载于《科技管理研究》2018 年第 1 期。

［6］曾颖、陆正飞：《信息披露质量与股权融资成本》，载于《经济研究》2006 年第 2 期。

［7］陈汉文、王金妹、刘思义、杨道广：《审计委员会透明度与会计信息质量——基于履职情况披露的经验证据》，载于《管理评论》2021 年第 1 期。

［8］陈华、王海燕、荆新：《中国企业碳信息披露：内容界定、计量方法和现状研究》，载于《会计研究》2013 年第 12 期。

［9］陈金勇、汤湘希、孙艺铭：《基于核心竞争力的企业无形资产信息披露核心指标的构建》，载于《西安财经学院学报》2014 年第 2 期。

［10］陈凯华、官建成、寇明婷、康小明：《网络 DEA 模型在科技创新投资效率测度中的应用研究》，载于《管理评论》2013 年第 12 期。

［11］陈昆玉：《创新型企业的创新活动、股权结构与经营业绩——来

自中国 A 股市场的经验证据》，载于《产业经济研究》2010 年第 4 期。

［12］陈良华、吴凡、王豪峻：《银行债务融资对创新投资效率的影响——基于沪深 A 股科技企业的经验证据》，载于《东南大学学报（哲学社会科学版）》2019 年第 5 期。

［13］陈明利、伍旭川、梅世云：《企业投资效率、公司治理与公司价值——基于机构投资者参与视角》，载于《企业经济》2018 年第 3 期。

［14］陈艳、郑雅慧、秦妍：《负债融资、资本成本与公司投资效率——基于债务异质性视角的实证分析》，载于《经济与管理评论》2016 年第 4 期。

［15］陈祖英、沈璐：《强制性环境信息披露会影响企业投资支出吗?》，载于《北京交通大学学报（社会科学版）》2021 年第 2 期。

［16］程昔武、纪纲、刘子怡：《公益基金会财务信息披露指标体系设计》，载于《北京工商大学学报（社会科学版）》2014 年第 5 期。

［17］程小可、孙乾：《董秘任期与信息披露质量》，载于《经济管理》2020 年第 12 期。

［18］程新生、谭有超、刘建梅：《非财务信息、外部融资与投资效率——基于外部制度约束的研究》，载于《管理世界》2012 年第 7 期。

［19］崔学刚：《公司治理机制对公司透明度的影响——来自中国上市公司的经验数据》，载于《会计研究》2004 年第 8 期。

［20］代昀昊、孔东民：《高管海外经历是否能提升企业投资效率》，载于《世界经济》2017 年第 1 期。

［21］狄为、乔晓杰：《管理层权力、信息披露质量与投资效率》，载于《工业技术经济》2014 年第 3 期。

［22］翟淑萍、黄宏斌、何琼枝：《投资者情绪、研发投资及创新效率——基于理性迎合渠道的研究》，载于《华东经济管理》2017 年第 12 期。

［23］窦炜、马莉莉、龚晗：《审计监督、会计信息质量与投资效率——来自中国上市公司的经验证据》，载于《南京审计学院学报》2015 年第 5 期。

［24］杜瑞、李延喜：《企业研发活动与盈余管理——微观企业对宏观产业政策的适应性行为》，载于《科研管理》2018 年第 3 期。

[25] 杜兴强、周泽将:《信息披露质量与代理成本的实证研究——基于深圳证券交易所信息披露考评的经验证据》,载于《商业经济与管理》2009 年第 12 期。

[26] 方军雄、洪剑峭:《上市公司信息披露质量与证券分析师盈利预测》,载于《证券市场导报》2007 年第 3 期。

[27] 高锦萍、高居平:《信息披露内容异质性对分析师预测的影响》,载于《统计与决策》2021 年第 8 期。

[28] 高明华、张祚禄、杨丹:《中国上市公司自愿性信息披露指数报告》,经济科学出版社 2014 年版。

[29] 高照军、武常岐:《制度理论视角下的企业创新行为研究——基于国家高新区企业的实证分析》,载于《科学研究》2014 年第 10 期。

[30] 葛鹏、干春晖、李思龙:《融资约束与产出效率损失——基于中国工业企业的数据分析》,载于《产业经济研究》2017 年第 1 期。

[31] 顾群、翟淑萍:《信息披露质量、代理成本与企业融资约束——来自深圳证券市场的经验证据》,载于《经济与管理研究》2013 年第 5 期。

[32] 郭琦、罗斌元:《融资约束、会计信息质量与投资效率》,载于《中南财经政法大学学报》2013 年第 1 期。

[33] 郭玥:《政府创新补助的信号传递机制与企业创新》,载于《中国工业经济》2018 年第 9 期。

[34] 韩东平、张鹏:《货币政策、融资约束与投资效率——来自中国民营上市公司的经验证据》,载于《南开管理评论》2015 年第 4 期。

[35] 韩金红、余珍:《碳信息披露与企业投资效率——基于 2011 – 2015 年 CDP 中国报告的实证研究》,载于《工业技术经济》2017 年第 8 期。

[36] 韩美妮、王福胜:《会计信息质量对技术创新价值效应的影响研究》,载于《管理评论》2016 年第 10 期。

[37] 韩鹏、岳园园:《中美企业创新行为信息披露比较研究》,载于《科技管理研究》2015 年第 16 期。

[38] 韩鹏、岳园园:《企业创新行为信息披露的经济后果研究——来自创业板的经验证据》,载于《会计研究》2016 年第 1 期。

[39] 何平林、孙雨龙、宁静、陈亮:《高管特质、法治环境与信息披

露质量》，载于《中国软科学》2019 年第 10 期。

［40］胡旭阳：《民营企业家的政治身份与民营企业的融资便利——以浙江省民营百强企业为例》，载于《管理世界》2006 年第 5 期。

［41］胡元木、谭有超：《非财务信息披露：文献综述以及未来展望》，载于《会计研究》2013 年第 3 期。

［42］扈文秀、杜金柱、章伟果：《信息披露质量影响公司风险承担：治理效应抑或声誉效应?》，载于《运筹与管理》2021 年第 7 期。

［43］黄超、王敏、常维：《国际"四大"审计提高公司社会责任信息披露质量了吗?》，载于《会计与经济研究》2017 年第 5 期。

［44］黄宏斌、翟淑萍、陈静楠：《企业生命周期、融资方式与融资约束——基于投资者情绪调节效应的研究》，载于《金融研究》2016 年第 7 期。

［45］黄娟娟、肖珉：《信息披露、收益不透明度与权益资本成本》，载于《中国会计评论》2006 年第 1 期。

［46］黄新建、黄能丽、李晓辉：《高管特征对提升企业 R&D 投资效率的影响》，载于《重庆大学学报（社会科学版)》2014 年第 3 期。

［47］吉利、张正勇、毛洪涛：《企业社会责任信息质量特征体系构建——基于对信息使用者的问卷调查》，载于《会计研究》2013 年第 1 期。

［48］纪慧丽、姚芊：《盈余质量对投资效率影响的路径分析》，载于《经济研究导刊》2019 年第 1 期。

［49］江新峰、张东旭：《政治关联、分析师跟踪与中小企业投资效率——以制造业为例》，载于《贵州财经大学学报》2014 年第 6 期。

［50］江轩宇、申丹琳、李颖：《会计信息可比性影响企业创新吗》，载于《南开管理评论》2017 年第 4 期。

［51］姜国华、岳衡：《大股东占用上市公司资金与上市公司股票回报率关系的研究》，载于《管理世界》2005 年第 9 期。

［52］解维敏、方红星：《金融发展、融资约束与企业研发投入》，载于《金融研究》2011 年第 5 期。

［53］荆龙姣：《信息披露、产品市场竞争与投资效率的实证分析》，

载于《统计与决策》2017 年第 4 期。

［54］景奎、王磊、徐凤敏：《产融结合、股权结构与公司投资效率》，载于《经济管理》2019 年第 11 期。

［55］孔昭君、张宇萌：《政府补贴对军民融合企业创新的影响——基于动态面板模型》，载于《科技进步与对策》2021 年第 1 期。

［56］寇明婷、陈凯华、高霞、杨利锋：《创新型城市技术创新投资效率的测度方法研究：基于创新过程的视角》，载于《科研管理》2014 年第 6 期。

［57］雷新途、温卿云：《信息透明度对创新投入与创新成果的促进机理——来自上市公司的经验证据》，载于《华东经济管理》2021 年第 6 期。

［58］冷建飞、高云：《融资约束下企业社会责任信息披露质量与创新持续性——中小板企业数据分析》，载于《科技进步与对策》2019 年第 11 期。

［59］李爱玲、王振山：《政府研发资助能否帮助企业获得外部融资》，载于《中国科技论坛》2015 年第 12 期。

［60］李常洪、郭嘉琦、焦文婷、王战：《家族控制与企业创新投入——信息透明度的调节效应》，载于《科技进步与对策》2018 年第 23 期。

［61］李春涛、刘贝贝、周鹏：《卖空与信息披露：融券准自然实验的证据》，载于《金融研究》2017 年第 9 期。

［62］李从容、贾梦飞、韩青：《财政政策对军民融合企业创新绩效的影响——创新投入的中介效应分析》，载于《科技进步与对策》2021 年第 6 期。

［63］李刚、侯青川、张瑾：《政府补助与公司投资效率——基于中国制度背景的实证分析》，载于《审计与经济研究》2017 年第 4 期。

［64］李海海、邓先银、杨柳：《信息披露、股权融资与军工企业混合所有制改革》，载于《宁夏社会科学》，2018 年第 6 期。

［65］李汇东、唐跃军、左晶晶：《用自己的钱还是用别人的钱创新？——基于中国上市公司融资结构与公司创新的研究》，载于《金融研究》2013 年第 2 期。

［66］李慧云、张林、张玥：《MD&A 信息披露、财务绩效与市场反应

——来自中国沪市的经验证据》，载于《北京理工大学学报（社会科学版）》2015 年第 1 期。

［67］李慧云、刘倩颖、欧倩、符少燕：《产品市场竞争视角下信息披露与企业创新》，载于《统计研究》2020 年第 7 期。

［68］李青原、陈超、赵垦：《最终控制人性质、会计信息质量与公司投资效率——来自中国上市公司的经验证据》，载于《经济评论》2010 年第 2 期。

［69］李青原：《会计信息质量、审计监督与公司投资效率——来自我国上市公司的经验证据》，载于《审计研究》2009 年第 4 期。

［70］李姝、杜亚光、张晓哲：《同行 MD&A 语调对企业创新投资的溢出效应》，载于《中国工业经济》2021 年第 3 期。

［71］李树斌、何云、郭明晶：《信息披露质量、融资约束与企业研发投入关系的实证分析》，载于《统计与决策》2017 年第 23 期。

［72］李万福、杜静、张怀：《创新补助究竟有没有激励企业创新自主投资——来自中国上市公司的新证据》，载于《金融研究》2017 年第 10 期。

［73］李万福、林斌、宋璐：《内部控制在公司投资中的角色：效率促进还是抑制?》，载于《管理世界》2011 年第 2 期。

［74］李延喜、曾伟强、马壮、陈克兢：《外部治理环境、产权性质与上市公司投资效率》，载于《南开管理评论》2015 年第 1 期。

［75］李争光、赵西卜、曹丰、吴青川：《机构投资者异质性、会计稳健性与投资效率——来自中国上市公司的经验证据》，载于《当代财经》2015 年第 2 期。

［76］李志军、王善平：《货币政策、信息披露质量与公司债务融资》，载于《会计研究》2011 年第 10 期。

［77］李忠：《中国上市公司信息披露质量研究：理论与实证》，经济科学出版社 2012 版。

［78］郦金梁、何诚颖、陈伟、陈锐：《特质风险与公司投资行为选择——基于变量间非线性关系的视角》，载于《管理世界》，2018 年第 3 期。

［79］林菁璐：《政府研发补贴对中小企业研发投入影响的实证研究》，载于《管理世界》2018 年第 3 期。

［80］林长泉、毛新述、刘凯璇：《董秘性别与信息披露质量——来自沪深 A 股市场的经验证据》，载于《金融研究》2016 年第 9 期。

［81］林钟高、郑军、卜继栓：《环境不确定性、内部控制与审计收费》，载于《财务研究》2015 年第 4 期。

［82］刘凤委、李琦：《市场竞争、EVA 评价与企业过度投资》，载于《会计研究》2013 年第 2 期。

［83］刘虹、肖美凤、唐清泉：《R&D 补贴对企业 R&D 支出的激励与挤出效应——基于中国上市公司数据的实证分析》，载于《经济管理》2012 年第 4 期。

［84］刘慧龙、吴联生、王亚平：《国有企业改制、董事会独立性与投资效率》，载于《金融研究》2012 年第 9 期。

［85］刘建国：《绩效衰退与企业创新行为——基于中国上市公司的实证分析》，载于《南开管理评论》2017 年第 4 期。

［86］刘笑霞、李明辉、杨鑫：《非标准审计意见对上市公司投资行为的影响》，载于《管理工程学报》2021 年第 1 期。

［87］刘园、郑忱阳、江萍、刘超：《金融科技有助于提高实体经济的投资效率吗?》，载于《首都经济贸易大学学报》2018 年第 11 期。

［88］卢闯、李小燕、孙健：《盈余质量对控股股东掏空的影响》，载于《中国软科学》2010 年第 2 期。

［89］卢馨、郑阳飞、李建明：《融资约束对企业 R&D 投资的影响研究——来自中国高新技术上市公司的经验证据》，载于《会计研究》2013 年第 5 期。

［90］卢馨：《企业人力资本、R&D 与自主创新——基于高新技术上市企业的经验证据》，载于《暨南学报（哲学社会科学版）》2013 年第 1 期。

［91］鲁清仿、杨雪晴：《管理层能力对信息披露质量的影响研究》，载于《科研管理》2020 年第 7 期。

［92］陆国庆、王舟、张春宇：《中国战略性新兴产业政府创新补贴的

绩效研究》，载于《经济研究》2014 年第 7 期。

　　［93］陆瑶、张叶青、贾睿、李健航：《"辛迪加"风险投资与企业创新》，载于《金融研究》2017 年第 6 期。

　　［94］罗党论、甄丽明：《民营控制、政治关系与企业融资约束——基于中国民营上市公司的经验证据》，载于《金融研究》2008 年第 12 期。

　　［95］罗航、刘江涛：《补贴介入下军工企业研发助力的"迷失"——基于财政补贴调节效应的实证研究》，载于《科技进步与对策》2019 年第 11 期。

　　［96］罗炜、朱春艳：《代理成本与公司自愿性披露》，载于《经济研究》2010 年第 10 期。

　　［97］吕久琴、郁丹丹：《政府科研创新补助与企业研发投入：挤出、替代还是激励》，载于《中国科技论坛》2011 年第 8 期。

　　［98］马忠、吴翔宇：《金字塔结构对自愿性信息披露程度的影响：来自家族控股上市公司的经验验证》，载于《会计研究》2007 年第 1 期。

　　［99］倪静洁、吴秋生：《内控重大缺陷修复信息披露与企业创新投入——来自 A 股上市公司企业内控评价报告的证据》，载于《经济问题》2020 年第 12 期。

　　［100］倪骁然、朱玉杰：《劳动保护、劳动密集度与企业创新——来自 2008 年〈劳动合同法〉实施的证据》，载于《管理世界》2016 年第 7 期。

　　［101］牛建波、吴超、李胜楠：《机构投资者类型、股权特征和自愿性信息披露》，载于《管理评论》2013 年第 3 期。

　　［102］潘何哲、孟枫平：《战略差异、信息披露质量和投资效率》，载于《长春理工大学学报（社会科学版）》2020 年第 4 期。

　　［103］彭娟、熊丹：《碳信息披露对投资者保护影响的实证研究——基于沪深两市 2008—2010 年上市公司经验数据》，载于《上海管理科学》2012 年第 6 期。

　　［104］齐萱、王珂玲、关世楚：《基于会计文化视角的自愿性会计信息披露研究》，载于《现代商业》2015 年第 7 期。

　　［105］齐岳、李晓琳：《基金机构投资者对企业创新的影响研究——基于内生性视角的研究》，载于《华东经济管理》2019 年第 11 期。

[106] 綦好东、王金磊：《非上市国有企业透明度评价体系设计与应用：以中央企业为例》，载于《会计研究》2016 年第 2 期。

[107] 钱苹、罗玫：《中国上市公司财务造假预测模型》，载于《会计研究》2015 年第 7 期。

[108] 任海云、冯根福：《附属企业集团的上市公司技术创新能力更强吗？——来自中国制造业上市公司的经验证据》，载于《中国软科学》2018 年第 9 期。

[109] 任宏达、王琨：《产品市场竞争与信息披露质量——基于上市公司年报文本分析的新证据》，载于《会计研究》2019 年第 3 期。

[110] 任政亮、徐飞、徐红年：《改进熵权模型在信息披露质量测度中的应用——来自深交所的实证分析与检验》，载于《软科学》2014 年第 1 期。

[111] 任政亮：《中国上市公司信息披露质量评价研究——基于正、反二象对偶视角》，上海交通大学博士论文，2014 年 5 月。

[112] 申慧慧、于鹏、吴联生：《国有股权、环境不确定性与投资效率》，载于《经济研究》2012 年第 7 期。

[113] 申香华：《银行风险识别、政府财政补贴与企业债务融资成本——基于沪深两市 2007—2012 年公司数据的实证检验》，载于《财贸经济》2014 年第 9 期。

[114] 沈洪涛、游家兴、刘江宏：《再融资环保核查、环境信息披露与权益资本成本》，载于《金融研究》2010 年第 12 期。

[115] 沈弋、吕明晗、徐光华、钱明：《慈善捐赠、公司治理与上市公司投资——现金流敏感性》，载于《管理学报》2020 年第 2 期。

[116] 宋献中、龚明晓：《社会责任信息的质量与决策价值评价——上市公司会计年报的内容分析》，载于《会计研究》2007 年第 2 期。

[117] 苏子逢、张笑：《政策"目标—工具"视角下政府创新补贴对企业研发投入的影响》，载于《科技进步与对策》2020 年第 19 期。

[118] 谭德明、邹树梁：《碳信息披露国际发展现状及我国碳信息披露框架的构建》，载于《统计与决策》2010 年第 11 期。

[119] 唐大鹏、王璐璐、常语萱：《国家治理体系下审计结果公告信息披露质量的影响因素——基于 2012–2015 年省级数据分析》，载于《审

计研究》2017 年第 6 期。

　　[120] 唐建荣、王宁、周玮：《股权激励与股利政策稳定性研究——基于非效率投资的遮掩效应》，载于《科研管理》2021 年第 2 期。

　　[121] 唐清泉、高亮、李懿东：《企业转型升级与研发投入的外部环境研究——基于政治关系和市场化进程的视角》，载于《当代经济管理》2011 年第 6 期。

　　[122] 唐松莲、林圣越、高亮亮：《机构投资者持股情景、自由现金与投资效率》，载于《管理评论》2015 年第 1 期。

　　[123] 汪炜、蒋高峰：《信息披露、透明度与资本成本》，载于《经济研究》2004 年第 7 期。

　　[124] 王帆、许诺、章琳、张龙平：《年报预约披露延迟与企业创新》，载于《会计研究》2020 年第 8 期。

　　[125] 王建军、刘红霞：《高管团队内部薪酬差距对投资效率影响的实证研究——以 A 股国有上市公司为例》，载于《北京工商大学学报（社会科学版）》2015 年第 3 期。

　　[126] 王健忠：《"能说就要说"还是"能不说就不说"——自愿性信息披露与企业创新》，载于《北京社会科学》2018 年第 1 期。

　　[127] 王靖宇、张宏亮、庞春超：《外部融资与企业创新投资效率——基于〈物权法〉自然实验的经验证据》，载于《南京审计大学学报》2020 年第 3 期。

　　[128] 王克敏、刘静、李晓溪：《产业政策、政府支持与公司投资效率研究》，载于《管理世界》2017 年第 3 期。

　　[129] 王庆文：《会计盈余质量对未来会计盈余及股票收益的影响——基于中国股票市场的实证研究》，载于《金融研究》2005 年第 10 期。

　　[130] 王诗雨、汪官镇、陈志斌：《企业社会责任披露与投资者响应——基于多层次资本市场的研究》，载于《南开管理评论》2019 年第 1 期。

　　[131] 王雄元、严艳：《强制性信息披露的适度问题》，载于《会计研究》2003 年第 2 期。

　　[132] 王艳林、薛鲁：《董事会治理、管理者过度自信与投资效率》，载于《投资研究》2014 年第 3 期。

［133］王义中、宋敏：《宏观经济不确定性、资金需求与公司投资》，载于《经济研究》2014 年第 2 期。

［134］王宇峰、左征婷、杨帆：《机构投资者与上市公司研发投入关系的实证研究》，载于《中南财经政法大学学报》2012 年第 5 期。

［135］韦云、唐国强、徐俊杰：《指标体系的构建模型》，载于《统计与决策》2013 年第 4 期。

［136］魏明海、刘峰、施鲲翔：《论会计透明度》，载于《会计研究》2001 年第 9 期。

［137］魏明海、柳建华：《国企分红、治理因素与过度投资》，载于《管理世界》2007 年第 4 期。

［138］魏志华、赵悦如、吴育辉：《财政补贴："馅饼"还是"陷阱"？——基于融资约束 VS. 过度投资视角的实证研究》，载于《财政研究》2015 年第 12 期。

［139］温军、冯根福：《异质机构、企业性质与自主创新》，载于《经济研究》2012 年第 3 期。

［140］温忠麟、叶宝娟：《中介效应分析：方法和模型发展》，载于《心理科学进展》2014 年第 5 期。

［141］温忠麟、侯杰泰、张雷：《调节效应与中介效应的比较和应用》，载于《心理学报》2005 年第 2 期。

［142］温忠麟、张雷、侯杰泰、刘红云：《中介效应检验程序及其应用》，载于《心理学报》2004 年第 5 期。

［143］吴红军、刘啟仁、吴世农：《公司环保信息披露与融资约束》，载于《世界经济》2017 年第 5 期。

［144］吴育辉、吴世农、魏志华：《管理层能力、信息披露质量与企业信用评级》，载于《经济管理》2017 年第 1 期。

［145］肖珉：《现金股利、内部现金流与投资效率》，载于《金融研究》2010 年第 10 期。

［146］谢佩洪、汪春霞：《管理层权力、企业生命周期与投资效率——基于中国制造业上市公司的经验研究》，载于《南开管理评论》2017 年第 1 期。

[147] 谢小芳、李懿东、唐清泉：《市场认同企业的研发投入价值吗？来自沪深 A 股市场的经验证据》，载于《中国会计评论》2009 年第 3 期。

[148] 谢志华、崔学刚：《信息披露水平：市场推动与政府监管——基于中国上市公司数据的研究》，载于《审计研究》2005 年第 4 期。

[149] 熊焰韧、黄志忠、张娟：《股权分散导致企业过度创新投资：成因及来自创业板民营上市公司的证据》，载于《当代会计评论》2018 年第 1 期。

[150] 修国义、于丽萍：《信息披露质量对企业研发投入的影响研究——基于创业板上市公司的实证检验》，载于《科技与管理》2018 年第 5 期。

[151] 徐寿福、徐龙炳：《信息披露质量与资本市场估值偏误》，载于《会计研究》2015 年第 1 期。

[152] 徐向艺、汤业国：《董事会结构与技术创新绩效的关联性研究——来自中国中小上市公司的经验证据》，载于《经济与管理研究》2013 年第 2 期。

[153] 徐欣、唐清泉：《财务分析师跟踪与企业 R&D 活动——来自中国证券市场的研究》，载于《金融研究》2010 年第 12 期。

[154] 许罡：《政府补助与公司投资行为——基于中国上市公司的数据》，载于《南京审计学院学报》2014 年第 6 期。

[155] 杨金坤、宋婕、张俊民：《强制社会责任披露与企业投资不足：投资挤出抑或拉动》，载于《山西财经大学学报》2019 年第 10 期。

[156] 杨金坤：《企业社会责任信息披露与创新绩效——基于"强制披露时代"中国上市公司的实证研究》，载于《科学学与科学技术管理》2021 年第 1 期。

[157] 杨亭亭、许伯桐：《技术创新、分析师跟踪与公司投资价值》，载于《江西师范大学学报（哲学社会科学版）》2019 年第 4 期。

[158] 杨洋、魏江、罗来军：《谁在利用政府补贴进行创新？——所有制和要素市场扭曲的联合调节效应》，载于《管理世界》2015 年第 1 期。

[159] 杨宜勇：《预期理论的拓展与创新——从心理预期引导到经济预期干预再到社会预期管理》，载于《社会科学研究》2018 年第 1 期。

[160] 杨玉凤、王火欣、曹琼：《内部控制信息披露质量与代理成本

相关性研究——基于沪市 2007 年上市公司的经验数据》，载于《审计研究》2010 年第 1 期。

[161] 叶陈刚、王孜、武剑锋、李惠：《外部治理、环境信息披露与股权融资成本》，载于《南开管理评论》2015 年第 5 期。

[162] 叶少琴、胡玮：《IPO 公司自愿披露盈利预测：影响因素与准确性》，载于《金融研究》2006 年第 9 期。

[163] 叶松勤、徐经长：《大股东控制与机构投资者的治理效应——基于投资效率视角的实证分析》，载于《证券市场导报》2013 年第 5 期。

[164] 殷琦、韩东平：《中小企业信息披露与股权融资成本关系》，载于《哈尔滨工程大学学报》2010 年第 5 期。

[165] 于富生、张敏：《信息披露质量与债务成本——来自中国证券市场的经验证据》，载于《审计与经济研究》2007 年第 5 期。

[166] 于晓红、姜百灵、李阳：《现金股利、自由现金流与投资效率的关系——基于我国 A 股制造业上市公司样本数据的分析》，载于《当代经济研究》2017 年第 1 期。

[167] 喻坤、李治国、张晓蓉、徐剑刚：《企业投资效率之谜：融资约束假说与货币政策冲击》，载于《经济研究》2014 年第 5 期。

[168] 袁东任、汪炜：《信息披露与企业研发投入》，载于《科研管理》2015 年第 11 期。

[169] 袁建国、蒋瑜峰、蔡艳芳：《会计信息质量与过度投资的关系研究》，载于《管理学报》2009 年第 3 期。

[170] 袁振超、饶品贵：《会计信息可比性与投资效率》，载于《会计研究》2018 年第 6 期。

[171] 占华、后梦婷：《环境信息披露如何影响企业创新——基于双重差分的检验》，载于《当代经济科学》2021 年第 4 期。

[172] 张超、刘星：《内部控制缺陷信息披露与企业投资效率——基于中国上市公司的经验研究》，载于《南开管理评论》2015 年第 5 期。

[173] 张传财、陈汉文：《产品市场竞争、产权性质与内部控制质量》，载于《会计研究》2017 年第 5 期。

[174] 张纯、吕伟：《信息环境、融资约束与现金股利》，载于《金融

研究》2009 年第 7 期。

［175］张纯、吕伟：《信息披露、市场关注与融资约束》，载于《会计研究》2007 年第 11 期。

［176］张纯、吕伟：《信息披露、信息中介与企业过度投资》，载于《会计研究》2009 年第 1 期。

［177］张多蕾、邹瑞：《会计信息质量、制度环境与企业创新绩效》，载于《财经问题研究》2021 年第 8 期。

［178］张功富、宋献中：《我国上市公司投资：过度还是不足？—基于沪深工业类上市公司非效率投资的实证度量》，载于《会计研究》2009 年第 5 期。

［179］张文菲、金祥义：《信息披露如何影响企业创新：事实与机制——基于深交所上市公司微观数据分析》，载于《世界经济文汇》2018 年第 6 期。

［180］张新民、张婷婷、陈德球：《产业政策、融资约束与企业投资效率》，载于《会计研究》2017 年第 4 期。

［181］张旭、郭晓音、任丽明、李存金：《军工企业资产证券化的资产选择与 SPV 模式设计研究》，载于《工业技术经济》2014 年第 6 期。

［182］张学勇、廖理：《股权分置改革、自愿性信息披露与公司治理》，载于《经济研究》2010 年第 4 期。

［183］张一林、龚强、荣昭：《技术创新、股权融资与金融结构转型》，载于《管理世界》2016 年第 11 期。

［184］张亦春、李晚春、彭江：《债权治理对企业投资效率的作用研究——来自中国上市公司的经验证据》，载于《金融研究》2015 年第 7 期。

［185］张悦玫、张芳、李延喜：《会计稳健性、融资约束与投资效率》，载于《会计研究》2017 年第 9 期。

［186］张宗新、杨飞、袁庆海：《上市公司信息披露质量提升能否改进公司绩效？——基于 2002—2005 年深市上市公司的经验证据》，载于《会计研究》2007 年第 10 期。

［187］赵静、郝颖：《政府干预、产权特征与企业投资效率》，载于《科研管理》2014 年第 5 期。

［188］赵娜、张晓峒、朱彤：《董事声誉偏好与企业投资效率——基于中国 2005—2016 年上市公司的实证分析》，载于《南开经济研究》2019 年第 5 期。

［189］甄红线、王谨乐：《机构投资者能够缓解融资约束吗？——基于现金价值的视角》，载于《会计研究》2016 年第 12 期。

［190］郑毅、徐佳：《融资约束、信息披露与 R&D 投资》，载于《经济与管理》2018 年第 1 期。

［191］钟马、徐光华：《社会责任信息披露、财务信息质量与投资效率——基于"强制披露时代"中国上市公司的证据》，载于《管理评论》2017 年第 2 期。

［192］周开国、李涛、张燕：《董事会秘书与信息披露质量》，载于《金融研究》2011 年第 7 期。

［193］周宇亮、张彩江：《企业技术创新对融资行为作用机理研究综述》，载于《科技进步与对策》2016 年第 15 期。

［194］周泽将、刘中燕、胡瑞：《CEO vs CFO：女性高管能否抑制财务舞弊行为》，载于《上海财经大学学报》2016 年第 1 期。

［195］朱向琳、杨乃定、张明珍：《企业创新行为：度量方法和影响因素研究评述》，载于《科研管理》2020 年第 12 期。

［196］Akerlof, G. A. The Market for "Lemons": Quality Uncertainty and the Market Mechanism. *Quarterly Journal of Economics*, Vol. 84, 1970.

［197］Ascioglu A, Hegde S P, Mcdermott J B. Auditor Compensation, Disclosure Quality, and Market Liquidity: Evidence From the Stock Market, *Journal of Accounting & Public Policy*, Vol. 24, No. 4, August 2005, pp. 325 –354.

［198］Balakrishnan K, Core J E, Verdi R S. The Relation Between Reporting Quality and Financing and Investment: Evidence from Changes in Financing Capacity, *Journal of Accounting Research*, Vol. 52, No. 1, March 2014, pp. 1 – 36.

［199］Barberis, N., Shleifer, A., & Vishny, R. A model of investor sentiment. Journal of financial economics, Vol. 49, September 1998, pp. 307 – 343.

［200］ Bennedsen M . Political Ownership. *Journal of Public Economics*, Vol. 76, No. 3, June 2000, pp. 559 – 581.

［201］ Berle A A, Means G C. *The Modern Corporation and Private Property*. New York: Macmillan, 1932.

［202］ Biddle G C, Hilary G, Verdi R S. How Does Financial Reporting Quality Relate to Investment Efficiency? . *Journal of Accounting and Economics*, Vol. 48, December 2009, pp. 112 – 131.

［203］ Burca V, Mates D, Bogdan O . Analysis on the Effects of Quality of Financial Statements, over GDP Forecasting Modles. an Emperical Cross-Country Approach. *Studies in Business and Economics*, Vol. 15, No. 3, December 2020, pp. 236 – 260.

［204］ Bushman R M, Piotroski J D, Smith A J . What Determines Corporate Transparency? . *Journal of Accounting Research*, Vol. 42, No. 2, May 2004, pp. 207 – 252.

［205］ Bushman R M. , Smith A J. Financial Accounting Information and Corporate Governance. *Journal of Accounting and Economics*, Vol. 37, October 2001, pp. 237 – 333.

［206］ Cailou J, Fuyu Z, Chong W. Environmental Information Disclosure, Political Connections and Innovation in High-polluting Enterprises. *Science of The Total Environment*, Vol. 764, April 2021, pp. 144 – 248.

［207］ Carboni O. A. , R&D Subsidies and Private R&D Expenditures: Evidence from Italian Manufacturing Data. *International Review of Applied Economics*, Vol. 25, No. 4, May 2011, pp. 419 – 439.

［208］ Cardamone P, Carnevale C, Giunta F. The Value Relevance of Social Reporting: Evidence from Listed Italian Companies. *Journal of Applied Accounting Research*, Vol. 13, No. 3, November 2012, pp. 255 – 269.

［209］ Chaney P K, Faccio M, Parsley D . The quality of accounting information in politically connected firms. *Journal of Accounting & Economics*, Vol. 51, February 2011, pp. 58 – 76.

［210］ Christine A. Botosan. Disclosure level and the cost of equity cap-

ital. The Accounting Review, Vol. 72, No. 3, July 1997, pp. 323 – 349.

[211] Connelly B L, Certo S T, Ireland R D, Reutzel C R. Signalling Theory: A Review and Assessment. *Journal of Management*, Vol. 37, January 2011, pp. 39 – 67.

[212] Cornaggia, J., Mao, Y., Tian, X., Wolfe, B. Does Banking Competition Affect Innovation?. *Journal of Financial Economics*, Vol. 115, January 2015, pp. 189 – 209.

[213] Coye R W. Managing Customer Expectations in the Service Encounter. *International Journal of Service Industry Management*, Vol. 15, No. 1, February 2004, pp. 54 – 71.

[214] Dhaoui A, Jouini F. R&D Investment, Governance and Management Entrenchment in French Companies Listed in SBF25. *Journal of Economic and Social Studies*, Vol. 1, July 2011, pp. 5 – 32.

[215] Eisenhardt K M. Agency Theory: An Assessment and Review. *Academy of Management Review*, Vol. 14, No. 1, January 1989, pp. 57 – 74.

[216] Fazzari S M, Hubbard R G, Petersen B C. Investment-Cash Flow Sensitivities are Useful: A Comment on Kaplan and Zingales. *The Quarterly Journal of Economics*, Vol. 115, No. 2, May 2000, pp. 695 – 705.

[217] Gao W, Zhu F. Information Asymmetry and Capital Structure Around the World. *Pacific-Basin Finance Journal*, Vol. 32, April 2015, pp. 131 – 159.

[218] Ghosh D, Olsen L. Environmental Uncertainty and Managers Use of Discretioary Accruals. *Accounting Organizations & Society*, Vol. 34, No. 2, February 2009, pp. 188 – 205.

[219] Goss, A, Roberts, GS., The Impact of Corporate Social Responsibility on the Cost of Bank Loans, *Journal of Banking and Finance*, Vol. 35, July 2011, pp. 1794 – 1810.

[220] Hadlock C J, Pierce J R. New Evidence on Measuring Financial Constraints: Moving Beyond the KZ Index. *The Review of Financial Studies*, Vol. 23, No. 5, March 2010, pp. 1909 – 1940.

[221] Hambrick D C, Fukutomi G D. The seasons of a CEO's tenure.

Academy of Management Review, Vol. 16, No. 4, October 1991, pp. 719 – 742.

[222] Healy P M, Hutton A P, Palepu K G. Stock Performance and Intermediation Changes Surrounding Sustained Increases in Disclosure. *Contemporary Accounting Research*, Vol. 16, No. 3, April 2010, pp. 485 – 520.

[223] Healy P, Palepu K. Information Asymmetry, Corporate Disclosure, and the Capital Markets: A Review of the Empirical Disclosure Literature. *Journal of Accounting and Economics*, Vol. 31, September 2001, pp. 405 – 440.

[224] Hodgson T M, Breban S J, Ford C L, et al. The Concept of Investment Efficiency and Its Application to Investment Management Structures. *British Actuarial Journal*, Vol. 6, No. 3, October 2000, pp. 451 – 545.

[225] Hussinger K. R&D and Subsidies at the Firm Level: An Application of Parametric and Semiparametric Two – step Selection Models. *Journal of Applied Econometrics*, Vol. 23, No. 6, October 2008, pp. 729 – 747.

[226] Hu W, Du J, Zhang W. CorporateSocial Responsibility Information Disclosure and Innovation Sustainability: Evidence from China. *Sustainability*, Vol. 12, No. 1, January 2020, pp. 409.

[227] Jensen M C. Agency Costs of Free Cash Flow, Corporate Finance, and Takeovers. *The American economic review*, Vol. 76, No. 2, May 1986, pp. 729 – 747.

[228] Jensen M, Meckling W. Theory of the Firm: Managerial Behavior, Agency Costs and Ownership Structure. *Journal of Financial Economics*, Vol. 3, No. 4, October 1976, pp. 305 – 360.

[229] Jirasakuldech B, Dudney D M, Zorn T S, et al. Financial Disclosure, Investor Protection and Stock Market Behavior: an International Comparison. *Review of Quantitative Finance & Accounting*, Vol. 37, No. 2, September 2010, pp. 181 – 205.

[230] Kastl J, Martimort D, Piccolo S. Delegation, Ownership Concentration and R&D Spending: Evidence from Italy. *The Journal of Industrial Economics*, Vol. 61, No. 1, March 2013, pp. 84 – 107.

[231] K. Chau, S. J. Gray. Ownership Structure and Corporate Voluntary

Disclosure in Hong Kong and Singapore. *The International Journal of Accounting*, Vol. 37, No. 2, May 2002, pp. 247 – 265.

[232] Kerin R A, Varadarajan P R., Peterson R A. First-Mover Advantage: A Synthesis, Conceptual Framework, and Research Propositions. *Journal of Marketing*, Vol. 56, No. 4, October 1992, pp. 33 – 52.

[233] Keynes J M. *The General Theory of Employment, Interest and Money*. London: Macmillan, 1936.

[234] Kim E H, Lu Y. CEO Ownership, External Governance, and Risk-taking. *Journal of Financial Economics*, Vol. 102, No. 2, November 2011, pp. 272 – 292.

[235] Kim J. Accounting Transparency of Korean Firms: Measurement and Determinant Analyses. *Journal of American Academy of Business*, Vol. 3, 2005, pp. 222 – 229.

[236] Kim O, Verrecchia R E. The Relation among Disclosure, Returns, and Trading Volume Information [J]. *Accounting Review*, Vol. 76, No. 4, October 2001, pp. 633 – 654.

[237] Lambert R, Leuz C, Verrecchia R E. Accounting Information Disclosure and the Cost of Capital. *Journal of Accounting Research*, Vol. 45, No. 2, May 2007, pp. 385 – 420.

[238] Lieberman M B, Montgomery D B. First-Mover Advantages. *Strategic Management Journal*, Vol. 9, No. 1, June 1988. pp. 41 – 58.

[239] Miller D. The Structural and Environmental Correlates of Business Strategy. *Strategic Management Journal*, Vol. 8, No. 1, January 1987, pp. 55 – 76.

[240] Modigliani F, Miller M H. The Cost of Capital, Corporation Finance and the Theory of Investment. *The American Economic Review*, Vol. 48, No. 3, June 1958, pp. 261 – 297.

[241] Myers S C, Majluf N S. Corporate Financing and Investment Decisions when Firms Have Information that Investors Do Not Have. *Journal of Financial Economics*, Vol. 13, No. 2, June 1984, pp. 187 – 221.

[242] Pinnuck M, LillisA M. Profits Versus Losses: Does Reporting an

Accounting Loss Act as a Heuristic Trigger to Exercise the Abandonment Option and Divest Employees? . *The Accounting Review*, Vol. 82, No. 4, July 2007, pp. 1031 – 1053.

[243] Richard Piechocki. Transpa-rency of Annual Sustainability Reports. *Corporate Reputation Review*, Vol. 7, No. 2, July 2004, pp. 107 – 123.

[244] Richardson S. Over-investment of Free Cash Flow. *Review of Accounting Studies*, Vol. 11, June 2006, pp. 159 – 189.

[245] Robinson W T, Fornell C. Sources of Market Pioneer Advantages in Consumer Goods Industries. *Journal of Marketing Research*. Vol. 22, No. 13, August 1985, pp. 305 – 317.

[246] Spence M. Job Market Signaling. *The Quarterly Journal of Economics*, Vol. 87, No. 3, August 1973, pp. 355 – 374.

[247] Spence M. Signalling in Retrospect and the Informational Structure of Markets. *American Economic Review*, Vol. 92, No. 3, June 2002, pp. 434 – 459.

[248] Urwin R C, Breban S J, Hodgson T M, et al. Risk Budgeting in Pension Investment. *British Actuarial Journal*, Vol. 7, No. 3, August 2002, pp. 319 – 347.

后　记

　　本书是国家社会科学基金重大项目（21&ZD156）、国家社会科学基金重点项目（18ATJ003）、北京市自然科学基金（9192020）与北京市社会科学基金（19GLB022）共同资助的研究成果。在此，感谢国家社会科学基金、北京市自然科学基金与北京市社会科学基金对本研究项目的支持。在本项目的前期研究过程中，我指导的研究生和本科生石晶、赵垚丽、于雁南、郭嘉琦、潘存书、陈佳娜、周子琦、马帅、钟文婕、陈子凯、王雯嘉、毕耕夏、张琪、马瑞莹所做的研究分析为本项目的研究积累了大量的数据资料；对于本项目的完成，博士研究生刘倩颖、张淦淞及硕士研究生吴雨佳、周琪镇与雅茹做了大量工作，在这里对他们的付出一并表示感谢。

　　限于笔者的知识和能力，书中不当之处，敬请读者批评指正。

李慧云

2023 年 1 月